Next 教科書シリーズ

民事訴訟法

[第2版]

小田 司 編

弘文堂

第 2 版はしがき

　本書の初版を刊行してから、約 3 年が経過した。幸いにも多くの読者を得ることができ、この度、こうして第 2 版を刊行する機会を得たことは、執筆者一同にとってこのうえない喜びである。

　第 2 版においても、初版の基本方針を維持し、初学者にも理解しやすいように、できる限り平易簡潔な解説を心がけ、特に初学者が学習するうえで分かりにくいと思われる内容や表現などを改めた。また、初版刊行後に公表された重要判例を補充するとともに、本書を利用するうえでの便宜を考えて、平成 27（2015）年 11 月に刊行された『民事訴訟法判例百選〔第 5 版〕』（有斐閣）を改訂に反映させた。

　さらに、各章の〔コラム〕については、必要に応じて追加および見直しを行い、第 4 章では、初版に盛り込まなかった項目〔申立事項と判決事項〕を新たに追加し、第 7 章および第 8 章の統計については、最新のデータに基づいて修正を加えた。各章末尾の〔知識を確認しよう〕では、読者がより学習しやすいように、適宜問題の内容を改めるとともに、適切と思われる問題を新たに追加した。

　本書の改訂作業にあたっては、極めて多忙な中、同僚執筆者の先生方に引き続きご協力いただいた。この場を借りて、すべての先生方に心よりお礼を申し上げたい。

　最後に、今回の改訂においても、弘文堂編集部の世古宏氏には、初版に引き続き大変お世話になった。執筆者全員を代表して、厚くお礼を申し上げたい。

平成 27（2015）年 12 月
執筆者を代表して　小田　司

初版はしがき

　民事訴訟法は、各大学法学部の講義科目のなかでも、容易に理解することが困難な科目であるとされている。それは、民事訴訟が一般の人々にとって身近に経験する機会のない別世界のもので、民事訴訟に対する具体的なイメージが湧かず、親しみにくい感じを与えているからである。また、民事訴訟は非常に専門的で技術的な色彩が強いことから、裁判官や弁護士などの法律の専門家によって独占された分野であると思われていることも要因であろう。

　民事訴訟法は、裁判官や弁護士などの仕事に深く関係することから、将来これらの法曹を目指す学生にとって重要な科目の１つである。また、今日、民事訴訟法の理解ないし民事紛争を解決するために必要な知識を得ることは、法曹を目指す学生のみならず、法曹以外のさまざまな職業に就く学生、そして社会の多くの人々にとって社会生活上必要になっていると思われる。なぜなら、今日のわれわれの社会では、公害・消費者問題、建築、交通事故、医療事故などに関するさまざまな紛争が大量に発生し、さらに騒音や日照、家電製品の欠陥、マンションの管理費などの支払い、賃貸住宅の敷金返還など、日常的な生活から生じる紛争も増加する傾向にあるからである。

　本書は、このような問題意識から、将来、裁判官や弁護士などの法曹を目指す学生をはじめ、各大学の法学部の一般的な学生、さらに民事訴訟に関心を持つ一般の人々のために、民事訴訟の基礎的知識を提供することを目標に書かれた教材である。初学者にも理解しやすいように、素人の目線に立って、できるだけ平易簡潔に民事訴訟制度について説明した。専門用語や重要判例についても同様である。さらに、民事訴訟法の入門書として分量に制限があるものの、最新の判例・学説の議論状況も踏まえ、できる限り最新の情報を盛り込むように努めた。本書が、民事訴訟法のよき入門書となれば幸いである。

本書が成ったのは、多忙な中、執筆をご快諾くださり、積極的にご協力くださった同僚執筆者の先生方のおかげである。この場を借りて、厚くお礼を申し上げたい。
　最後ではあるが、本書の刊行にあたり、弘文堂編集部の世古宏氏には、企画の段階から多大なご尽力を頂戴した。執筆者全員を代表して、心より感謝の意を表したい。

平成24（2012）年8月
執筆者を代表して　小田　司

目　次　　Next教科書シリーズ『民事訴訟法』［第2版］

第2版はしがき…iii
初版はしがき…iv
略語表…xi

第1章　民事紛争の解決と民事訴訟…1
1　民事紛争とその解決手段…2
A.民事訴訟…2　　B.裁判外紛争解決制度（ADR）…3
2　民事訴訟の諸領域…8
A.判決手続…8　　B.強制執行手続…9
C.民事保全手続…10　　D.倒産処理手続…12
3　民事訴訟の目的と理念…12
A.民事訴訟の目的…12　　B.民事訴訟の理念…13
4　民事訴訟の法源…14
●知識を確認しよう…16

第2章　裁判所と当事者…17
1　裁判所…18
A.裁判所の概念…18　　B.裁判所職員の除斥・忌避・回避…21
C.民事裁判権…24　　D.国際裁判管轄…26
E.管轄…32
2　当事者…40
A.当事者の意義…40　　B.当事者能力…44
C.訴訟能力…48　　D.訴訟上の代理人…54
●知識を確認しよう…59

第3章　訴訟の開始…61
1　訴え…62
A.訴えの意義…62　　B.訴えの種類…62
2　訴え提起の準備…66
A.弁護士会照会…66　　B.提訴予告通知に基づく照会・証拠収集…66

　　　　C. 証拠保全…67

　3　訴えの提起…69

　　　　A. 訴え提起の方式…69　　B. 訴え提起後の手続…70
　　　　C. 訴訟物…73

　4　訴え提起の効果…77

　　　　A. 訴訟係属…77　　B. 二重起訴の禁止…78
　　　　C. 実体法上の効果…80

　5　訴えの適法性…81

　　　　A. 訴訟要件の意義…81　　B. 訴訟要件の種類…81
　　　　C. 訴訟要件の調査…81

　6　訴えの利益…83

　　　　A. 訴えの利益の意義…83　　B. 各種の訴えに共通の利益…83
　　　　C. 各種の訴えと訴えの利益…84

　7　当事者適格…88

　　　　A. 当事者適格の意義…88　　B. 当事者適格の判断基準…88
　　　　C. 第三者の訴訟担当…89

　　　●知識を確認しよう…92

第4章　訴訟の審理…93

　1　審理の進行…94

　　　　A. 職権進行主義…94　　B. 裁判所の訴訟指揮と当事者の申立権…94
　　　　C. 訴訟手続の進行…95　　D. 訴訟手続の停止…98

　2　裁判資料の収集…100

　　　　A. 弁論主義…100　　B. 釈明権…103
　　　　C. 職権探知主義と職権調査…106

　3　口頭弁論…107

　　　　A. 口頭弁論の意義…107　　B. 口頭弁論の必要性…108
　　　　C. 口頭弁論の準備…109　　D. 口頭弁論における審理原則…111
　　　　E. 口頭弁論の制限・併合・分離…114
　　　　F. 口頭弁論における当事者の訴訟行為…115
　　　　G. 口頭弁論における当事者の欠席…121

　4　証拠調べと事実認定…122

　　　　A. 証拠…122　　B. 証明…123　　C. 自由心証主義…127
　　　　D. 証明責任…129　　E. 証拠調べ…132

　　　●知識を確認しよう…144

第5章　訴訟の終了…145

1. 当事者の行為による訴訟終了…146

   A. 訴えの取下げ…146　　B. 訴訟上の和解…151
   C. 請求の放棄・認諾…158

2. 終局判決による訴訟の終了…161

   A. 裁判と判決の種類…161　　B. 申立事項と判決事項…164
   C. 判決の成立と確定…167　　D. 判決の効力…171
   E. 既判力…173　　F. 判決のその他の効力…190
   G. 終局判決に付随する裁判…191

   ●知識を確認しよう…193

第6章　複雑訴訟…195

1. 複数請求訴訟…196

   A. 請求の併合…196　　B. 訴えの変更…198
   C. 反訴…200　　D. 中間確認の訴え…202

2. 多数当事者訴訟…204

   A. 共同訴訟…204　　B. 訴訟参加…219
   C. 当事者の交替…230

   ●知識を確認しよう…234

第7章　上訴と再審…235

1. 上訴…236

   A. 上訴制度…236　　B. 控訴…239
   C. 上告…246　　D. 抗告…254　　E. 特別上訴…257

2. 再審…258

   A. 再審の意義…258　　B. 再審事由…258　　C. 再審訴訟の手続…259
   D. 再審訴訟の審理・裁判…260　　E. 準再審…261

   ●知識を確認しよう…262

第8章　略式訴訟手続…263

1. 簡易裁判所の手続…264

   A. 訴訟手続の特則…264　　B. 訴え提起前の和解…264

2. 少額訴訟手続…265

   A. 手続の概要…265　　B. 少額訴訟の提起…267
   C. 少額訴訟の審理・裁判…268　　D. 不服申立て…269

3 督促手続…269
   A. 手続の概要…269　　B. 支払督促…270
   C. 督促異議…271　　D. 督促手続のオンライン化…272
4 手形・小切手訴訟手続…273
   A. 手続の概要…273　　B. 手形・小切手訴訟の提起…273
   C. 手形・小切手訴訟の審理・裁判…274　　D. 異議申立て…274
   ●知識を確認しよう…275

参考文献…276

コラム一覧

第1章
ADR法の制定と将来の検討課題…7

第2章
国際民事紛争と国際民事訴訟…31
自然の権利訴訟…47
訴訟能力は訴訟行為の有効要件か？…52
本人訴訟主義と弁護士費用の負担…57

第3章
筆界特定手続ってなんだろう？…65
消費者団体訴訟――消費者の強い味方となるか？…91

第4章
ディスカヴァリー手続導入への期待…143

第5章
隠れた再審…179

第6章
多数当事者訴訟に対する学説・実務のスタンスの違い…205
固有必要的共同訴訟において訴え提起に同調しない者がいる場合…213
現行法下における主観的予備的併合の適法性…218

第7章
控訴審の審理構造…243

第8章
少額訴訟は仲裁か？…266

略語表

法令名 (略称の五十音順)

（表記なし）	民事訴訟法
意匠	意匠法
一般法人	一般社団法人及び一般財団法人に関する法律
会更	会社更生法
外交約	外交関係に関するウィーン条約
外国裁判権	外国等に対する我が国の民事裁判権に関する法律
会社	会社法
家事	家事事件手続法
規	民事訴訟規則
行訴	行政事件訴訟法
刑	刑法
刑訴	刑事訴訟法
憲	日本国憲法
戸	戸籍法
裁	裁判所法
裁判外紛争解決	裁判外紛争解決手続の利用の促進に関する法律
裁判迅速化	裁判の迅速化に関する法律
司書	司法書士法
自治	地方自治法
借地借家	借地借家法
商	商法
商標	商標法
新案	実用新案法
人訴	人事訴訟法
信託	信託法
建物区分	建物の区分所有等に関する法律
知財高裁	知的財産高等裁判所設置法
仲裁	仲裁法
著作	著作権法
手	手形法
特許	特許法
独禁	私的独占の禁止及び公正取引の確保に関する法律
破	破産法
不正競争	不正競争防止法
不登	不動産登記法
弁護	弁護士法
弁理士	弁理士法
民	民法
民執	民事執行法

民訴費	民事訴訟費用等に関する法律
民調	民事調停法
民保	民事保全法
労基	労働基準法

判例

大判（決）	大審院判決（決定）
最大判（決）	最高裁判所大法廷判決（決定）
最判（決）	最高裁判所判決（決定）
高判（決）	高等裁判所判決（決定）
地判（決）	地方裁判所判決（決定）

判例集

民録	大審院民事判決録
民集	大審院民事判例集、最高裁判所民事判例集
裁判集民	最高裁判所裁判集民事
高民	高等裁判所民事判例集
下民	下級裁判所民事裁判例集
行集	行政事件裁判例集
労民	労働関係民事裁判例集
判時	判例時報
判タ	判例タイムズ
金法	金融法務事情
新聞	法律新聞

百選	高橋宏志・高田裕成・畑瑞穂編『民事訴訟法判例百選〔第5版〕』（別冊ジュリスト226号、有斐閣、2015）
百選〔第4版〕	高橋宏志・高田裕成・畑瑞穂編『民事訴訟法判例百選〔第4版〕』（別冊ジュリスト201号、有斐閣、2010）
国際私法百選	櫻田嘉章・道垣内正人編『国際私法判例百選〔第2版〕』（別冊ジュリスト210号、有斐閣、2012）

第 1 章 民事紛争の解決と民事訴訟

本章のポイント

1. 民事訴訟は、当事者の一方が相手方に対して訴えを提起し、公的機関である裁判所に紛争解決についての審理・判断を求め、裁判所の判断に基づいて当事者間の紛争を強制的に解決するための制度である。
2. 私人間の権利義務または法律関係の存否をめぐる争いは、裁判（判決）以外の方法でも解決することができる。そのような方法は、裁判外紛争解決（ADR）と呼ばれ、これには和解、調停、仲裁などがある。
3. 民事訴訟は、当事者間の権利義務などの観念的確定を目的とするものであるが、確定された権利などを強制的に実現するための手続が強制執行であり、権利などの実現を保全するための手続が民事保全である。

1 民事紛争とその解決手段

A 民事訴訟

われわれが社会の一員として生活していくためには、他の人々との関わりを避けることはできず、さまざまな紛争が生じる可能性がある。例えば、金銭や家屋などの貸し借りをめぐる争い、土地の所有をめぐる争い、騒音・日照や交通事故の損害賠償をめぐる争い、勤め先での雇用に関する争い、さらには家庭内での離婚や相続をめぐる争いなど、われわれが社会生活を営むうえで生じる争いはさまざまである。

社会においてこのような紛争が発生したとしても、争っている当事者が十分に話し合い、お互いに納得して自主的に争いを解決することができれば、訴訟やその他の紛争解決手段（本章1節B参照）を用いる必要はない。しかし、さまざまな手段を試みても、当事者間の利害が対立する場合には、最終的に訴訟を行い、紛争の解決を公的機関である裁判所の判断に委ねる以外に方法がない。近代国家においては、当事者が力づくによって争いを解決する自力救済を禁止する代わりに、裁判所が法に基づいて当事者間の紛争を強制的に解決する制度が設けられている。民事訴訟は、当事者の一方（原告）が相手方（被告）に訴えを提起し、裁判所に紛争解決についての審理・判断を求め、裁判所の判断に基づいて当事者間の紛争を強制的に解決するための制度である。

民事訴訟においては、当事者に弁論権（87条）や上訴権（281条・311条）などさまざまな権利が保障されているから、民事訴訟は他の紛争解決制度と比べ、最も手続保障の充実した公正な紛争処理手続であるといえるが、民事訴訟法が定める厳格な手続に従って行われるため、一定の制度的制約が伴う。民事訴訟において裁判所の審理・判断の対象となるのは、法律上の争訟に限定される（裁3条1項）。法律上の争訟とは、当事者間の具体的な権利義務または法律関係の存否をめぐる争いであって、法律の適用により終局的に解決することが可能な紛争を意味する（最判昭和29・2・11民集8-2-419）。また、訴訟手続は、原則として公開の法廷で行われ、訴訟の審理は、公開主義、口頭主義、直接主義、双方審尋主義が妥当する口頭弁論におい

て両当事者の主張・立証活動を中心に進められる（第4章3節D参照）。

B 裁判外紛争解決制度（ADR）

　私人間の権利義務または法律関係の存否をめぐる争いは、裁判（判決）以外の方法でも解決することができ、そのような方法を裁判外紛争解決または代替的紛争解決（Alternative Dispute Resolution：ADR）という。「裁判外」または「代替的」とは、判決によらない紛争解決という意味である。ADR に裁判所において行われる裁判上の和解などを含めないという立場もあるが、ここではそれらを含めた広義の ADR（判決によらない紛争解決の全体）として解説する。

　ADR には、裁判所でなされる裁判上の和解、調停のほかに、行政機関および民間団体による私法上の和解、調停、仲裁、相談、苦情処理、斡旋なども含まれる。平成16（2004）年には、ADR の基本理念などについて定めた「裁判外紛争解決手続の利用の促進に関する法律」（以下、ADR 法という）が制定されている（本章コラム参照）。

　ADR を実施する機関は多種多様であるが、司法型・行政型・民間型の3つの紛争処理機関に分類することができる（図1-1参照）。

```
├─ 司法型紛争処理機関
│     簡易裁判所・地方裁判所・家庭裁判所
│     民事調停委員会・家事調停委員会
├─ 行政型紛争処理機関
│     労働委員会
│     公害等調整委員会
│     建設工事紛争審査会
│     国民生活センター
│     消費生活センター　　　など
└─ 民間型紛争処理機関
      交通事故紛争処理センター
      日本商事仲裁協会
      日本海運集会所
      日本クレジットカウンセリング協会
      消費生活用製品 PL センター
      各弁護士会の仲裁センター　　　など
```

図1-1　ADR の実施機関

[1] 和解

　紛争を解決するための最も基本的な方法は、当事者間の交渉、すなわち和解による解決である。和解とは、紛争当事者が互いに譲り合って、その間に存する争いをやめるという契約のことである（民695条）。和解には、裁判外で行われる「私法上の和解」（いわゆる示談）と「裁判上の和解」があり、裁判上の和解は、訴訟係属前に行われる「訴え提起前の和解」と、訴訟係属後になされる「訴訟上の和解」に分けられる。

　私法上の和解の場合には、当事者の一方が和解契約に違反したとしても、その履行を強制する手段がないため、当事者間に和解契約に基づく履行をめぐって再度争いが生じたときは、訴訟やその他の紛争解決手段を用いて解決せざるを得ない。

(1) 訴え提起前の和解

　訴え提起前の和解は、即決和解とも呼ばれ、訴訟係属前に紛争当事者の双方が簡易裁判所に出頭して行う和解のことである（275条）。簡易裁判所が定めた和解期日において、紛争当事者間に和解が成立し、その内容が調書に記載されれば、その記載には確定判決と同一の効力が認められる（267条）。訴え提起前の和解は、訴訟によらずとも強制執行を可能にする債務名義（民執22条）を簡易・迅速に取得するための一手段であり、当事者の一方が和解内容に反して任意に履行しないときは、和解調書を債務名義とする強制執行により履行を強制することができる（民執22条7号）。

(2) 訴訟上の和解

　訴訟上の和解とは、訴訟係属後に紛争当事者の双方が裁判官の面前で互いに譲り合って和解をし、当事者間に係属する訴訟を終結させることである。裁判所は、訴訟がいかなる程度にあるかを問わず、和解を試みることができ（89条）、紛争当事者間に和解が成立し、成立した和解内容が調書に記載されると、その記載は確定判決と同一の効力を有する（267条）。訴訟上の和解も、訴訟係属前になされる訴え提起前の和解と同様に、強制執行を可能にする債務名義を取得するための一手段であるといえる。わが国においては、訴訟上の和解によって訴訟が終了する割合は大きく、訴訟上の和解は判決と並ぶ重要な紛争解決方法の1つである（第5章1節B参照）。

[2] 調停

　調停とは、紛争解決のために話し合いの場を設け、第三者の仲介により、紛争当事者の双方が互いに譲り合って自主的に紛争を解決するための手続である。調停には、一般の民事紛争について簡易裁判所または地方裁判所において行われる民事調停（民調2条・3条）と家事事件について家庭裁判所において行われる家事調停（家事244条）がある。

(1) 民事調停

　民事調停は、一般の民事紛争について、当事者の互譲により、条理にかない実情に即した紛争の解決を目的とするものであり（民調1条）、調停主任裁判官1名と民事調停委員2名以上により構成される調停委員会によって行われる（民調5条・6条）。調停手続の進め方については、訴訟手続におけるような厳格な決まりはなく、調停委員会が調停期日において、当事者双方から紛争に関する事情を聞き、当事者の主張、利害を調整して紛争解決のための調停案を提示する。この調停案により当事者間に合意が成立すれば、合意内容が調書に記載され、この調書に記載された合意内容には裁判上の和解と同一の効力が認められる（民調16条）。裁判上の和解は、確定判決と同一の効力を有するから（267条）、和解調書の場合と同様に、調停調書を債務名義として強制執行を行うことができる（民執22条7号）。

　調停の成立は、当事者の自由意思に委ねられるから、当事者は調停委員会が提示する調停案の受け入れを拒否することができる。裁判所は、調停委員会の調停が成立する見込みがない場合で相当と認めるときは、職権で事件の解決のために必要な決定をすることができ、この決定において、金銭の支払い、物の引渡しなどの給付を命ずることができる（民調17条）。これは、調停に代わる決定といわれるものである。当事者は、この裁判所の決定に対して、その告知の日から2週間以内に異議の申立てをすることができ、適法な異議の申立てがあれば、裁判所の決定はその効力を失う（民調18条1項4項）。しかし、裁判所の決定に対して異議の申立てがなければ、この決定は裁判上の和解、すなわち確定判決と同一の効力を有する（民調18条5項、267条）。

　なお、次に説明する家事調停の場合と異なり、民事調停においては調停前置主義が採られていないが、借地借家の争いについては、地代・家賃の

額の増減請求の訴えを提起する前に調停の申立てをしなければならない（民調24条の2）。

(2) 家事調停

家事調停は、家庭に関する事件について、裁判官1名と家事調停委員2名以上により構成される調停委員会によって行われる（家事248条1項）。家事事件では、例えば離婚紛争などの家庭に関する事項を直ちに公開の法廷で争わせることは望ましくないとの考えから、裁判所に訴えを提起する前に調停を申し立てることが強制される調停前置主義が採られており、調停の申立てをせずに訴えを提起した場合には、裁判所はその事件を家庭裁判所の調停に付さなければならない（家事257条）。

家事調停手続において当事者間に合意が成立し、合意内容が調書に記載されると、調停が成立したものとして、その記載は確定判決と同一の効力を有する（家事268条1項）。

[3] 仲裁

仲裁は、当事者により選定された1人または2人以上の仲裁人による紛争解決のための判断に当事者が従うという合意（仲裁2条1項：仲裁合意）に基づく紛争の解決方法であり、第三者である仲裁人の判断に紛争の解決を委ねるという点で、訴訟に近い紛争解決手続であるということができる。仲裁には、当事者が必要に応じて個別的に仲裁契約を締結し、紛争の解決を仲裁人に委ねるその場限りの個別仲裁（ad hoc arbitration）と常設の仲裁機関が仲裁規則に従って行う制度仲裁（institutional arbitration）があり、常設の仲裁機関としては、例えば日本商事仲裁協会や日本海運集会所などがある。その他、仲裁は国内仲裁と渉外的な要素をもつ国際仲裁に区別される。

紛争当事者の一方の申立てにより手続が開始される訴訟や調停などと異なり、仲裁により紛争を解決するためには当事者の合意（仲裁契約）が必要である。仲裁契約は、紛争が発生した後で締結するか、あるいは将来発生する紛争に備えて、あらかじめ当事者間の契約書などの中に仲裁の合意を規定しておくことができる。当事者間に有効な仲裁合意がある場合には、当事者はこの合意に拘束され、この合意の対象となる民事上の紛争について裁判所に訴えを提起することができない。当事者の一方が仲裁合意に反

して裁判所に訴えを提起したとしても、被告とされた相手方が当事者間に仲裁合意があるとの抗弁（仲裁合意の抗弁）を提出すれば、この訴えは不適法なものとして却下されることになる（仲裁14条1項）。

1人または2人以上の仲裁人により構成される仲裁廷（仲裁2条2項）が従うべき手続準則は、当事者の合意により定められる（仲裁26条1項）。また、仲裁廷が当事者間の争いにつき判断する基準も、当事者の合意によって定められ、当事者双方の明示の求めがある場合には、仲裁廷は衡平と善により判断するものとされている（仲裁36条1項3項）。

当事者の自主的な紛争解決を基礎とする調停の場合には、当事者は調停委員会が提示する調停案の受け入れを拒否することができるが、仲裁の場合には、当事者は仲裁廷の判断内容に不満であったとしても、その判断に取消事由（仲裁44条1項1号～8号）がない限り、それに従わなければならない。また、仲裁手続では特別の合意による場合を除き、民事訴訟手続におけるような上訴制度は存在しない（第7章1節参照）。仲裁廷が下した仲裁判断には、確定判決と同一の効力が認められるが（仲裁45条1項）、和解調書や調停調書の場合と異なり、それ自体に執行力はない。したがって、仲裁判断に基づいて強制執行を行うためには、裁判所の執行を許す決定（執行決定）を得なければならない（仲裁46条1項、民執22条6号の2）。

コラム　ADR法の制定と将来の検討課題

ADRは、裁判と比べ手続が多様で、手軽に利用することができ、簡易迅速かつ安価な紛争の解決が可能であり、また実体法にとらわれずに具体的事案に即した柔軟な紛争解決の方法をとることができ、さらに専門的・技術的な知識を必要とするような紛争については、各専門領域のエキスパートが関与することにより、妥当な紛争解決を期待することができるなどのメリットがあることから、裁判および当事者間の交渉と並ぶ民事紛争解決のための一手段として重要な位置を占めている。

平成16（2004）年には、ADRが国民にとって裁判と並ぶ魅力的な紛争解決のための選択肢となるように、立法によりその基盤を整備するため、「裁判外紛争解決手続の利用の促進に関する法律」（平成16年法律151号。いわゆ

るADR法）が制定され、平成19 (2007) 年4月1日に施行されている。この法律は、特に民間型紛争処理機関の利用を促進するため、民間紛争解決事業者の業務について、法務大臣による認証制度を設け、認証を受けた紛争解決事業者（認証ADR機関）の手続については、時効中断、訴訟手続の中止などの特例を定めるものである（裁判外紛争解決5条・25条・26条）。ADR法の立法過程において、認証ADR機関の手続で成立した和解に執行力を付与すること、認証ADR機関の手続の利用も法律扶助の対象とすることなどが審議されたが、これらは立法化されなかった。

平成25 (2013) 年2月、法務省に「ADR法に関する検討会」が設置され、法改正事項として、認証ADR機関の手続で成立した和解への執行力の付与、手続実施者の研修・訓練の義務化、受訴裁判所によるADR利用の勧奨・情報提供権限ないし義務化などについて議論されたが、今次の立法化は見送られ、これらは将来においてさらに検討すべき課題とされた。

もっと知りたい方へ
- シンポジウム「ADR法の改正課題」仲裁とADR9号 (2014) 68以下
- 山本和彦＝山田文『ADR仲裁法〔第2版〕』（日本評論社、2015）

2 民事訴訟の諸領域

A 判決手続

狭義で民事訴訟という場合には、判決手続を指す。判決手続は、訴えの提起から口頭弁論を経て終局判決に至るまでの手続であり、当事者間の権利義務または法律関係の観念的確定を目的とするものである。

判決手続は、原告の訴え提起によって開始され、裁判所により指定された口頭弁論期日において訴訟の審理が実施される（87条1項）。口頭弁論においては、当事者による事実の主張および証拠の申出、裁判所による証拠の取調べが行われ、裁判所は当事者が口頭弁論において主張した事実および申し出た証拠のみを判決を下すための判断資料にすることができる。当

事者間に争いのない事実または相手方が真実と認めた（自白した）事実については、裁判所は証拠調べをせずに真実として扱うことができるが、当事者間に争いのある事実については、裁判所が当事者により申請された証拠を取り調べることによって、その真偽について判断する（第4章2節A参照）。

　裁判所は、審理していた請求の当否につき最終的な判断ができる状態になれば、弁論を終結し（243条）、判決言渡期日を指定したうえで、その期日において判決（請求認容あるいは請求棄却の本案判決、または訴えを却下する訴訟判決）を言い渡す（251条・252条）。この判決に対して不服のある当事者は、控訴期間内に控訴を提起することができ（285条）、さらに控訴審判決に対して不服のある当事者は、上告期間内に上告を提起することができるが（313条・285条）、法定の期間内に控訴または上告の提起がなければ判決は確定し（116条参照）、判決手続は終了する。判決に対して不服申立ての方法がなくなったことを判決の形式的確定といい、判決が形式的に確定すると、判決の内容に既判力（第5章2節D参照）という効力が与えられる（114条・115条）。確定判決は、強制執行の申立てをするのに必要な債務名義の代表的なものである（民執22条1号）。

B　強制執行手続

　判決手続において勝訴判決を獲得したとしても、敗訴した当事者が判決の内容を任意に履行しなければ、勝訴した当事者の権利は実現されない。近代国家においては、私人が民事上の権利を強制的に実現すること（自力救済）は禁止されているため、敗訴当事者が任意に履行しない場合には、勝訴当事者は国家に対して救済を求め、国家権力による強制手段を用いて権利の実現を図ることが必要であり、公権力の行使により敗訴当事者の債務の内容を強制的に実現するための手段が強制執行である。すなわち、判決手続において確定された請求権を強制的に実現するための手続が強制執行であり、判決手続と強制執行手続との間には、極めて密接な関係がある。

　強制執行には、金銭の支払いを目的とする請求権についての強制執行（金銭執行）と金銭の支払いを目的としない請求権についての強制執行（非金銭執行）の2種類がある。例えば、被告に対して金500万円の支払いを命じる確定判決に基づいて行われる強制執行が金銭執行であり、被告に対して

建物の明け渡しを命じる確定判決に基づいて行われる強制執行が非金銭執行である。いずれの場合にも、強制執行は給付を命ずる確定判決などの債務名義（民執22条）に執行文の付された執行力のある債務名義の正本（執行正本）に基づいて実施される（民執25条）。

金銭執行は、国家の執行機関（執行裁判所または執行官）が債務者の財産を差し押さえて、これを売却などにより換価し、それによって得た金銭を債権者に渡して債権の満足を図るという方法で行われ、執行の対象となる債務者の財産の種類により、不動産執行、船舶執行、動産執行、債権およびその他の財産権に対する執行に分類される。

非金銭執行は、物の引渡し・明渡しの強制執行、作為・不作為の強制執行、意思表示の強制執行に分けられる。物の引渡し・明渡しの強制執行の場合には、直接強制（民執168条・169条）か間接強制（民執173条）の方法による。作為・不作為の強制執行は、第三者が債務者に代わって債務を履行することができる代替的な場合には、代替執行（民執171条）か間接強制（民執173条）の方法により、債務者でなければ履行することができない非代替的な場合には、間接強制（民執172条）の方法によるしかない。意思表示の強制執行の場合には、意思表示を命じる判決が確定した時に意思表示があったものとみなし（民執174条：意思表示の擬制）、具体的な執行行為は行われない。

C 民事保全手続

裁判所が判決をするには、公開主義、口頭主義、直接主義、双方審尋主義が妥当する口頭弁論を必ず開いて審理しなければならない（87条：必要的口頭弁論）。また、判決手続では手続保障の理念に基づき、原則として三審制の審判が保障され、下級裁判所が下した判決に不服のある当事者は、上訴を提起して上級裁判所に審理を求めることができる。このような判決手続における審理方式および不服申立手続によって、訴えの提起から口頭弁論を経て判決の確定に至るまでには相当の時間を要するが、その間に即時の法的救済を必要とするような場面が生じ得る。例えば、貸金の返還を求める訴訟において、貸主が最終的に勝訴の確定判決を取得したとしても、訴訟の審理の過程で借主が唯一の財産を処分してしまえば、貸主は借主に

対して金銭執行をすることができなくなる恐れがある。そこで、このような場合には、将来強制執行をすることができなくなることを防止するための措置が必要であり、そのための緊急措置として民事保全手続を利用することができる。民事保全手続とは、民事訴訟手続において対象とされる本案の権利または権利関係（被保全権利）の実現を保全するための手続であり、これには仮差押えと仮処分があり、仮処分は係争物に関する仮処分と仮の地位を定める仮処分に分かれる（民保1条）。

　仮差押えは、貸金債権などのような金銭債権の強制執行を保全するために（民保20条1項）、債務者の財産を仮に差し押さえて、その財産に対する債務者の処分を禁止するものである。係争物に関する仮処分は、土地や建物などの引渡・明渡請求権、移転登記手続請求権などのような物に関する給付請求権の強制執行を保全するために（民保23条1項）、目的物の処分や占有移転を禁止することにより、目的物の現状を維持するものである。仮の地位を定める仮処分は、雇用関係などの争いのある権利関係について、権利者を現在の著しい損害や急迫の危険から保護するために（民保23条2項）、その権利関係が確定されるまで仮の地位を認めるものである。仮差押えと係争物に関する仮処分は、将来の強制執行の保全を目的とする点で共通するが、仮の地位を定める仮処分は、将来の強制執行の保全を目的とするものではない。

　民事保全手続は、保全命令手続（民保9条〜42条）と保全執行手続（民保43条〜57条）に分かれる。保全命令手続は、保全命令を発令するための手続であり、これは通常の判決手続に対応し、保全執行手続は、発令された保全命令の内容を実現するための手続であり、これは強制執行手続に対応する。民事保全手続では迅速性が要求されるため、民事保全手続に関する裁判は口頭弁論を経る必要がなく（民保3条：任意的口頭弁論）、すべて決定の形式で行われる。また、保全命令を発令するための要件である被保全権利の存在と保全の必要性については、通常の訴訟において要求されている証明は必要ではなく、確信の状態よりも心証の程度が低い疎明で足りる（民保13条2項）。

D　倒産処理手続

　倒産処理制度には、裁判上の手続による破産、民事再生および会社更生、さらに特別な場合の手続として会社法が定める特別清算がある。破産は、債務者の総財産を処分換価して、これを債権者に配当する清算型の手続である。これに対し、民事再生と会社更生は、債務者の事業または経済活動を継続させ、それから生じる収益・収入を債権者の弁済の原資とする再建型の手続である。

　強制執行手続や民事保全手続と比べ、倒産処理手続は判決手続との関連性が薄いといえる。しかし、倒産処理手続の基礎をなす破産手続では、例えば債権の確定において、裁判所の破産債権査定決定に不服のある当事者は、破産債権査定異議の訴えを提起することができ、最終的には訴訟手続において債権の存否・額が決定される（破126条）。また、破産手続開始前になされた債権者の財産隠匿・処分に関する行為（詐害行為）や一部の債権者に対する優先的な弁済行為（偏頗行為）を否認するために訴訟手続が用いられ（破173条）、さらに破産財団に属する財産が不動産や特許権などの知的財産権などである場合には、民事執行法が定める競売によることが原則とされているなど（破184条1項）、破産手続は判決手続や強制執行手続との関わりが少なくない。

3　民事訴訟の目的と理念

A　民事訴訟の目的

　民事訴訟の目的については、従来から見解の対立があるが、代表的な見解としては、権利保護説、私法秩序維持説、紛争解決説などがある。さらに、近時ではこれらの見解に加えて、手続保障説、多元説、棚上げ説などが主張されている。

　権利保護説は、国家が自力救済を禁止したことの代償として、私人の権利を保護するために訴訟制度を設けたのであるから、私法上の権利の保護実現が民事訴訟の目的であるとする見解である。私法秩序維持説は、国家

が自ら制定した民法、商法などの私法秩序を維持し、その実効性を確保するために訴訟制度を設けたのであるから、私法秩序の維持、その実効性の確保が民事訴訟の目的であるとする見解である。紛争解決説は、私人間の紛争を強制的に解決することこそが民事訴訟の目的であるとする見解であり、この見解が現在でも通説的立場であると理解されている。

このような従来からの見解に対し、両当事者の実質的な対等化を図りながら、一定の法的枠組の中で訴訟による対論または対話を展開していく機会を保障することが民事訴訟の目的であるとするのが手続保障説であり、民事訴訟の目的を権利保護、私法秩序維持、紛争解決のいずれか1つに集約することは困難であるとして、それぞれがいずれも民事訴訟の目的であるとするのが多元説である。さらに、民事訴訟の目的論は無意味ではないが、抽象度が高く、優劣の基準も明確ではないことから、非生産的な議論になりやすいとして、目的論を綿密に検討し自己の態度を決定することを棚上げにするのが棚上げ説とされている。

B　民事訴訟の理念

民事訴訟の基本理念としては、当事者間の公平、裁判の適正・迅速、訴訟経済を挙げることができる。民事訴訟法2条は、「裁判所は、民事訴訟が公正かつ迅速に行われるように努め」なければならないことを規定し、裁判所は公正（公平・適正）と迅速の基本理念に従って裁判すべきものとしている。さらに、平成15（2003）年に制定された「裁判の迅速化に関する法律」（平成15年法律107号）は、第1審の訴訟手続については2年以内のできるだけ短い期間内にこれを終結させることを目標として、裁判の迅速化を要求するとともに、裁判の迅速化によって当事者の正当な権利利益が害されないように、裁判手続が公正かつ適正に実施されなければならないことを要請している（裁判迅速化2条1項・2条3項）。

民事訴訟手続では、裁判所の中立を前提として、訴訟における当事者は平等に扱われなければならないことが要求される。また、裁判は内容的に正しいものでなければならず、裁判手続も正当なものでなければならないから、両当事者には十分な手続保障、すなわち主張・立証の機会が与えられなければならない。憲法上の司法権の独立や裁判の対審公開（憲76条・

82条)、民事訴訟法が規定する裁判官の除斥・忌避 (23条・24条)、処分権主義 (246条：第5章1節および2節B参照)、直接主義 (249条)、必要的口頭弁論 (87条1項)、上訴 (281条以下)、再審 (338条以下) などは、とりわけ当事者の公平、裁判の適正の要請を確保するための制度である。

当事者間の公平、裁判の適正の要請を重視すれば、訴訟の審理が慎重となり、裁判の迅速、訴訟経済の要請に反することになりかねないが、「遅れた裁判は、裁判の拒絶に等しい (justice delayed, justice denied)」という格言があるように、訴訟による紛争の解決があまりにも遅延したものである場合には、訴訟制度の意義を失わせることになる。そこで、裁判の迅速の要請から、民事訴訟法は、時機に遅れた攻撃防御方法の却下 (157条)、口頭弁論の準備 (164条以下)、集中証拠調べ (182条) などの規定を置いている。

さらに、訴訟のために費やされる当事者の労力のみならず、その経費も最小限にとどめなければならないことが要請されるから、訴訟費用の軽減、無資力者の救助 (82条以下) などが定められている。

4　民事訴訟の法源

民事訴訟手続を規律する法規が民事訴訟法であり、現行法典としての民事訴訟法 (平成8年法律109号) を指す場合を「形式的意義における民事訴訟法」といい、広く民事訴訟の手続と作用を規律する法規の全体を指す場合を「実質的意義における民事訴訟法」という。実質的意義の民事訴訟法が民事訴訟の法源である。民事訴訟に関する法源としては、民事訴訟法典のほか、各関連法と最高裁判所規則、民事訴訟に関する慣習法が含まれる (図1-2参照)。

わが国で最初の民事訴訟法は、明治23 (1890) 年に制定されたものであるが、この法律は当初、判決手続のみならず、強制執行手続、仮差押え・仮処分手続、公示催告および仲裁手続についても規定するものであった。そのうちの判決手続に関する部分については、大正15 (1926) 年に全面改正がなされ、その後、これを全面的に改正した現行民事訴訟法が平成8 (1996

年6月26日に公布され、平成10 (1998) 年1月1日から施行されている。さらに、この現行民事訴訟法とともに、手続の細則を定める新たな民事訴訟規則が制定され、現行民事訴訟法と同時に施行されている。

　明治23 (1890) 年の民事訴訟法において定められていた強制執行手続、仮差押え・仮処分手続のうち、強制執行手続に関する部分については、担保権の実行手続について規定していた競売法とともに、単行法として民事執行法が制定され、仮差押え・仮処分手続に関する部分についても、単行法として民事保全法が制定された。さらに、長年改正されずに残されていた公示催告および仲裁手続のうち、仲裁手続に関する部分については、新たに仲裁法が制定され、公示催告手続に関する部分については、現在、非訟事件手続法（平成23年法律51号）の99条以下に規定されている。

```
┬ 民事訴訟法（平成8年法律109号）
├ 関連法
│     裁判所法（昭和22年法律59号）
│     人事訴訟法（平成15年法律109号）
│     行政事件訴訟法（昭和37年法律139号）
│     非訟事件手続法（平成23年法律51号）
│     家事事件手続法（平成23年法律52号）
│     仲裁法（平成15年法律138号）
│     民事執行法（昭和54年法律4号）
│     民事保全法（平成元年法律91号）
│     破産法（平成16年法律75号）
│     民事再生法（平成11年法律225号）
│     会社更生法（平成14年法律154号）
│     民事訴訟費用等に関する法律（昭和46年法律40号）　など
├ 最高裁判所規則
│     民事訴訟規則（平成8年最高裁規則5号）
│     人事訴訟規則（平成15年最高裁規則24号）
│     非訟事件手続規則（平成24年最高裁規則7号）
│     家事事件手続規則（平成24年最高裁規則8号）
│     民事執行規則（昭和54年最高裁規則5号）
│     民事保全規則（平成2年最高裁規則3号）
│     破産規則（平成16年最高裁規則14号）
│     民事再生規則（平成12年最高裁規則3号）
│     会社更生規則（平成15年最高裁規則2号）　など
└ 民事訴訟に関する慣習法
      境界確定の訴え　　など
```

図1-2　民事訴訟の法源

知識を確認しよう

問題
(1) 裁判外紛争解決（ADR）には、どのような方法があるか。その方法をいくつか挙げて、それぞれの特色について説明しなさい。
(2) 民事訴訟手続、民事執行手続および民事保全手続の役割について説明しなさい。
(3) 民事訴訟の目的とその役割について説明しなさい。
(4) 民事訴訟手続において要請される基本理念について説明しなさい。

解答への手がかり
(1) 裁判（判決）以外でなされる紛争解決の方法は、裁判外紛争解決（ADR）と呼ばれ、これには和解、調停、仲裁などがある。和解、調停、仲裁などの特色について理解したうえで、民事訴訟による紛争解決との違いについて考えてみよう。
(2) 民事訴訟手続、民事執行手続および民事保全手続の仕組みついて理解したうえで、それぞれの手続が果たしている役割と関係性について考えてみよう。
(3) 民事訴訟の目的をめぐる学説の対立について理解したうえで、民事訴訟は何のためにあり、どのような役割を果たすべきなのかについて考えてみよう。
(4) 民事訴訟の基本理念としては、当事者間の公平、裁判の適正・迅速、訴訟経済を挙げることができる。これらの基本理念を追及するために、民事訴訟法がいかなる制度を設けているのか考えてみよう。

第 2 章 裁判所と当事者

本章のポイント

1. 裁判所は、司法権（裁判権）を行使する国家機関である。わが国には、最高裁判所のほかに、高等裁判所、地方裁判所、家庭裁判所、簡易裁判所の 5 種類の裁判所がある。
2. 裁判所間での裁判権行使の分担に関する定めを管轄という。管轄は、法定管轄、指定管轄、合意管轄、応訴管轄に区別され、さらに法定管轄は職分管轄、事物管轄、土地管轄に分けられる。
3. 当事者とは、自己の名で訴えを提起し、またはその相手方として訴えが提起され、判決の名宛人となる者である。当事者になるには当事者能力が、当事者として訴訟行為を行うには訴訟能力が要求される。
4. 訴訟上の代理人とは、当事者本人の名において、本人に代わって自己の意思に基づき訴訟行為を行い、または裁判所や相手方の訴訟行為を受ける者であり、これは法定代理人と任意代理人に区別される。

1 裁判所

A 裁判所の概念
[1] 裁判所の種類
　具体的事件について、法規の適用に基づく解決を目的とする司法の作用を行う国家の権能を司法権という。司法権は、すべて最高裁判所および法律の定めにより設置される下級裁判所に帰属し（憲76条1項）、特別裁判所の設置は許されない（憲76条2項）。裁判所は、一般的に司法権（裁判権）を行使する国家機関を意味するが、裁判所の語は、裁判官、裁判所書記官、裁判所事務官、執行官などの裁判所職員をも含む司法行政上の官署として用いられる場合と、具体的事件について公権的な判断を下す裁判機関として用いられる場合がある。前者は、国法上の裁判所（官署としての裁判所）と呼ばれるものであり、後者は、訴訟法上の裁判所（裁判機関としての裁判所）と呼ばれるものである。

　国法上の裁判所には、司法権の最高機関である最高裁判所のほかに、下級裁判所として高等裁判所（札幌、仙台、東京、名古屋、大阪、広島、高松、福岡の8か所）、地方裁判所（各都道府県庁所在地および北海道には札幌、函館、旭川、釧路の4か所の計50か所）、家庭裁判所（地裁と同様に全国に50か所）、簡易裁判所（全国に438か所）がある。家庭裁判所は、家庭に関する事件について、家事審判および家事調停を行うほかに、人事訴訟法が定める人事訴訟を取り扱う権限を有する（裁31条の3、人訴4条1項）。

　なお、平成17（2005）年に知的財産高等裁判所設置法（平成16年法律119号）に基づき設置された知的財産高等裁判所は、東京高等裁判所の特別支部として知的財産関係事件を取り扱う（知財高裁2条1項）。

[2] 裁判所の構成
　裁判機関としての裁判所は、官署としての裁判所の中に組織され、その構成には複数の裁判官による合議制と1人の裁判官による単独制があり、合議制または単独制のいずれによって裁判機関が構成されるかは、官署としての裁判所の種類および取り扱う事件によって異なる。

最高裁判所は、常に合議制であり、15人の裁判官全員で構成される大法廷と5人の裁判官で構成される小法廷がある（裁9条）。高等裁判所も合議制であり（裁18条）、原則として3人の裁判官で合議体を構成するが、例外的に5人の裁判官で合議体を構成する場合もある（310条の2本文、特許182条の2、独禁87条）。地方裁判所は、原則として単独制であるが（裁26条1項）、合議体で審理および裁判する旨の決定がなされた場合や控訴審裁判所として裁判する場合などには合議制である（裁26条2項）。合議制の場合には、通常3人の裁判官によって合議体が構成されるが（裁26条3項）、大規模訴訟や知的財産関係訴訟では、5人の裁判官で合議体を構成することもできる（269条・269条の2）。簡易裁判所は、常に1人の裁判官による単独制である（裁35条）。

　合議制は、個々の裁判官の恣意を抑制し、慎重かつ公正な判断を可能にすることから、上訴裁判所となる最高裁判所、高等裁判所、控訴審として裁判する場合の地方裁判所において採用されている。これに対し、単独制は、事件を迅速かつ柔軟に処理するのに適していることから、地方裁判所が第1審として裁判する場合や簡易裁判所において採用されている。

　合議制の場合には、合議体を構成する裁判官のうちの1人が裁判長となる（裁9条3項・18条2項・26条3項）。裁判長は、合議体を代表して訴訟を指揮する権限を有し（148条など）、簡易な事項や緊急を要する事項については単独で裁判所の権限を行使することができるが（35条1項・93条1項・108条・137条・156条の2など）、裁判官全員の評議の際の評議権は合議体を構成するほかの裁判官（陪席裁判官）と同等である（裁77条）。

　合議体は、審尋（88条）、和解の試み（89条）、弁論準備手続（171条）、裁判所外で行う証拠調べ（185条）、証人尋問（195条）などの一定の事項について、合議体を構成する一部の裁判官（受命裁判官）に委任することができる。また、裁判所間の共助（裁79条）として、受訴裁判所は和解の試み（89条）、裁判所外で行う証拠調べ（185条）、証人尋問（195条）などの一定の事項の処理をほかの裁判所の裁判官（受託裁判官）に嘱託することができる。受訴裁判所の委任に基づいて職務を行う受託裁判官は、受訴裁判所の合議体を構成する裁判官ではないが、受命裁判官と類似するため、受命裁判官に準じた扱いを受ける（206条・210条・215条の4・329条）。

[3] 裁判官

　司法権（裁判権）の行使を職務とする裁判官は、官署としての裁判所の最も重要な構成員である。裁判官の種類としては、最高裁判所長官、最高裁判所判事、高等裁判所長官、判事、判事補および簡易裁判所判事の6つがある（裁5条1項2項）。裁判官の任命方法は、憲法および裁判所法によって定められている。最高裁判所長官は、内閣の指名に基づいて、天皇により任命され（憲6条2項、裁39条1項）、最高裁判所判事は、内閣によって任命され、天皇により認証される（憲79条1項、裁39条1項2項）。最高裁判所の裁判官は、識見の高い、法律の素養のある40歳以上の者から任命されるが、15名中少なくとも10名は10年以上の裁判官経験または20年以上の法律専門家としての経験が必要とされる（裁41条）。最高裁判所の裁判官は、国民審査に付され、投票者の多数が裁判官の罷免を可とするときは、その裁判官は罷免される（憲79条2項3項）。

　下級裁判所の裁判官は、最高裁判所の指名した者の名簿によって、内閣が任命するが（憲80条1項、裁40条1項）、高等裁判所長官の任免については、天皇の認証が必要である（裁40条2項）。判事になるためには、10年以上の法曹経験が必要とされ（裁42条）、司法修習を終えた者の中からまず判事補が任命される（裁43条）。判事補の職権には制限があり、判事補は原則として単独で裁判をすることができず、同時に2人以上合議体に加わり、または裁判長になることができない（裁27条）。なお、簡易裁判所の判事は、必ずしも法曹資格を必要としない（裁44条・45条）。

　裁判官は、憲法上、その地位の独立が保障されており（憲76条3項）、これを実質的に保障するために身分保障が与えられ、憲法上の手続によって罷免される場合を除き、その意思に反して免官、転官、転所、停職または報酬の減額をされることはない（憲78条・79条6項・80条2項、裁48条）。

[4] 裁判所書記官

　官署としての裁判所の構成員として、裁判官以外に裁判所調査官（裁57条）、裁判所事務官（裁58条）、裁判所書記官（裁60条）、裁判所技官（裁61条）、執行官（裁62条）などの一般職員がいるが、このうち裁判所書記官が民事訴訟手続において特に重要な役割を担っている。裁判所書記官は、裁判所の

事件に関する記録その他の書類の作成および保管などの事務を行う（裁60条2項）。これらの職務のほかに、裁判所書記官は、訴訟費用額の確定（71条）、送達事務（98条2項・100条・107条・110条）、執行文の付与（民執26条1項）、支払督促（382条）などについて固有の権限を行使する。なお、裁判長は訴状の補正の促しなどの一定の事項について、これを裁判所書記官に命じて行わせることができる（規56条・61条・63条）。

B 裁判所職員の除斥・忌避・回避
[1] 意義
　裁判手続は、公平・公正に行われなければならない。そこで、裁判の公平・公正を確保するために、裁判官の独立（憲76条3項）や裁判官の身分保障（憲78条・79条6項・80条2項、裁48条）が定められている。このような憲法上の保障のほかに、民事訴訟法上も公平・公正な裁判を実現するための制度が設けられている。

　裁判官が担当する事件や事件の当事者と特別な関係にある場合には、必ずしも公平・公正な裁判を期待することができず、裁判の公平・公正に対して疑念を生じさせる可能性がある。このような場合には、公平・公正な裁判に対する国民の信頼を確保するために、中立・公正に疑いのある裁判官を事件の担当者とすることは適切ではない。そこで、担当する事件あるいは事件の当事者との関係で担当裁判官の中立・公正を疑わせる事由があるときは、その裁判官を当該事件の職務執行から排除することが認められている。これが、除斥・忌避・回避の制度である（23条～26条、規10条～12条）。このような制度は、裁判官のほかに、一定の事項について固有の権限を有する裁判所書記官（27条、規13条）、さらに専門委員（92条の6、規34条の9）、知的財産事件の裁判所調査官（92条の9、規34条の11）、人事訴訟における参与員（人訴10条、人訴規7条）にも準用されている。

[2] 除斥
　除斥とは、法定の除斥原因がある場合に、裁判官を法律上当然に職務の執行から排除する制度である。除斥原因は、裁判官が当事者と一定範囲の親族関係にあるなど、事件の当事者と密接な関係にある場合（23条1項1号

〜3号）と裁判官が当該事件の証人となったなど、事件自体に関わりがある場合（23条1項4号〜6号）の2つに分けられる。このうち、特に民事訴訟法23条1項6号の「不服を申し立てられた前審の裁判に関与したとき」が問題となるが、前審の「裁判に関与した」とは、裁判官が裁判の評決および判決書の作成に関与したことを意味し、単に口頭弁論、証拠調べ、判決の言渡しに関与したにすぎない場合には、裁判に関与したことにはならないとされている（最判昭和39・10・13民集18-8-1619）。

　事件を担当している裁判官に除斥原因がある場合には、当該裁判官は法律上当然に職務を執行することができない。したがって、担当裁判官に除斥原因があるときは、裁判所は当事者の申立てまたは職権により除斥の裁判を行う（23条2項）。この裁判は確認的なものであり、除斥原因のある裁判官が除斥の裁判以前に行った訴訟行為も無効である。除斥原因のある裁判官が判決に関与した場合には、その判決は上訴により取り消すことができ（312条2項2号）、たとえその判決が確定したとしても、再審の訴えにより取り消すことが可能である（338条1項2号）。

[3] 忌避

　忌避とは、法定の除斥原因は存在しないが、裁判官に裁判の公正を疑わせる事情があるときに、当事者の申立てによって当該裁判官を職務の執行から排除する制度である。除斥原因と異なり、忌避の事由は包括的に定められており、裁判官に「裁判の公正を妨げるべき事情」（24条1項）がある場合とされているが、例えば裁判官が当事者と友人関係にある場合や担当する事件の結果について特別の経済的利害関係を有する場合など、公正な裁判に疑念を抱かせる客観的事情が存在する場合に忌避が認められる（最判昭和30・1・28民集9-1-83〔百選4事件〕は、裁判官が訴訟代理人の女婿であることは忌避事由に当たらないとしているが、この判決には批判が強い）。したがって、単に裁判官の訴訟指揮に関して不満であるという主観的理由では、忌避は認められない。

　忌避は、当事者の申立てに基づいて裁判の公正を疑わせる裁判官を職務の執行から排除する制度であるから、除斥の場合と異なり、忌避の裁判によってはじめて当該裁判官を事件の担当から排除する効果が生じ、この裁

判によって当該裁判官は職務を執行することができなくなる。

[4] 除斥・忌避の手続

　除斥および忌避の申立ては、その原因を明らかにして、申立ての対象となる裁判官が所属する裁判所に行う（規10条1項）。この申立ては、期日において行う場合を除き、書面でしなければならない（規10条2項）。除斥および忌避の裁判は、地方裁判所以上の裁判官を対象とする場合には、その裁判官の所属する裁判所の合議体が、簡易裁判所の裁判官を対象とする場合には、その裁判官の所属する裁判所の所在地を管轄する地方裁判所の合議体が決定により行う（25条1項2項）。除斥および忌避の申立ての対象となっている裁判官は、その裁判に関与することはできないが（25条3項）、意見を述べることは可能である（規11条）。除斥および忌避の申立てに理由ありとする裁判に対しては、不服を申し立てることができない（25条4項）。しかし、除斥および忌避の申立てに理由がないとしてこれを却下した裁判に対しては、即時抗告が許される（25条5項）。

　除斥および忌避の申立てがあった場合には、急速を要する行為を除き、その申立てについての裁判が確定するまでの間、訴訟手続は停止される（26条）。このように除斥および忌避の申立てには、訴訟手続を停止させる効力があり、さらに忌避は除斥の場合と異なり、その事由が包括的に定められていることから、訴訟の進行を遅延させる目的で忌避の申立てが利用されることがある。刑事訴訟法には、訴訟の遅延のみを目的とすることが明らかな忌避の申立てにつき、申立ての対象となっている裁判官自らがこの申立てを却下することができるとする簡易却下の規定が置かれている（刑訴24条）。民事訴訟法には、このような簡易却下を定める規定は存在しないが、訴訟の遅延のみを目的とすることが明らかな濫用的忌避の申立てについては、申立ての対象とされた裁判官自らがこの申立てにつき却下の裁判をすることができると解されている（札幌高決昭和51・11・12判タ347-198）。

[5] 回避

　回避とは、裁判官自らが自己に除斥原因または忌避事由があると認める場合に、司法行政上の監督権を有する裁判所（裁80条）の許可を得て、自発

的に職務の執行を避ける制度である（規12条）。簡易裁判所の裁判官の場合には、その裁判官の所属する裁判所の所在地を管轄する地方裁判所の許可が、地方裁判所以上の裁判官の場合には、その裁判官の所属する裁判所の許可が必要である。

C　民事裁判権
[1]　意義
　裁判所が特定の事件または人に対して行使できる国家の権能を裁判権といい、これはその機能によって、民事裁判権、行政裁判権、刑事裁判権などに分類される。民事裁判権とは、主として財産権をめぐる法的紛争などの民事事件を取り扱うための国家の権能であり、これには判決によって当事者間の法律関係を確定または形成し、強制執行によって私法上の権利を強制的に実現することのほかに、これに付随して送達などの事務を行い、また当事者や証人の呼出し・尋問などをし、これに応じない場合には制裁を科すなどの権能が含まれる。

　裁判所が民事事件の当事者および請求に対して民事裁判権を有することは訴訟要件の1つであり、この要件を欠く場合には、訴えは不適法なものとして却下される。また、民事裁判権の欠缺を看過して下された本案判決は、上訴によって取り消すことができる。しかし、再審事由（338条）には該当しないため、判決が確定すれば再審の訴えにより争うことはできないが、民事裁判権の欠缺を看過した判決には既判力、執行力、形成力などの効力は生じないと解されており、その意味では無効な判決である。

[2]　人的範囲
　民事裁判権は、日本国民であるか外国人であるかを問わず、原則として日本国内にいるすべての人に対して及ぶ。しかし、国内法および国際法上、一定の範囲の者については、例外的に民事裁判権の免除が認められている。天皇は、日本国の象徴であり、日本国民統合の象徴であることから（憲1条）、天皇には民事裁判権が及ばないと解されており（最判平成元・11・20民集43-10-1160）、これが国内法上の唯一の例外である。

　国際法上の制限として、治外法権の特権を有する外国の元首には、わが

国の民事裁判権は及ばない。また、外交使節およびその随員・家族についても、一定の場合を除き、裁判権の免除が認められている（外交約31条・37条）。ただし、裁判権が免除される者も、その免除を放棄した場合には、わが国の裁判権に服する。

　さらに、国際慣習法上の国家主権の独立・平等の思想に基づき、外国国家には主権免除（国家免除・裁判権免除とも呼ばれる）が認められ、外国国家は原則として民事裁判権から免除される。主権免除の範囲について、わが国の判例は、外国国家が免除を放棄するなどの例外を除き、広く裁判権の免除を認める絶対免除主義の立場をとってきたが（大決昭和3・12・28民集7-1128）、現在では国家の行為を公法的（主権的）行為と私法的ないし商業的（非主権的）行為に分け、後者が問題となる場合には、裁判権の免除を認めないとする制限免除主義の立場に立っている（最判平成18・7・21民集60-6-2542、最判平成21・10・16民集63-8-1799〔国際私法百選87事件〕）。

　なお、外国国家の主権免除については、平成16（2004）年の国連総会において制限免除主義を採用する「国及びその財産の裁判権からの免除に関する国際連合条約」（国連国家免除条約）が採択されている。わが国もこの条約に署名し、平成21（2009）年にはこの条約の内容に準拠した「外国等に対する我が国の民事裁判権に関する法律」（平成21年法律24号）が制定された。この法律は、外国などがわが国の民事裁判権に服することにつき明示的に同意した場合（外国裁判権5条）のほか、商業的取引（外国裁判権8条）、日本国内で労務が行われる労働契約（外国裁判権9条）、日本国内で生じた不法行為（外国裁判権10条）、日本国内にある不動産（外国裁判権11条）などに関する裁判手続について、外国などがわが国の民事裁判権から免除されないことを定めている。

[3] 物的範囲

　裁判所は、日本国憲法に特別の定めのある場合を除いて、一切の法律上の争訟を裁判する権限を有する（裁3条1項）。すなわち、民事裁判権の対象となる事件は、法律上の争訟に限定され、これに該当しない事件について裁判所は裁判権を行使することができない。法律上の争訟とは、当事者間の具体的な権利義務または法律関係の存否に関する紛争であって（事件

性)、法律の適用によって終局的に解決できるものであること(法律性)を意味する(最判昭和29・2・11民集8-2-419)。事案の内容が事件性あるいは法律性を欠き、法律上の争訟に当たらない場合には、訴えは不適法として却下される。

　例えば、警察予備隊の設置および維持に関する一切の行為の無効確認を求める訴訟(最大判昭和27・10・8民集6-9-783)、村議会の予算議決の無効確認を求める訴訟(前掲最判昭和29・2・11)などは事件性を欠くとの理由により、また国会に対して教育勅語などの失効確認決議および陳謝の決議を求める訴訟(最判昭和28・11・17行集4-11-2760)、国家試験の不合格判定の変更を求める訴訟(最判昭和41・2・8民集20-2-196)などは法律性を欠くとの理由により、法律上の争訟には当たらないとされている。

　なお、宗教団体の内部紛争については、信教の自由・政教分離の原則との関係で、裁判所が裁判権を行使しうるかが問題となる。判例によれば、単に宗教上の地位の確認を求める場合には、裁判所の審判権は及ばないが、具体的な権利または法律関係をめぐる紛争があり、その当否を判定する前提問題として宗教上の地位の存否について判断する必要がある場合には、その判断の内容が宗教上の教義の解釈にわたるものでない限り、その地位の存否の判断につき裁判所は審判権を有する(最判昭和55・1・11民集34-1-1〔百選1事件〕)。しかし、当事者間の具体的な権利義務ないし法律関係に関する訴訟であっても、宗教団体内部でなされた懲戒処分の効力が請求の当否を決する前提問題となっており、その効力の有無が当事者間の紛争の本質的争点をなすとともに、それが宗教上の教義・信仰の内容に深く関わっているため、教義・信仰の内容に立ち入らずに懲戒処分の効力の有無について判断することができない場合には、法律上の争訟に当たらず、裁判所はそのような事項について審理・判断することができないとされている(最判平成元・9・8民集43-8-889)。

D　国際裁判管轄
[1] 国際裁判管轄の意義
　渉外的要素を含む民事事件においては、どこの国の裁判所が事件について裁判する権限を有するのかが問題となり、国際的場面での管轄権の分配

に関する定めが必要となる。国際裁判管轄とは、国際的な視点から、いずれの国の裁判所に管轄権を分配することが妥当かという問題であり、わが国の裁判所に管轄権が帰属するか否かを定める基準である。裁判権免除（本章1節C参照）は、国際法による裁判権の外在的（他律的）制約であるが、国際裁判管轄は各国の国内法または条約による裁判権の内在的（自律的）制約であり、具体的事件と裁判を行う国家との関連性に基づいて判断されることから、裁判権の対物的制約とも呼ばれる。

　従来の民事訴訟法は、4条以下に国内土地管轄についての規定を置いていたが、国際裁判管轄について直接規律する規定を欠いていたことから、判例により一定のルールが形成されてきた。最高裁判所が、国際裁判管轄の有無は、「当事者間の公平、裁判の適正・迅速を期するという理念により条理にしたがって決定」されるとしたうえで、わが国の民事訴訟法が規定する裁判籍のいずれかが日本国内にあるときは、わが国に国際裁判管轄が認められるが（最判昭和56・10・16民集35-7-1224〔国際私法百選88事件〕）、わが国で裁判を行うことが「当事者間の公平、裁判の適正・迅速を期するという理念に反する特段の事情があると認められる場合」には、例外的にわが国の国際裁判管轄は否定される（最判平成9・11・11民集51-10-4055〔国際私法百選89事件〕）と判示したことにより、裁判実務においては「特段の事情」という判例理論が確立している。

　しかし、このような判例理論は、個々の訴えの類型に即して国際裁判管轄の判断基準を示したものではなく、一般的な準則を示したものにすぎないことから、国際裁判管轄のルールを法律により明確に定めることが望ましいとの考えに基づき、国際裁判管轄に関する法規定の整備が検討された。そして、平成23（2011）年5月に「民事訴訟法及び民事保全法の一部を改正する法律（平成23年法律36号）」が公布され、民事訴訟法3条の2以下に財産関係事件について国際裁判管轄に関する明文規定が設けられた。

　国際裁判管轄の存在は訴訟要件の1つであり、裁判所はその有無につき訴え提起のときを基準として職権で調査する（3条の11・3条の12）。国際裁判管轄については、国内土地管轄の場合と異なり移送の制度（16条以下）が存在しないため、日本の裁判所に国際裁判管轄が認められない場合には、訴えは不適法として却下される。日本の裁判所に専属管轄（3条の5）が認

められる事件について、裁判所が判断を誤って日本の国際裁判管轄を否定して訴えを却下した場合には、絶対的上告理由となる（312条2項2号の2）。

[2] 管轄原因

国際裁判管轄の管轄原因は、民事訴訟法3条の2から3条の8までに規定されており、主なものとしては以下のような管轄原因がある。

(1) 被告の住所地

事件の種類・内容を問わず、被告の生活の本拠である住所が日本国内にあれば、日本の裁判所に国際裁判管轄が認められる。被告の住所がない場合または住所が知れない場合には、被告の居所を基準として、被告の居所がない場合または居所が知れない場合には、日本における被告の最後の住所（その後、外国に住所を有した場合を除く）を基準として、日本の裁判所の国際裁判管轄の存否が決定される（3条の2第1項）。被告が法人その他の団体の場合には、その主たる事務所または営業所が日本国内にあるとき、その事務所・営業所がない場合またはその所在地が知れない場合には、その代表者その他の主たる業務担当者の住所が日本国内にあるときに、日本の裁判所に国際裁判管轄が認められる（3条の2第3項）。

国際裁判管轄の存否が被告の住所などを基準として決定されるのは、国際的な事案においても、国内土地管轄の場合と同様に、不意に訴えを提起されて応訴を余儀なくされる被告への手続的保護を図る必要があるとの考えに基づくものである。

(2) 契約上の債務の履行地

目的物の引渡しや売買代金の支払いなどの契約上の債務の履行請求、契約解除に基づく目的物の返還や債務不履行による損害賠償請求などの契約上の債務に関する請求については、当事者の意思および予測可能性の観点から、契約において定められた債務の履行地が日本国内にあるとき、または契約において選択された準拠法による債務の履行地が日本国内にあるときに、日本の裁判所に国際裁判管轄が認められる（3条の3第1号）。

(3) 請求の目的または財産の所在地

財産権上の訴えについては、請求の目的が日本国内にあるとき、また金銭の支払請求については、差押可能な被告の財産が日本国内にあるときに、

日本の裁判所に国際裁判管轄が認められる（3条の3第3号）。ただし、差押可能な被告の財産が日本国内にあったとしても、その価額が著しく低く、強制執行をしても換価の可能性や債権回収の見込みがないような場合には、財産所在地の管轄は認められない。価額が著しく低い財産に該当するか否かは、裁判所が個別の事案ごとに判断する。

(4) 事務所・営業所の所在地および事業活動地

被告の事務所または営業所が日本国内にある場合には、その事務所または営業所が実際に関与した業務に関連する訴えについて、日本の裁判所に国際裁判管轄が認められる（3条の3第4号）。この事務所または営業所の業務には、外国で行われた業務も含まれる。

また、被告の事務所または営業所が日本国内にない場合でも、日本において業務を行う者（日本で取引を継続してする外国会社も含まれる）に対する訴えについて、その訴えがその者の日本における業務に関連するものであるときは、日本の裁判所に国際裁判管轄が認められる（3条の3第5号）。

(5) 不法行為地

証拠方法の所在や被害者保護の観点から、不法行為に関する訴えについては、不法行為地が日本国内にあるときに、日本の裁判所に国際裁判管轄が認められる（3条の3第8号）。加害行為地のみならず、結果発生地も不法行為地となるが、加害行為地が外国で結果発生地が日本というような隔地的不法行為の場合に、日本での結果発生が通常予見できないときは、日本に国際裁判管轄は認められない（3条の3第8号かっこ書）。

(6) 不動産所在地

不動産に関する訴えについては、不動産が日本国内にあるときに、日本の裁判所に国際裁判管轄が認められる（3条の3第11号）。これは、証拠方法や利害関係人の所在、証拠調べの便宜を考慮したものである。

(7) 消費者契約・労働契約の特則

消費者契約・労働契約の場合には、消費者や労働者の裁判所へのアクセスの保障に配慮する必要性が高いことから、消費者契約・労働関係に関する訴えの管轄権については、特則が設けられている。消費者契約に関する消費者から事業者に対する訴えについては、被告の住所地や契約上の債務の履行地の管轄に加えて、訴え提起時または消費者契約の締結時に消費者

の住所が日本国内にある場合に、日本の裁判所に国際裁判管轄が認められる（3条の4第1項）。個別労働関係民事紛争に関する労働者から事業者に対する訴えについては、被告の住所や契約上の債務の履行地の管轄に加えて、労務の提供地（これが定まっていないときは雇入事業所の所在地）が日本国内にある場合に、日本の裁判所に国際裁判管轄が認められる（3条の4第2項）。

(8) 専属管轄

専属管轄とは、日本の裁判所のみに国際裁判管轄を認めることを意味する。会社の組織や役員の責任に関する訴えなどについては、日本の裁判所に専属管轄が認められる（3条の5第1項）。また、登記・登録に関する訴えについては、登記・登録すべき地が日本国内にあるとき（3条の5第2項）、特許権・実用新案権・商標権などの存否または効力に関する訴えについては、その登録が日本でされたものであるときに（3条の5第3項）、日本の裁判所に専属管轄が認められる。

(9) 併合請求の管轄

併合請求の形態には、同一の被告に対する複数の請求を併合する場合（客観的併合）と複数の被告に対する請求を併合する場合（主観的併合）がある。いずれの場合でも、日本の裁判所が1つの請求について管轄権を有していれば、それと密接な関連性のあるほかの請求についても、日本の裁判所に国際裁判管轄が認められる（3条の6）。ただし、主観的併合の場合には、主たる債務者に対する債務の履行請求と連帯保証人に対する保証債務の履行請求のように、民事訴訟法38条前段に定める場合に限り、併合請求による管轄が認められる（3条の6ただし書）。

(10) 合意管轄・応訴管轄

当事者は、一定の法律関係に基づく訴えについて、書面（電子データも含む）による合意によって国際裁判管轄を定めることができる（3条の7）。ただし、合意された外国の裁判所が法律上または事実上裁判権を行使することができない場合には、合意の効力が制限され、法定管轄に従い日本の裁判所の国際裁判管轄が認められる（3条の7第4項）。また、消費者契約に関する紛争や個別労働関係に関する紛争が発生する前にされた国際裁判管轄の合意は、原則として効力を有しない（3条の7第5項第6項）。さらに、国際裁判管轄の合意が甚だしく不合理で公序法に違反するときは、民法90条

などにより無効となる（最判昭和 50・11・28 民集 29-10-1554〔国際私法百選 99 事件〕）。

　日本の裁判所に国際裁判管轄が認められない場合でも、被告が管轄権のないことについて争わずに応訴をすれば、日本の裁判所に国際裁判管轄が発生する（3 条の 8）。

[3] 特別の事情の判断

　民事訴訟法 3 条の 2 から 3 条の 8 までの規定により日本の裁判所に国際裁判管轄が認められる場合でも、請求の内容、契約地、事故発生地などの紛争に関する客観的事情、応訴による被告の負担や当事者の予測可能性などの当事者に関する事情、物的証拠や証人の所在地などの証拠に関する事情、その他、請求についての外国の裁判所の管轄権の有無や外国の裁判所における同一または関連事件の係属などの事情を考慮して、日本の裁判所が審理・裁判することが「当事者間の衡平を害し、または適正かつ迅速な審理の実現を妨げることとなる特別の事情」があるときは、裁判所は訴えを却下することができる（3 条の 9）。これは、判例によって定立された「特段の事情」の法理を明文化したものである。

> **コラム　国際民事紛争と国際民事訴訟**
>
> 　国際取引や国際家族関係から紛争が発生した場合には、国内取引や国内家族関係の場合とは異なり、当事者間に言語、風俗、慣習、法制などの相違があるため、話し合いによる解決には限界があり、訴訟などの方法を用いて紛争を解決せざるをえない。しかし、国際取引や国際家族関係から生じる紛争を専属的に処理する国際的または超国家的な裁判機関が存在しないため、このような国際民事紛争を訴訟によって解決するには、通常の国内の民事訴訟の場合と同様に、いずれかの国の国内裁判所に訴えを提起しなければならない。この場合、どこの国の裁判所がその紛争について審理・判断する権限を有するかという国際裁判管轄が問題となる。
>
> 　わが国には、国際裁判管轄について直接規律する規定が存在しなかったため、判例により一定のルールが形成されてきたが、平成 23（2011）年の民

事訴訟法の改正によって、財産関係事件について国際裁判管轄に関する明文規定が設けられた。しかし、離婚、養子縁組、認知などの人事訴訟事件および家事事件については、国際裁判管轄に関する明文規定がなく、判例上の準則（最大判昭和39・3・25民集18-3-486）に従った運用がなされているが、現在、人事訴訟事件および家事事件についても、国際裁判管轄に関する規定の整備が進められている。

　国際取引や国際家族関係から生じる国際民事紛争について訴訟を行う場合には、国際裁判管轄の問題のほかに、主権免除、国際的訴訟競合、外国人や外国法人の当事者能力、訴訟能力および当事者適格の問題、国際的な送達や証拠調べ、そのための司法共助の問題、さらに外国裁判所の判決がわが国でどのように扱われ、わが国の裁判所の判決が他国でどのように扱われるかという外国判決の承認・執行の問題がある。外国判決の承認制度は、国によって異なるが、わが国は自動承認制度を採用し、外国判決の承認要件として、①外国裁判所の確定判決であること、②判決国裁判所に国際裁判管轄があったこと、③適切な送達が敗訴の被告に対してなされていたこと、④判決内容と訴訟手続が日本の公序に反しないこと、⑤判決国と日本との間に相互の保証があることを定め（118条）、これらの要件が満たされている場合に外国判決はわが国において承認される。

もっと知りたい方へ
- 小林秀之＝村上正子『国際民事訴訟法』（弘文堂、2009）
- 本間靖規ほか『国際民事手続法〔第2版〕』（有斐閣、2012）
- 松岡博編『国際関係私法入門―国際私法・国際民事手続法・国際取引法〔第3版〕』（有斐閣、2012）

E 管轄
[1] 管轄の意義

　わが国には、最高裁判所を頂点として、高等裁判所、地方裁判所、家庭裁判所、簡易裁判所の5種類の裁判所が設置されており、地方裁判所は全国に50か所、簡易裁判所だけでも全国に400か所以上存在する（本章1節

A 参照)。全国に裁判所が1つしかなければ、その裁判所がすべての事件について裁判権を行使すればよいから問題はないが、複数の裁判所が存在する場合には、これらの裁判所の中で、どの裁判所がどのような事件について裁判権を行使するのかを定めておく必要がある。裁判所間での裁判権行使の分担に関する定めを管轄といい、この分担の定めに従い、ある裁判所が事件について裁判権を行使できる権能を管轄権という。

訴えの提起された裁判所に管轄権があることは、訴訟要件の1つであり、裁判所は管轄権の有無につき訴え提起のときを基準として職権で調査する(14条・15条)。ほかの訴訟要件の場合と異なり、管轄権のない裁判所に訴えが提起された場合でも、訴えは直ちに不適法として却下されるのではなく、事件は管轄権のあるほかの裁判所に移送される (16条)。しかし、管轄権を有する裁判所が存在しないときは、訴えは不適法却下となる。

[2] 管轄の種類

管轄は、さまざまな観点から分類されるが、管轄権の発生原因による分類として、法律の規定により発生する法定管轄、直近上級裁判所の指定により発生する指定管轄、当事者の明示または黙示の合意により発生する合意管轄・応訴管轄の区別がある。また、法定管轄は、分担を定める基準の相違により、職分管轄、事物管轄、土地管轄に分けられ、さらに拘束力の強弱により、専属管轄と任意管轄に分けられる。

(1) 職分管轄

職分管轄は、裁判権についての裁判所間での職務権限の分担を定めるものである。民事事件を扱う裁判所は、その職分によって判決手続を担当する裁判所 (受訴裁判所)、民事執行手続を担当する裁判所 (執行裁判所)、仮差押え・仮処分などの民事保全手続を担当する裁判所、破産・民事再生・会社更生などの倒産手続を担当する裁判所などに区別される。

第1審裁判所・第2審裁判所 (控訴裁判所)・第3審裁判所 (上告裁判所) のような審級の分担を定める審級管轄も職分管轄の一種であり、判決手続の場合には、原則として簡易裁判所または地方裁判所が第1審裁判所となる (裁33条1項1号・24条1号)。簡易裁判所が第1審裁判所となる場合には、第2審裁判所は地方裁判所であり (裁24条3号)、第3審裁判所は高等裁判

所である（裁16条3号）。地方裁判所が第1審裁判所となる場合には、第2審裁判所は高等裁判所であり（裁16条1号）、第3審裁判所は最高裁判所である（裁7条1号）。

(2) 事物管轄

　判決手続の第1審は、簡易裁判所または地方裁判所の職分とされるが、いずれの裁判所が第1審を担当するかにつき定めるのが事物管轄である。事物管轄は、訴訟の目的の価額（訴額）によって決定され、訴額が140万円を超えない請求については簡易裁判所の管轄となり、訴額が140万円を超える請求については地方裁判所の管轄となる（裁33条1項1号・24条1号）。なお、訴額が140万円を超えない請求の場合でも、不動産に関する訴訟については、簡易裁判所とともに地方裁判所にも管轄が認められている（裁24条1号）。

　訴額は、原告が訴えで主張する利益によって算定されるが（8条1項）、この利益とは原告の請求が裁判所によって認められたときに得られる経済的価値のことである。例えば、原告の請求が100万円の貸金返還であれば、訴額は100万円となる。1つの訴えで数個の請求をする場合、例えば100万円の貸金返還請求と50万円の売買代金支払請求を併合する場合には、この2つの請求の価格は合算されるから（9条1項）、訴額は150万円となる。ただし、1つの訴えで主張する利益が各請求について共通である場合、例えば主債務者に対する支払請求と保証人に対する支払請求を併合する場合には、この2つの請求は合算しないものとされている（9条1項ただし書）。

　離婚訴訟のような非財産権上の請求の場合には、金銭的評価によって訴額を算定することができないから、訴額は140万円を超えるものとみなされる。また、財産権上の請求でも、住民訴訟や人格権に基づく差止請求訴訟のように訴額の算定が極めて困難な場合にも、訴額は140万円を超えるものとみなされる（8条2項）。したがって、このような訴訟の場合には、地方裁判所の管轄となる。

(3) 土地管轄

　職分管轄および事物管轄の定めにより、訴えを提起すべき第1審裁判所が決まったとしても、それが簡易裁判所であれば全国に400か所以上、地方裁判所であれば全国に50か所存在するから、どこの土地の簡易裁判所

または地方裁判所の管轄となるのかが問題となる。ある事件について職分管轄および事物管轄を有する裁判所が所在地を異にして複数存在する場合に、いずれの土地の裁判所に事件を担当させるかについて定めるのが土地管轄である。土地管轄の発生原因となる事件と特定の土地との関連を裁判籍といい、この裁判籍の所在地を基準にして土地管轄が決定される。裁判籍の種類としては、普通裁判籍と特別裁判籍がある。
①普通裁判籍
　普通裁判籍は、事件の種類・内容を問わず、すべての事件について一般的に認められる裁判籍である。どのような種類・内容の事件であっても、被告の普通裁判籍の所在地を管轄する裁判所に土地管轄が認められる（4条1項）。被告が自然人の場合には、普通裁判籍はその住所または居所によって定まり（4条2項）、被告が法人その他の団体の場合には、普通裁判籍はその主たる事務所または営業所の所在地によって定まる（4条4項）。土地管轄が被告の普通裁判籍を基準として決定されるのは、原告が被告の住所地に出向き、そこの裁判所で訴訟を行うのが公平であるとの考えに基づくものである。
②特別裁判籍
　特別裁判籍は、特定の種類・内容の事件についてのみ認められる裁判籍であり、これは普通裁判籍と競合して認められ、これらが競合する場合には、原告は両者のうち自己に有利なものを任意に選択することができる。
　民事訴訟法5条から6条の2までに規定されている特別裁判籍は、ほかの事件とは無関係に認められるものであり、これを独立裁判籍という。独立裁判籍には、例えば義務履行地の裁判籍（5条1号）、事務所・営業所所在地の裁判籍（5条5号）、不法行為地の裁判籍（5条9号）、不動産所在地の裁判籍（5条12号）などがある。これによれば、財産権上の訴えは、義務の履行地を管轄する裁判所にも提起することができる。民法は持参債務を原則としているから（民484条）、原告は自分に有利な自己の住所地で訴訟を行うことが許されるが、これについては被告の保護を目的として被告の住所地に普通裁判籍を認めている趣旨が没却されるとの批判がある。
　知的財産関係訴訟は、専門技術性が高く、その審理に特別なノウハウが必要となることから、特殊な独立裁判籍が設けられている。特許権や実用

新案権などに関する訴えについては、東日本の地方裁判所に土地管轄が認められる場合に東京地方裁判所の専属管轄となり、西日本の地方裁判所に土地管轄が認められる場合に大阪地方裁判所の専属管轄となる（6条1項）。この場合の控訴審については、第1審が大阪地方裁判所であったとしても、東京高等裁判所の専属管轄となる（6条3項）。また、意匠権や商標権などに関する訴えについては、土地管轄を有する地方裁判所に加えて、東日本では東京地方裁判所に、西日本では大阪地方裁判所に競合管轄が認められる（6条の2）。

　特別裁判籍には独立裁判籍のほかに、ほかの事件との関係において認められる関連裁判籍がある。関連裁判籍としては、併合請求の裁判籍（7条）があり、これは1つの訴えで数個の請求をする場合に、そのうちの1つの請求について管轄権を有する裁判所にほかの請求についての管轄権も認めるものである。併合請求の裁判籍は、同一被告に対する数個の請求を1つの訴えに併合する訴えの客観的併合の場合のみならず、複数の被告に対する数個の請求を1つの訴えに併合する訴えの主観的併合（共同訴訟）の場合にも認められるが、訴えの主観的併合については、主債務者と連帯保証人を共同被告とする場合などのように、民事訴訟法38条前段に定める場合に限り、併合請求の裁判籍が認められる（7条ただし書）。

(4) 指定管轄

　管轄は、原則として法律の規定により定められるが、特定の場合には、当事者の申立てに基づいて関係のある裁判所に共通の直近上級裁判所が、決定により具体的事件の管轄裁判所を定める場合があり、直近上級裁判所の指定により定められる管轄を指定管轄という。

　管轄の指定は、管轄裁判所が法律上または事実上裁判権を行使することができない場合になされる（10条1項）。例えば、管轄裁判所の裁判官全員に除斥原因（23条1項）がある場合や、病気・天災などにより職務を行うことができない場合であり、さらに裁判所の管轄区域が明確でないために管轄裁判所が定まらないとき（10条2項）、例えば2つの裁判所の管轄の境で不法行為が行われ、その地点が明確でないために、その不法行為による損害賠償請求事件の管轄裁判所が定められない場合などである。

(5) 合意管轄・応訴管轄

　当事者は、事件の管轄が特定の裁判所に専属的に認められている場合を除き、合意によって管轄裁判所を定めることができ、当事者の合意により発生する管轄を合意管轄という（11条）。管轄の合意は、第1審裁判所についてのみ許され、一定の法律関係に関するものでなければならない。したがって、当事者間に生ずるすべての法律関係について、特定の裁判所を管轄裁判所とするような包括的合意は認められない。また、管轄の合意は書面によってなされなければならないが、これには合意内容を記録した電子データも含まれる。

　管轄合意の方法としては、法定管轄裁判所に加えて、ほかの裁判所にも管轄権を認める付加的合意管轄、合意した裁判所以外の裁判所の管轄を排除する専属的合意管轄がある。普通取引約款の条項の1つとして管轄の合意が定められている場合には、一般的に事業者に有利な本社所在地の裁判所を専属的合意管轄とすることが多く、そのような合意内容を無条件で認めることは消費者保護の観点から問題であるため、専属的合意管轄の場合でも、ほかの管轄裁判所に移送することが認められている（20条・17条）。

　管轄の合意は、書面によって明示的になされなければならず、黙示の合意は認められていないが、本来管轄のない裁判所に訴えが提起された場合に、被告がこれについて異議を唱えずに応訴をすれば、事後的に管轄の合意があったものとみなし、その裁判所に管轄が認められる。このように、被告の応訴によって発生する管轄を応訴管轄という（12条）。応訴管轄も、第1審裁判所に限り認められる。また、被告が本案について弁論をしたことが応訴管轄を発生させる要件であり、本案の弁論に当たらない訴訟要件の欠缺を理由とする訴え却下の主張や期日の変更・延期の申立てなどにより応訴の効果は生じない。

(6) 専属管轄・任意管轄

　専属管轄とは、法定管轄のうち、裁判の適正・迅速などの公益的要請に基づいて特定の裁判所のみに管轄が認められ、ほかの裁判所の管轄が排除される場合の管轄のことをいう。これに対して、法定管轄のうち、主として当事者間の公平や訴訟追行上の便宜を考慮して定められたものであり、当事者の意見や態度（合意や応訴）によってこれと異なる管轄を認めてよい

ものを任意管轄という。職分管轄は、裁判権についての裁判所間での職務権限の分担を定めるものであるから、常に専属管轄である。事物管轄および土地管轄は、原則として任意管轄であるが、人事訴訟（人訴4条）、会社関係訴訟（会社835条1項・848条など）などのように法律に特別の定めがある場合には専属管轄となる。

専属管轄の定めがある場合には、合意管轄および応訴管轄は認められず、専属管轄を有しない裁判所への事件の移送も禁止される（13条1項・20条1項）。また、専属管轄の違背は、控訴審において主張することができ（299条1項ただし書）、さらに絶対的上告理由となる（312条2項3号）。

[3] 移送
(1) 移送の意義・種類
訴訟の移送とは、ある裁判所に係属している事件をその裁判所の裁判によってほかの裁判所に移して係属させることをいう。第1審裁判所における移送としては、管轄違いに基づく移送（16条1項）、遅滞を避けるためなどの移送（17条）、簡易裁判所から地方裁判所への裁量移送（18条）、必要的移送（19条）がある。

①管轄違いに基づく移送

管轄権のない裁判所に訴えが提起された場合、本来ならば訴えは不適法として却下されなければならないが、訴えが却下されると、原告は改めて管轄裁判所に訴えを提起し直さなければならなくなる。その結果、再訴の手数料や費用がかかるだけでなく、起訴による時効中断などの利益を失う可能性がある。そこで、このような不利益から原告を救済するために、管轄権のない裁判所に訴えが提起された場合でも、裁判所は当事者の申立てまたは職権で事件を管轄裁判所へ移送することにしている（16条1項）。

②遅滞を避けるためなどの移送

管轄権を有する裁判所に訴えが提起された場合でも、その裁判所で事件を審理することが、証拠などの所在地との関係で訴訟の進行を著しく遅延させ、また遠隔地に住む被告にとって著しく不都合であり、当事者間の公平を害するということがありえる。そこで、適正な審理の実現を図るために、管轄権を有する裁判所において審理することが、当事者および裁判所

にとって著しく不都合である場合には、裁判所は当事者の申立てまたは職権で事件をより審理に適した管轄裁判所に移送することができる（17条）。
③簡易裁判所から地方裁判所への裁量移送
　簡易裁判所は、提起された事件がその管轄に属する場合であっても、相当と認めるときは、当事者の申立てまたは職権で事件をその所在地を管轄する地方裁判所に移送することができる（18条）。事件が簡易裁判所の専属管轄に属する場合には、移送することはできないが、専属的合意管轄の場合には、ほかの管轄裁判所へ移送することが認められる（20条1項）。
④必要的移送
　当事者の申立てとこれに対する相手方の同意がある場合には、裁判所は事件がその管轄に属する場合であっても、原則として申し立てられた地方裁判所または簡易裁判所へ事件を移送しなければならない（19条1項）。また、不動産に関する事件については、それが簡易裁判所の管轄に属する場合であっても、被告の申立てがあれば、その所在地を管轄する地方裁判所へ事件を移送しなければならない（19条2項）。これは、当事者の意思を尊重するものであるが、専属管轄がある場合や移送により著しく訴訟手続を遅延させる場合には認められない。

(2) 移送の裁判

　移送の裁判は、裁判所の決定により行われる。移送の決定および移送の申立てを却下した決定に対しては、即時抗告をすることができる（21条）。移送に関する裁判が確定すれば、訴訟は初めから移送を受けた裁判所に係属していたものとみなされる（22条3項）。移送を受けた裁判所は、確定した移送の裁判に拘束され、さらに事件をほかの裁判所に移送することはできないが（22条1項2項）、移送決定の確定後に生じた新事由に基づいて事件をほかの裁判所に再移送することや、移送された事由とは異なる事由に基づいて事件をほかの裁判所に再移送すること（東京地決昭和61・1・14判時1182-103）は許される。

2 当事者

A 当事者の意義
[1] 当事者の概念
　当事者の概念には、実質的当事者概念と形式的当事者概念がある。実質的当事者概念は、訴訟において審判の対象となる実体法上の権利または法律関係の主体が当事者であるとする考え方である。これに対して、形式的当事者概念は、当事者の概念を実体法上の権利または法律関係の主体としての地位から切り離して、まったく形式的に訴訟の当事者を観念する考え方である。実体法上の権利義務の帰属主体が当事者であるとする実質的当事者概念の下では、第三者が実体法上の権利義務の帰属主体に代わって当事者として訴訟を追行する訴訟担当の場合（第3章7節C「第三者の訴訟担当」参照）や他人間の権利義務関係の確認訴訟の場合などについて説明することができないため、現在では、訴訟の当事者は形式的当事者概念によって定義されている。形式的当事者概念によれば、自己の名で訴えを提起し、またはその相手方として訴えが提起され、判決の名宛人となる者が当事者である。

　当事者の呼称は、訴訟手続の種類や審級によって異なる。判決手続の第1審においては、訴えを提起する者を原告、その相手方を被告（被告人ではない）と呼ぶ。控訴審においては、控訴を提起する者を控訴人、その相手方を被控訴人と呼び、上告審においては、上告を提起する者を上告人、その相手方を被上告人と呼ぶ。なお、訴え提起前の和解（275条）、証拠保全手続（234条）、民事・家事調停手続などでは、当事者は申立人・相手方と呼ばれ、督促手続（382条）、民事保全手続および民事執行手続では、当事者は債権者・債務者と呼ばれる。

[2] 二当事者対立の構造
　民事訴訟は、1人で行うことはできず、少なくとも対立する2人の当事者間で行われるのが原則である。すなわち、民事訴訟が成立するためには、対立する二当事者の存在が不可欠であり、このことを二当事者対立の原則

という。1つの訴訟手続において、当事者の一方または双方の側に複数の当事者が関与するような共同訴訟（38条）の場合でも、それぞれ原告または被告のいずれかの地位につくのが原則であるから、二当事者対立の原則は維持される。しかし、独立当事者参加訴訟（47条）のように、三当事者以上の者が相互に対立する関係に立つような例外も認められている（第6章2節「多数当事者訴訟」参照）。

民事訴訟の成立は、二当事者対立の原則を前提とするから、例えば相続や合併により一方当事者が他方当事者の地位を承継した場合、当事者の死亡により一方当事者の地位につく者がいなくなった場合のように、二当事者対立の関係がなくなれば、訴訟手続は終了する

[3] 当事者権

民事訴訟は、当事者主義を原則とし、当事者には訴訟の主体としての地位が認められている。当事者が訴訟の主体として訴訟手続に積極的に関与することができるように、当事者には訴訟手続においてさまざまな権利が保障されている。この当事者に訴訟手続上保障されている諸権利を総称して、当事者権という。

訴訟手続において当事者に認められている権利はさまざまであるが、訴訟の手続面に関する権利としては、期日指定の申立権（93条1項）、期日の呼出しを受ける権利（94条）、訴状・判決の送達を受ける権利（138条1項・255条）、求問権（149条3項）、責問権（90条）、移送申立権（16条〜19条）、除斥申立権・忌避権（23条2項・24条1項・27条）、訴訟記録の閲覧権（91条）などがある。また、訴訟の内容面に関する権利としては、審判の対象を特定する権利（246条）、判決によらずに訴訟を終了させる権利（261条・267条）、事件の法律上・事実上の問題について主張・立証を行うことを内容とする弁論権（87条）、上訴権（281条・311条）などがある。

[4] 当事者の確定
(1) 当事者確定の意義

当事者の確定とは、訴訟手続において現実に誰が当事者の地位についているかを明らかにすることをいう。訴訟の主体である当事者は、訴状の送

達 (138条)、口頭弁論期日への呼出し (94条)、人的裁判籍 (4条)、裁判官などの除斥原因・忌避事由 (23条・24条)、当事者能力および訴訟能力 (28条)、当事者適格、手続の中断・中止事由 (124条・131条)、重複起訴の禁止 (142条)、証人能力、さらに判決の名宛人や判決効の主観的範囲 (115条) など、訴訟上のさまざまな問題についての判断基準となるから、裁判所は職権で調査し、訴訟の最初の段階から当事者を確定しなければならない。

　当事者および法定代理人は、訴状の必要的記載事項 (133条2項1号) であるから、通常、誰が訴訟の当事者 (原告・被告) であるかは訴状の記載から判断することができる。しかし、現実の訴訟においては、訴状に記載された当事者が実際に訴訟行為を行っているとは限らず、誰が訴訟の当事者であるのか明確でない場合がある。例えば、XがYの氏名を無断で使用 (冒用) し、自らをYと称して訴えを提起する場合 (氏名冒用訴訟) や、Xがすでに死亡しているYに対して訴えを提起し、Yの相続人ZがYとして実際に訴訟行為を行っている場合 (死者名義訴訟) には、この訴訟の当事者が誰なのか明確ではなく、誰が当事者なのかを特定する必要がある。

(2) 当事者確定の基準

　当事者を確定する基準については、学説上さまざまな見解が主張されている。伝統的な見解としては、①原告または裁判所の意思を基準として当事者を定める意思説、②当事者らしく振る舞い、当事者として扱われた者を当事者とする行動説、③訴状の記載（表示）を基準として当事者を定める表示説の3つがあり、表示説は訴状の当事者欄の表示のみを判断の基準とする形式的表示説と当事者欄の表示に加えて請求の趣旨および原因の記載をも考慮する実質的表示説に分かれる。

　意思説に対しては、原告の意思内容を把握するのは困難であり、また裁判所の意思により当事者を決定するとすれば、処分権主義に反するなどの批判がある。さらに、行動説に対しても、訴訟代理人がいる場合などを考えると、裁判所において行動するのは必ずしも当事者とは限らず、どのような行動が当事者としての行動なのかが明確でないとの批判がある。当事者確定の基準は、一義的に明確であることが要請されるため、判断基準としての明確性・客観性の点で優れている表示説が通説的見解であるとされている。なお、伝統的な見解によれば、訴訟における手続の時間的発展的

な要素を取り込むことが困難であるため、近時ではこれらの要素を加味して当事者を確定すべきとする規範分類説が提唱されている。これは、これから手続を進めるに際して誰を当事者として扱うかという行為規範としての当事者確定の問題と、すでに進行した手続を振り返って誰を当事者とするのが適当かという評価規範としての当事者確定の問題とを区別して、前者については判断基準としての明確性に優れた表示説を採用し、後者については手続の安定と訴訟経済の要請から、紛争解決にとって適格性（当事者適格）を有する者で、かつ手続全体を通じて現実に利益主張の機会（手続保障）が与えられていた者を当事者として確定するという見解である。

　通常、誰が訴訟の当事者であるかは訴状の記載から判断されるから、現実に当事者の確定が問題になることは少ないといえるが、氏名冒用訴訟や死者名義訴訟の場合などには当事者の確定が必要となる。当初の判例は、原告側の氏名冒用訴訟について、行動説の立場に立ち、冒用者が訴訟の当事者となるから、被冒用者には判決の効力は及ばないとしていたが（大判大正4・6・30民録21-1165）、その後の判例は被告側の氏名冒用訴訟について、表示説の立場に立ち、被冒用者が当事者となるから、この者に判決効が及ぶが、この判決は再審の訴えにより取り消すことができるとしている（大判昭和10・10・28民集14-1785〔百選5事件〕）。また、判例は死者名義訴訟について、表示説の立場に立ち、死者を被告とする判決が確定しても、その判決の効力は相続人には及ばないとするが（大判昭和16・3・15民集20-191）、死者名義訴訟において控訴審まで相続人が訴訟を追行していながら、控訴審で敗訴判決を受けた後に、被告が死者であったとして自らの訴訟行為の無効を主張することは信義則に反し許されないとした裁判例もある（最判昭和41・7・14民集20-6-1173）。

(3) 表示の訂正と任意的当事者変更

　訴訟係属中に、当事者の表示を訂正・変更する必要が生じた場合には、その方法として表示の訂正と任意的当事者変更の2つがある。

　表示の訂正とは、当事者の表示に不正確な点がある場合や誤記があった場合などのように、当事者の表示を変えても当事者の同一性に変更がない場合に認められる方法である。当事者は前後同一であるから、表示の訂正は訴訟中いつでも行うことができ、その前後で訴訟状態に断絶が生じるこ

とはなく、それまでに形成された従前の訴訟状態はそのまま引き継がれることになる。

これに対し、当事者の表示を変えることによって当事者の同一性が失われる場合には、表示の訂正は許されず、任意的当事者変更の手続が必要となる。任意的当事者変更は、まったく別の人格に訴訟の主体を変更することであるから、新たに当事者となる者の手続保障に配慮する必要があるため、原則として第１審においてのみ許され、それまでに形成された従前の訴訟状態は新当事者によって必ずしも引き継がれない。

任意的当事者変更の法的性質については、学説上争いがあるが、新当事者に対する訴えの提起と旧当事者に対する訴えの取下げという２つの行為が複合すると見る複合説が通説的な見解であるとされている。

B 当事者能力

[1] 当事者能力の意義

当事者能力は、実体法上の権利義務の帰属主体となることができる権利能力に対応する訴訟法上の概念であり、民事訴訟の主体である当事者となることができる一般的な資格である。すなわち、民事訴訟の当事者として訴訟追行の効果の帰属主体となり、判決の名宛人として判決効の帰属主体となりうる資格のことを意味する。当事者能力は、個別具体的な事件の内容性質とは関わりなく判定される訴訟上の一般的資格であるから、その点で特定の訴訟物との関係において判断される訴訟上の資格である当事者適格（第３章７節参照）とは概念的に区別される。

[2] 当事者能力を有する者

当事者能力の有無は、原則として実体法上の権利能力を基準として決定され（28条）、実体法上権利能力を有する者は当事者能力を有する。民事訴訟は、私人間の権利義務関係をめぐる紛争を取り扱うものであり、権利義務の帰属主体である権利能力者に当事者能力を認めないとすれば、裁判による救済の途を与えないことになるので、権利能力を有する者に対して訴訟法上も当事者能力を認めることにしている。したがって、自然人は権利能力を有するから（民３条１項）、当然に当事者能力を有する。外国人も、同

様に当事者能力を有する（民3条2項）。胎児は、不法行為に基づく損害賠償請求、相続、遺贈について例外的に権利能力を有するから（民721条・886条・965条）、これらに関する訴訟においては当事者能力が認められる。

　法人も権利能力を有するから（民34条）、当事者能力を有する。外国法人にも、同様に当事者能力が認められる（民35条2項）。なお、法人は解散または破産になった場合でも、清算・破産の目的の範囲内で存続するものとみなされるから（一般法人207条、会社476条、破35条）、それらの手続中は当事者能力を有する。

　国も実体法上の権利義務の主体となるから、当事者能力を有する（4条6項）。また、地方公共団体にも、当事者能力が認められる（自治2条1項）。これに対し、通常の民事訴訟においては、行政庁に当事者能力は認められないが、行政訴訟では当事者能力を有する（行訴11条2項・38条1項）。

[3] 法人格のない団体の当事者能力

　団体が法人格を取得するためには、一定の手続が必要となるため、現実の社会においては法人格を取得せずに社会的・経済的活動を行っている団体が数多く存在する。法人格のない団体は、権利能力を有しないから、原則として当事者能力も有しない。したがって、このような団体との間に紛争が生じた場合に、それを解決するための訴訟が必要になったとしても、団体自身は訴訟の当事者になることができず、団体を構成する多数の構成員が訴訟の当事者にならなければならない。しかし、団体自身が社会的・経済的活動を行い、その活動から紛争が生じた場合には、それに関する訴訟において団体自身を当事者（原告・被告）として扱うことが実際的であり、また便宜でもある。そこで、民事訴訟法29条は、実体法上権利能力を有しない団体についても、訴訟法独自の見地から当事者能力を認めることにしている。

　判例は、団体としての組織を備え、多数決の原則が行われ、構成員の変更にもかかわらず団体そのものが存続し、団体としての組織運営方法（代表の方法、総会の運営、財産の管理など）が確立している団体に当事者能力が認められるとしている（最判昭和39・10・15民集18-8-1671、最判昭和42・10・19民集21-8-2078〔百選8事件〕）。すなわち、①対外的独立性（取引上独立した主体で

あること)、②対内的独立性（団体が構成員から独立した存在であること）、③内部組織性（代表者の選出、意思決定手続などが確立していること）、④財産的独立性（構成員の財産から独立した団体の財産が存在すること）の4つが、法人格のない団体に当事者能力を付与するための要件であるとされている。しかし、その後の最高裁判決（最判平成14・6・7民集56-5-899）は、④の要件について、団体が固定資産ないし基本的財産を有することは、必ずしも当事者能力を認めるのに不可欠の要件ではないとしている。

民事訴訟法29条により当事者能力が認められる団体としては、例えば同業者団体、未登記の労働組合、設立中の会社、学会、同窓会、町内会などがある。民法上の組合に当事者能力が認められるかという問題について、判例は債権を保全するために結成された民法上の組合の当事者能力を肯定するが（最判昭和37・12・18民集16-12-2422〔百選9事件〕）、学説上は肯定説と否定説とが対立している。民法上の組合といっても、その実態は多様であり、民法上の組合という性質決定から直ちに当事者能力を否定するのは適切ではないため、最近では組合という名称にこだわらずに、上記のような民事訴訟法29条所定の要件を満たす限り、民法上の組合に当事者能力を認めてよいとする見解が有力である[1]。

民事訴訟法29条により法人格のない団体に当事者能力が認められると、この団体は法人格を有する団体と同様に、独自に当事者として訴訟を追行することができるが、実体法上の権利義務の帰属主体としての地位まで認められるわけではない。判例は、法人格のない団体に属する財産が構成員全員の総有に属するという理由で、団体を権利者とする所有権の確認請求を棄却している（最判昭和55・2・8民集34-2-138）。したがって、団体はその財産が構成員全員の総有に属することの確認を求めなければならないが、判例は総有権確認請求訴訟では団体に当事者適格が認められるとしている（最判平成6・5・31民集48-4-1065〔百選11事件〕）。

法人格のない団体に属する不動産の登記についても、判例は団体の代表者が構成員全員の受託者たる地位において、代表者個人の名義で登記することができるのみで、団体自体を権利者とする登記も、団体の代表者である旨の肩書きを付した代表者名義の登記も許されないとしている（最判昭和47・6・2民集26-5-957〔百選[第4版]9事件〕）。法人格のない団体に属する不

動産については、団体の代表者が自己の個人名義への所有権移転登記手続を求める訴訟を提起することが認められているが、団体自身もこの訴訟の原告適格を有し、この訴訟の判決の効力は構成員全員に及び、この判決により団体の代表者が自己の個人名義への所有権移転登記の申請をする場合には、執行文の付与を受ける必要はないとされている（最判平成26・2・27民集68-2-192〔百選10事件〕）。なお、法人格のない団体の不動産に対して強制執行を行う場合には、債権者は団体を債務者とする執行正本に加え、不動産が団体の構成員全員の総有に属することを確認する旨の債権者と当該団体および登記名義人との間の確定判決その他これに準ずる文書を添付して、当該団体を債務者とする強制執行の申立てをすることができる（最判平成22・6・29民集64-4-1235）。

[4] 当事者能力を欠く場合の取扱い

当事者能力は、訴訟要件（本案判決要件）の1つであり、裁判所は当事者能力の有無について職権で調査しなければならない。当事者能力を欠く者が当事者となっている場合には、裁判所は本案判決をすべきではなく、補正ができないときは訴えを不適法として却下しなければならない。

当事者に当事者能力が欠けているにもかかわらず、それを看過して本案判決がなされた場合には、上訴によって取り消すことができるが、この判決が確定すれば再審事由（338条）には該当しないため、取り消すことはできない。しかし、訴訟の当事者になりえない者を判決の名宛人として本案判決をしても、紛争の解決には役立たないから、それは既判力や執行力などの効力がない無効な判決であると解されている[2]。

> **コラム** 　**自然の権利訴訟**
>
> 自然の権利訴訟とは、アマミノクロウサギやオオヒシクイなどの野生動物を原告として提起された自然保護を目的とする訴訟のことである。このような訴訟においては、原告である動植物の権利能力や当事者能力が問題となる。アマミノクロウサギ訴訟[3]は、マスコミにも取り上げられて話題になった事件であるが、裁判所は動物が訴え提起などの訴訟行為をするこ

とはありえないとして訴状を却下する命令を下している。また、オオヒシクイ訴訟[4]においても、裁判所は人にあらざる自然動物が当事者能力を有すると解することはできないとして訴えを却下する判決を下している。これら以外にも、自然の動植物を原告として提起された訴訟はいくつかあるが、裁判所は一貫して自然物自体の当事者能力を認めていない。

当事者能力は、原則として実体法上の権利能力を基準として決定されるから（28条）、実体法上の権利義務の帰属主体になることができない動植物に当事者能力が認められないのは当然の結果といえる。アメリカの自然の権利訴訟において、アカウミガメなどの動物の原告適格を認めた裁判例が紹介されているが、わが国では現行の法制度の下で動植物の当事者能力ないし原告適格が認められる余地はないであろう。

もっと知りたい方へ
- 畠山武道『アメリカの環境訴訟』（北海道大学出版会、2008）
- 山本浩美『アメリカ環境訴訟法』（弘文堂、2002）

C 訴訟能力
[1] 訴訟能力の意義

訴訟能力は、法律行為を単独で有効に行うために必要な実体法上の行為能力に対応する訴訟法上の概念であり、当事者（補助参加人を含む）として単独で有効に訴訟行為を行い、または裁判所および相手方当事者の訴訟行為を単独で有効に受けることができるために必要な能力である。訴訟能力を欠く者が単独で行った訴訟行為、またはこの者に対して行われた訴訟行為は無効である。訴訟能力を欠く者が適法に代理されていない場合には、単独で自己の利益を十分に主張し、あるいは防御することができず、この者を自己の利益に反する不適切な訴訟追行から保護することが必要であるため、訴訟においては訴訟能力という水準を設け、この水準に達していない当事者は単独では有効に訴訟行為を行うことができないことにしている。

訴訟能力は、訴訟の当事者として訴訟行為を行う場合に要求される能力であるから、他人の訴訟代理人として訴訟行為を行う場合には、訴訟能力

は必要とされない（民102条参照）。また、証人尋問や当事者尋問など、証拠調べの対象になるだけの場合にも、訴訟能力は要求されない。

[2] 訴訟能力を有する者

訴訟能力の有無は、原則として実体法上の行為能力を基準として決定される（28条）。したがって、実体法上の行為能力者は訴訟能力を有する。

外国人の訴訟能力については、民事訴訟法28条の「民法その他の法令」に含まれる「法の適用に関する通則法」4条1項により、その本国実体法上の行為能力の有無を基準として判断される。したがって、外国人がその本国実体法により行為能力を有する場合には、わが国においても訴訟能力を有する。外国人がその本国実体法により行為能力を有しない場合には、原則としてわが国において訴訟能力が認められないことになるが、民事訴訟法28条の「特別の定め」に当たる民事訴訟法33条により、本国実体法上行為能力を有しない結果、訴訟能力が認められない場合でも、日本の法律により訴訟能力を有するときは、訴訟能力者として扱われる。

[3] 訴訟無能力者

民法上の制限行為能力者（民20条1項）のうち、未成年者および成年被後見人は訴訟無能力者とされ、単独での訴訟行為は認められず、法定代理人によってのみ訴訟行為を行うことができる（31条本文）。民法では、未成年者は法定代理人の同意があれば単独で法律行為を行うことができ（民5条1項）、また成年被後見人も日用品の購入その他日常生活に関する行為を行うことができるとされているが（民9条ただし書）、訴訟では手続の安定性が要請されることから、常に法定代理人の代理が要求される。未成年者および成年被後見人が単独で行った訴訟行為は、追認（34条2項）がない限り無効となる。

ただし、未成年者が婚姻している場合には、成年者とみなされるから（民753条）、訴訟能力が認められる。また、未成年者が営業の許可を得た場合（民6条1項）、会社の無限責任社員となる許可を得た場合（会社584条）、労働契約に基づいて賃金請求をする場合（労基58条・59条）のように、未成年者が独立して法律行為を行うことができる場合には、その法律行為に関する

訴訟において訴訟能力を有する（31条ただし書）。

なお、訴訟能力の有無は、年齢や後見開始の審判などの形式的・画一的な基準によって決定されるから、成年後見などの保護を必要とする成年者であっても、そのような保護を受けていない者は形式的に訴訟能力者とみなされる。しかし、訴訟能力者とみなされる者の訴訟行為でも、それが有効であるためには個々の訴訟行為の時点で意思能力を有していなければならず、意思能力を欠く状態でなされた訴訟行為は無効とされる（最判昭和29・6・11民集8-6-1055〔百選16事件〕）。明文規定はないが、意思能力を欠く者も訴訟無能力者といえる[5]。ただし、未成年者や成年被後見人の場合と異なり、意思能力の有無を判断する一般的な基準は存在しないから、個々の訴訟行為ごとにその有効無効を判断しなければならない。

[4] 制限訴訟能力者

民法上の制限行為能力者（民20条1項）のうち、被保佐人および訴訟行為をすることに同意を要する被補助人は制限的訴訟能力者とされ、単独での訴訟行為は認められるが、これを行うには保佐人または補助人の同意もしくはこれに代わる家庭裁判所の許可がなければならない（民13条1項4号・13条3項・17条1項3項）。保佐人や補助人の同意は、訴訟手続の安定性確保の要請から、個々の訴訟行為ごとではなく、特定の訴訟事件で包括的に与えられなければならず、訴訟行為がなされた後は同意の撤回は許されない。また、保佐人や補助人の同意は、書面で証明しなければならない（規15条）。被保佐人または被補助人が保佐人または補助人の同意を得ないでした訴訟行為は、追認（34条2項）がない限り無効である。

被保佐人または被補助人が相手方の提起した訴えまたは上訴について訴訟行為をする場合には、保佐人または補助人の同意は不要である（32条1項）。これは、保佐人または補助人が同意しないことにより、相手方の訴えまたは上訴が妨げられるという不都合な事態が生じることを防ぐためである。なお、被保佐人または被補助人が保佐人または補助人の同意を得ている場合でも、訴訟を終了させるような重大な結果をもたらす訴訟行為（訴えの取下げ、和解、請求の放棄・認諾、上訴の取下げなど）については、保佐人または補助人の特別の授権が必要である（32条2項）。

[5] 人事訴訟における特則

身分関係に関する人事訴訟においては、個人の意思を最大限尊重する必要があるため、訴訟能力について民事訴訟法の適用を排除し（人訴13条1項）、民法上の制限行為能力者であっても、意思能力がある限り訴訟能力を認め、本人の意思に基づく訴訟追行を可能にしている。ただし、裁判長は本人の利益を保護するために必要と認める場合には、申立てまたは職権により弁護士を訴訟代理人に選任することができる（人訴13条2項3項）。また、人事訴訟の当事者となるべき者が成年被後見人であるときは、その成年後見人、成年後見監督人が職務上の当事者として訴訟を追行することができる（人訴14条）。

[6] 訴訟能力を欠く場合の取扱い

訴訟能力は、個々の訴訟行為の有効要件であり、訴訟能力を欠く者が単独で行った訴訟行為、またはこの者に対して行われた訴訟行為は無効である。民法上の制限行為能力者の行った法律行為は、取り消されるまで有効とされるが、訴訟行為については訴訟手続の安定性の要請から当然に無効とされる。ただし、訴訟能力を欠く者の訴訟行為であっても、法定代理人または能力を取得もしくは回復した当事者が追認すれば、行為のときにさかのぼって有効となる（34条2項）。追認は、過去に行われた訴訟行為を一括してしなければならず、特定の訴訟行為についてのみ行うことはできない（最判昭和55・9・26判時985-76）。訴訟能力を欠く者の訴訟行為であっても、追認の可能性があることから、裁判所は直ちにこれを排斥せずに、一定の期間を定めて補正を命じなければならない（34条1項）。

訴訟能力は、個々の訴訟行為の有効要件であると同時に訴訟要件（本案判決要件）でもあり[6]、裁判所は訴訟能力の有無について職権で調査しなければならない。訴訟能力を欠く者が単独で訴えを提起し、あるいはこの者に対して訴えが提起されたときは、裁判所は本案判決を下すことができず、訴訟能力の欠缺が補正されない限り、訴えは不適法として却下される。この却下判決に対して、訴訟能力なしとされた者が自ら上訴を提起し、訴訟能力の存否について上訴審で争う場合には、この上訴は適法として扱われる。また、訴訟能力ありとして本案判決を受けた者が、自己の訴訟能力の

欠缺を理由に第1審判決の取消しを求めて、自ら上訴を提起する場合にも、この上訴は同様に適法として扱われる[7]。訴訟能力を欠く者にも、訴訟能力の存否について争い、その点につき裁判所の判断を受ける機会が保障されなければならないから、訴訟能力を欠く者もその存否についての審理の限度では単独で訴訟行為を行うことができるとされている。訴訟能力の欠缺を理由に訴えを却下した判決に対して、訴訟能力なしとされた者が上訴を提起した場合に、第1審の判断が正当であったとしても、上訴裁判所は上訴を不適法として却下するのではなく、理由なしとして棄却しなければならない。また、訴訟能力ありとして下された本案判決に対して訴訟能力の欠缺を理由に上訴が提起された場合に、上訴裁判所が訴訟能力の欠缺を認めるときは、上訴を不適法とするのではなく、第1審判決を取り消した上で事件を第1審に差し戻さなければならない。

訴訟能力の欠缺を看過して本案判決が下された場合でも、この判決は有効であるが、訴訟能力を欠く者はこの判決を上訴または再審の訴えにより取り消すことができるとされている[8]。訴訟能力を欠く者の上訴の適法性を認めることとの関係で、この者に対する判決の送達は有効であり、それによって上訴期間が進行し、その期間の満了により判決は確定すると解されている（大判昭和8・7・4民集12-1745は、判決の送達は無効であり、上訴期間は進行せず、そのような判決は確定しないとしている）。

訴えの提起または訴状の受領の段階では訴訟能力に欠缺がなく、その後に当事者が訴訟能力を失った場合には、訴訟係属自体は適法であり、その後に行われた訴訟行為のみが無効となる。訴訟係属中に当事者が訴訟能力を喪失した場合には、原則として訴訟手続は中断し、法定代理人が訴訟手続を受継する（124条1項3号）。

コラム　訴訟能力は訴訟行為の有効要件か？

訴訟能力を欠く者が単独で訴えを提起した場合、あるいはこの者に対して訴えが提起された場合には、補正がなければ訴えは不適法として却下される。この判決に対して訴訟能力なしとされた者が上訴を提起した場合には、裁判所はこの上訴をいかに処理すべきかが問題となる。訴訟能力は、

訴訟行為の有効要件であるとされているから、訴訟能力を欠く者が単独で行った訴訟行為、またはこの者に対してなされた訴訟行為は無効として扱われなければならない。上訴の提起も訴訟行為の1つであるから、訴訟能力が訴訟行為の有効要件であるという一般原則に従えば、訴訟能力を欠く者が提起した上訴は無効として扱われなければならないはずである。しかし、通説は訴訟能力の欠缺を理由に訴えを却下した判決に対して、訴訟能力なしとされた者が上訴を提起した場合には、この上訴は適法として扱われなければならないとしている。

　訴訟能力を欠く者も、訴訟能力の存否について争い、その点につき裁判所の判断を受ける機会が保障されなければならない。しかし、訴訟能力の存在に疑いがある者が単独で訴訟行為を行い、または単独でこれを受けることができないとすれば、裁判所は訴訟能力の存否の問題について適法に審理・判断することができなくなる。そこで、訴訟能力の存否の問題について適法に審理・判断するためには、訴訟能力を欠く者であっても、その問題が判決によって解決されるまでは訴訟能力を持つことを認め、その審理に限って訴訟行為を有効に行わせるという取扱いが必要となる。すなわち、訴訟能力の存否についての審理においては、訴訟能力が訴訟行為の有効要件であるという一般原則に対する例外が認められている。

もっと知りたい方へ
- 小田司「訴訟能力をめぐる諸問題」民事訴訟雑誌56号（2010）199
- 髙橋宏志『重点講義民事訴訟法（上）〔第2版補訂版〕』（有斐閣、2013）
- 中野貞一郎『民事訴訟法の論点Ⅰ』（判例タイムズ社、1994）

[7] 弁論能力

　弁論能力とは、法廷で実際に弁論を行うために必要な資格をいう。わが国では、弁論能力を弁護士に限定する弁護士強制主義を採用しておらず、本人訴訟が許されるので、訴訟能力を有する当事者は原則として法廷で弁論を行う能力を有する。ただし、当事者などが弁論能力を欠き、訴訟関係を明瞭にするために必要な陳述をすることができない場合には、裁判所は

当事者などの陳述を禁止することができる (155条)。そのような場合には、裁判所は口頭弁論を続行するために新たな期日を指定し、さらに必要と認めるときは、弁護士の付添を命じることができる (弁護士付添命令)。

D 訴訟上の代理人
[1] 訴訟上の代理人の意義
　訴訟能力を有する者は、単独で有効に訴訟行為を行うことができるが、訴訟能力を欠く者は単独では有効に訴訟行為を行うことができないから、その者に代わって訴訟行為を行う代理人の制度は不可欠である。また、民法上、法律行為について代理制度が設けられているのと同様に、民事訴訟手続においても、当事者は自ら訴訟を追行する必要はなく、それを代理人に行わせることが認められている。訴訟上の代理人とは、当事者本人の名において、本人に代わって自己の意思に基づき訴訟行為を行い、または裁判所や相手方の訴訟行為を受ける者をいう。代理人が行った訴訟行為の効果は、当事者本人に帰属する。
　訴訟上の代理人は、本人の意思とは無関係に法律の規定に基づいて代理権が与えられる法定代理人と、本人の意思に基づいて代理権が与えられる任意代理人に区別される。

[2] 法定代理人
　法律の規定に基づいて代理権が与えられる法定代理人は、実体法に基づいて代理権が与えられる実体法上の法定代理人と、訴訟法によって特別に選任される訴訟法上の特別代理人に分類される。
(1) 実体法上の法定代理人
　実体法上法定代理人とされている者は、訴訟法上も法定代理人となり(28条)、本人のために訴訟行為を行う。未成年者の親権者 (民824条)、未成年者や成年被後見人の後見人 (民859条) は、訴訟上も法定代理人となる。また、民法上の特別代理人 (民775条・826条・860条)、不在者の財産管理人 (民25条)、相続財産管理人 (民952条) も、訴訟上の法定代理人であるが、判例は遺言執行者について、法定代理人ではなく、訴訟担当者であるとしている (最判昭和31・9・18民集10-9-1160)。

(2) 訴訟法上の特別代理人

　訴訟法上の特別代理人とは、民事訴訟法の規定に基づき、裁判所が特定の訴訟手続のために選任する法定代理人のことである。未成年者や成年被後見人の特別代理人（35条）などがこれに該当する。未成年者および成年被後見人は、法定代理人によってのみ訴訟行為を行うことができる（31条本文）。したがって、未成年者や成年被後見人に法定代理人がいないか、いても代理権を行使することができない場合には、これらの者に対する訴訟の提起が閉ざされることになる。そこで、未成年者や成年被後見人に対して訴訟を提起しようとする者は、遅滞により損害を受けるおそれがある場合に、受訴裁判所の裁判長にその訴訟限りの特別代理人の選任を求めることができる。ただし、離婚訴訟のような人の一生に重大な影響を及ぼす身分訴訟においては、後見開始の審判などにより法定代理人を選任すべきであり、その訴訟限りの特別代理人の選任は許されないとされている（最判昭和33・7・25民集12-12-1823〔百選17事件〕）。

[3] 法人などの代表者

　自然人と異なり、法人などは独自に行動することができないため、法人または法人格のない団体が訴訟の当事者となる場合には、その代表者が訴訟を追行する。法人などの代表者は、訴訟無能力者の法定代理人に準じて扱われ、法定代理および法定代理人に関する規定が準用される（37条）。法人などの代表者とは、一般社団法人・財団法人の理事または代表理事（一般法人77条1項4項・197条）、株式会社の代表取締役（会社349条）、法人でない社団または財団（29条）の代表者などである。

　法人を被告として訴えを提起する場合には、通常、原告は商業登記簿上の記載を基準として代表者を確定し、その者に対して訴えを提起する。しかし、登記簿上の記載と真の代表者が異なり、訴えを提起した者が真の代表者でなかった場合には、その者が行った訴訟行為は追認がない限り無効となり、また判決がなされても上訴や再審によって取り消すことができ（312条2項4号・338条1項3号）、登記簿上の記載を信頼して訴えを提起した原告に不測の損害を及ぼすおそれがある。そこで、善意・無過失の原告を保護するために、学説において実体法上の表見代理の適用を認めるべきと

の見解が主張されている[9]。これに対し、判例は表見代理が取引の相手方を保護し、取引の安全を図るために設けられたものであるとし、取引行為とは異なる訴訟行為への表見代理の適用を否定している（最判昭和45・12・15民集24-13-2072〔百選18事件〕）。

[4] 任意代理人

本人の意思に基づいて代理権が与えられる任意代理人は、訴訟委任に基づく訴訟代理人と、一定の地位にある者に法律が訴訟代理権を与える法令上の訴訟代理人に分類される。

(1) 訴訟委任に基づく訴訟代理人

訴訟委任に基づく訴訟代理人とは、特定の事件について当事者から訴訟委任を受けて、訴訟追行についての代理権を付与された者である。訴訟委任に基づく訴訟代理人は、地方裁判所以上の裁判所では弁護士でなければならず（54条1項本文）、これを弁護士代理の原則という。わが国では、弁護士強制主義を採用していないから、当事者は訴訟委任せずに自分で訴訟を追行すること（本人訴訟）が許される。しかし、他人に訴訟の追行を委任する場合には、当事者本人の利益を保護するとともに、訴訟手続の円滑な進行を図るために、法律問題の専門家である弁護士に限ることにしている。

もっとも、弁護士代理の原則には例外がある。簡易裁判所では、弁護士でない者も裁判所の許可を得て訴訟代理人になることができる（54条1項ただし書）。また、司法書士は訴額140万円以下の簡易裁判所の訴訟事件で訴訟代理人になることができ（司書3条1項6号イ・同条6項）、弁理士にも特許権侵害訴訟などにおいて訴訟代理権が認められている（弁理士6条の2）。

訴訟代理人の代理権は、当事者の代理権授与行為によって発生する。訴訟代理人が訴訟行為を行う場合には、代理権の存在および範囲を書面で証明しなければならない（規23条1項）。手続の安定性の確保、そして訴訟代理人である弁護士に対する信頼から、訴訟代理権の範囲は包括的・画一的に定められており、当事者はこれを個別的に制限することはできない（55条3項）。訴訟代理人は、委任を受けた事件について、それに関する一切の訴訟行為を行うことができ、そのほかに民事訴訟法55条1項に列挙されている行為（相手方の提起した反訴に対する応訴、参加、強制執行、仮差押え・仮処分、

弁済の受領)、さらに訴訟行為の前提となる実体法上の権利行使、例えば時効の援用、取消権・解除権・相殺権などの形成権を行使することができる。これに対し、民事訴訟法55条2項各号に掲げられている行為（反訴の提起、訴えの取下げ、和解、請求の放棄・認諾、上訴の提起およびその取下げなど）については、当事者の意思を確認する必要があるため、特別の委任を受けなければならない。

なお、民法上の任意代理権は本人の死亡などによって消滅するが（民111条）、手続の安定性の確保および訴訟代理人である弁護士に対する信頼から、訴訟代理権の消滅については特則が定められている。訴訟代理権は、当事者の死亡または訴訟能力の喪失、当事者である法人の合併による消滅などによって消滅せず（58条）、訴訟代理人がいる限り手続は中断しない（124条2項）。訴訟代理権は、委任事件の終了、代理人の死亡、代理人に対する後見開始の審判などにより消滅する（民111条）。

(2) 法令上の訴訟代理人

法令上の訴訟代理人とは、法令が一定の地位につく者に訴訟代理権を認めている場合に、本人の意思によってその地位についたことにより、一定範囲の業務につき訴訟代理権を授与された者である。訴訟代理権は、法令の規定に基づいて発生するが、ある者が一定の地位に就任するには本人の意思が必要であるから（商20条、会社10条）、法定代理ではなく、任意代理とみなされる。訴訟委任に基づく訴訟代理人の場合と異なり、弁護士である必要はなく（54条1項本文）、訴訟代理権の範囲にも制限がない（55条4項）。支配人（商21条1項、会社11条1項）、船舶管理人（商700条1項）、船長（商713条1項）などが、法令上の訴訟代理人である。

コラム　本人訴訟主義と弁護士費用の負担

弁護士強制主義は、当事者本人が自ら訴訟を追行することを禁止し、常に弁護士である訴訟代理人を選任して訴訟を追行させなければならないという制度であり、ドイツ、オーストリア、フランスなどが弁護士強制主義を採用している。

これに対し、わが国が採用する本人訴訟主義は、当事者が訴訟委任をせ

ずに自ら訴訟を追行することを許すとともに、訴訟代理人を選任して訴訟の追行を委任することもできるという制度である。ただし、本人訴訟主義の下でも、弁護士代理の原則（本章2節D[4]参照）が妥当し、地方裁判所以上の裁判所における訴訟事件については、原則として弁護士でなければ訴訟代理人になることができない（54条1項本文）。

弁護士強制主義の下では、常に弁護士である訴訟代理人の選任が強制されるから、弁護士に対する報酬は訴訟追行上の必要費として訴訟費用に含まれ、敗訴当事者は勝訴当事者の弁護士費用を償還しなければならない（ドイツ民事訴訟法91条2項など）。

これに対し、本人訴訟主義の下では、弁護士を訴訟代理人として選任するかどうかは当事者の自由であるから、弁護士に対する報酬は訴訟追行上の必要費とはされず、裁判所が弁護士付添を命じた場合（155条2項、民訴費2条10号）を除き、原則として訴訟費用に含まれない。したがって、弁護士費用については訴訟費用敗訴者負担の原則（61条：第5章2節F[2]参照）が適用されず、訴訟の勝敗にかかわらず、弁護士に訴訟委任した当事者自身が弁護士費用を負担しなければならない。

もっとも、不法行為の被害者が自己の権利を擁護するために提起した損害賠償請求訴訟を追行するのに要した弁護士費用については、相当額の範囲内に限り、不法行為と相当因果関係に立つ損害として、相手方に請求することができるとされている（最判昭和44・2・27民集23-2-441）。

もっと知りたい方へ
- 上田徹一郎『当事者平等原則の展開』（有斐閣、1997）
- 金子宏直『民事訴訟費用の負担原則』（勁草書房、1998）
- 中野貞一郎『民事裁判小論集』（信山社、2013）

[5] 補佐人

補佐人とは、裁判所の許可を得て、当事者や訴訟代理人とともに期日に出頭し、これらの者の陳述を補足する者である（60条）。補佐人は、当事者や訴訟代理人の単なる発言機関ではなく、代理人の一種であるが、期日に

おける付添人にすぎず、当事者本人に代わって単独で出頭し、訴訟行為を行うことはできない。

　当事者または訴訟代理人は、補佐人の発言を直ちに取り消し、または更生することができる。しかし、当事者などがこれをしないときは、その効果は当事者に及ぶ（60条3項）。

注）
1) 伊藤眞『民事訴訟法〔第4版補訂版〕』（有斐閣、2014）121以下、河野正憲『民事訴訟法』（有斐閣、2009）107以下、中野貞一郎ほか編『新民事訴訟法講義〔第2版補訂2版〕』（有斐閣、2008）99〔本間靖規〕、松本博之＝上野泰男『民事訴訟法〔第8版〕』（弘文堂、2015）249以下〔松本博之〕など
2) 新堂幸司『新民事訴訟法〔第5版〕』（弘文堂、2011）151、高橋宏志『重点講義民事訴訟法（上）〔第2版補訂版〕』（有斐閣、2013）187、中野ほか編・前掲注1) 100〔本間〕
3) 鹿児島地判平成13・1・22判例集未登載、淡路剛久ほか編『環境法判例百選〔第2版〕』（有斐閣、2011）81事件
4) 東京高判平成8・4・23判タ957-194、淡路ほか編・前掲注3) 82事件
5) 秋山幹男ほか『コンメンタール民事訴訟法Ⅰ〔第2版追補版〕』（日本評論社、2014）297、賀集唱ほか編『基本法コンメンタール民事訴訟法1〔第3版追補版〕』（日本評論社、2012）92〔加藤新太郎〕、高橋・前掲注2) 192
6) 秋山ほか・前掲注5) 296、中野貞一郎『民事訴訟法の論点Ⅰ』（判例タイムズ社、1994）82、松本＝上野・前掲注1) 256〔松本〕など
7) 中野・前掲注6) 87以下、中野ほか編・前掲注1) 104〔本間〕、松本＝上野・前掲注1) 257〔松本〕
8) 秋山ほか・前掲注5) 341、中野・前掲注6) 88、中野ほか編・前掲注1) 105〔本間〕、松本＝上野・前掲注1) 257以下〔松本〕
9) 伊藤・前掲注1) 143以下、高橋・前掲注2) 235以下、中野ほか編・前掲注1) 119以下〔本間〕、松本＝上野・前掲注1) 111以下〔松本〕

知識を確認しよう

【問題】
(1) 民事裁判権の人的範囲について説明しなさい。
(2) 東京に住所を有する者が大阪に住所を有する者に対して、札幌で起き

た交通事故の損害賠償として150万円の支払いを求める訴えを提起する場合、どこの裁判所に訴えを提起することができるか。
(3) 法人格のない団体に当事者能力を認めるための要件について説明しなさい。
(4) 法人格のない団体に属する不動産について、団体自身が原告となり団体代表者個人名義への所有権移転登記請求訴訟を追行することができるか。
(5) 訴訟能力を欠く者が提起した上訴の適法性について説明しなさい。
(6) 勝訴当事者は、敗訴当事者に対して弁護士費用の償還を求めることができるか。

解答への手がかり

(1) 民事裁判権は、原則として日本国内にいるすべての人に対して及ぶ。例外的に民事裁判権から免除される者、特に外国国家の主権免除について考えてみよう。
(2) 法定管轄は、職分管轄、事物管轄、土地管轄に分けられるが、これらについて理解したうえで、上記のケースではどこの裁判所に管轄権が認められるのか考えてみよう。
(3) 判例が示している4つの要件(①対外的独立性、②対内的独立性、③内部組織性、④財産的独立性)について理解したうえで、民事訴訟法29条により当事者能力が認められる団体にはどのようなものがあるのか考えてみよう。
(4) 判例の立場を理解したうえで、団体の訴訟追行権限は、固有の原告適格によるものなのか、あるいは訴訟担当(第3章7節C参照)によるものなのかについて考えてみよう。
(5) 訴訟能力は、訴訟行為の有効要件であるが、訴訟能力の存否についての審理においてはこの一般原則に対する例外が認められている。なぜ、そのような例外が必要なのかについて考えてみよう。
(6) 弁護士費用については、原則として敗訴者負担の原則(61条)は適用されない。判例法理を理解したうえで、不法行為訴訟においては、誰が弁護士費用を負担すべきなのかについて考えてみよう。

第 3 章 訴訟の開始

本章のポイント

1. 訴えには、給付の訴え・確認の訴え・形成の訴えの 3 種類があり、それぞれの訴えの目的や機能が異なる。
2. 民事訴訟の審理・判決の対象となる訴訟物（訴訟上の請求）については、その単複異同を決する判断基準をめぐって大きな議論がある（いわゆる訴訟物論争）。
3. 当事者適格とは、訴訟物である特定の権利または法律関係について、当事者として訴訟を追行し、本案判決を求める資格をいう。当事者適格の有無は、特定の訴訟物との関係から個別具体的に判断されるものであり、当該紛争と離れて一般的に判断される当事者能力や訴訟能力とは区別される。

1 訴え

A 訴えの意義

訴えとは、原告が裁判所に対して訴訟主題である審判対象を提示し、その当否についての審理および判決を求める訴訟行為（申立て）である。民事訴訟は、当事者の裁判所に対する申立てがある場合にのみ開始される（「訴えなければ裁判なし」）。裁判所はその当事者の申立ての範囲内の事項についてだけ審理・判断することができる（246条）ため、裁判所に対して審理・判決を求める者（原告）は、誰（被告）との間で、どのような権利・義務ないし法律関係について争いがあり、どのような内容の判決を求めるのかを明らかにして申立てをしなければならない（133条2項）。

B 訴えの種類

[1] 給付の訴え

給付の訴えは、原告の被告に対する特定の給付請求権の主張と、これに対応した裁判所に対する給付判決の要求を内容とする訴えである。例えば、「被告は原告に金100万円を支払え」とか、「家屋を収去して土地を明け渡せ」というような判決を求める訴えである。このように金銭の支払いや物の引渡し・明渡しを求めるのが典型例である。しかし、抹消登記手続請求の訴えの登記申請などの意思表示を求めるものや、建物収去請求のような作為あるいは差止請求のような不作為を求めるものでもよい。また、給付請求権の発生根拠が、債権に基づくものであるか物権に基づくものであるかは問わない。

給付の訴えは、「現在の給付の訴え」と「将来の給付の訴え」の2つに分けられる。現在の給付の訴えは、給付請求権の履行期が口頭弁論終結時に到来しているものである。これに対して、将来の給付の訴えは、給付請求権の履行期が口頭弁論終結時よりも後に到来する場合である（本章6節C[1](2)参照）。

給付の訴えに対する請求認容判決は、被告に対して原告への給付を命じる給付判決であり、原告の被告に対する給付請求権の存在について既判力

が生じる。被告が任意に履行しない場合には、原告は強制執行を求めることができる（執行力）。他方、給付の訴えに対する請求棄却判決は、給付請求権の不存在について確定する確認判決となる。

[2] 確認の訴え

確認の訴えは、原告の被告に対する特定の権利または法律関係の存在もしくは不存在の主張と、それを確定する確認判決の要求を内容とする訴えである。確認の訴えには、「積極的確認の訴え」と「消極的確認の訴え」がある。例えば、ある不動産の所有権確認の訴えのように、原告が請求の内容である権利関係の存在の確認を求めるものが積極的確認の訴えである。これに対して、債務不存在確認の訴えのように、原告がその債務自体の不存在の確認を求めるものを消極的確認の訴えという。確認の訴えの請求認容および請求棄却判決は、確認対象の存否について宣言する確認判決であり、これによりその存否の判断に既判力が生じる。

このような確認の訴えは、給付の訴えとは異なって強制執行による権利実現を予定していないため、権利または法律関係の存否を観念的に確定することによって当事者間の紛争を解決し、将来の派生的な紛争を予防することを目的とする（確認訴訟の予防的機能）。

[3] 形成の訴え

形成の訴えは、原告の被告に対する請求が一定の法律要件に基づく権利または法律関係の変動の主張と、それを宣言する形成判決の要求を内容とする訴えである。形成の訴えは、法律関係の変動を多数の利害関係人の間で明確かつ画一的に生じさせる必要がある場合に、形成判決の確定によって法律関係の安定を図ることを目的とする。ただし、すでに存在している権利または法律関係を判決で変えてしまうことになるので、形成の訴えは、裁判上の形成権や形成原因を法律が特別に規定している場合だけに認められる。

形成の訴えには、「実体法上の形成の訴え」と「訴訟法上の形成の訴え」、そして「形式的形成の訴え」がある。実体法上の形成の訴えとしては、例えば、婚姻の取消（民743条～747条）、離婚（民770条）、嫡出否認（民775条）

などの人事訴訟や、会社の設立無効（会社 828 条 1 項 1 号）、株主総会決議取消（会社 831 条）の会社関係訴訟などがある。訴訟法上の形成の訴えは、訴訟法上の法律関係ないし地位について変動を生じさせることを目的とするものである。例えば、確定判決の効力を消滅させる再審の訴え（338 条）や、債務名義の執行力を消滅させる民事執行法上の請求異議の訴え（民執 35 条）、第三者異議の訴え（民執 38 条）などがある。このような形成の訴えに対する請求認容判決は、法律関係の変動・形成を宣言する形成判決であり、その内容どおりの変動を生じさせる効力（形成力）を有する。

そのほかに、法律関係の変動を目的とするが、形成の基準となる具体的な形成要件が法定されていない場合（形式的形成訴訟）もある。例えば、共有物分割の訴え（民 258 条）や父を定める訴え（民 773 条）などである。ただし、境界確定の訴えを、形式的形成訴訟の一種とするかにつき争いがある。これについては、境界を接する両所有者間の所有権確認訴訟であるとする見解もある。しかし、境界確定の訴えは、国家の行政作用により定められた境界線が不明である場合に、裁判所の判決による確定を求める訴えである。境界線という公法上の事実の確定を目的とするものであり、土地所有権の範囲の確認を目的とするものではない（最判昭和 43・2・22 民集 22-2-270〔百選 35 事件〕、最判昭和 57・12・2 判時 1065-139）。つまり、公法上の境界を定めることができるのは国のみであって、この訴訟では形成要件は存在せず、裁判所は裁量で合目的に境界を形成する。境界の確定は、裁判所が事実に法を適用して権利・法律関係の存否を判断するものではなく、その本質は非訟事件である。したがって、当事者による任意処分の可能性を前提とする民事訴訟の原則（処分権主義・弁論主義）は適用されないことになる。それゆえ、裁判所は当事者の主張に拘束されず、当事者の主張しない境界線を確定しても民事訴訟法 246 条違反にはならない（大判大正 12・6・2 民集 2-345、最判昭和 38・10・15 民集 17-9-1220）。このように、境界確定の訴えは、実質的には非訟事件とみることができるが、対立当事者間の利害関係の重大性から、形式的に訴訟事件として取り扱われてきた。その意味で、境界確定の訴えは形式的形成訴訟の一種であるといえる。

なお、平成 17（2005）年の不動産登記法の改正により、隣接する土地の間の筆界の位置を所有権登記名義人などの申請によって、筆界特定登記官が

特定する制度（筆界特定手続）が創設された（不登123条〜150条）。この手続は、境界確定の訴えと併存するものであるが、境界確定の訴えが果たしてきた役割を引き受けることが期待されている。

コラム　筆界特定手続ってなんだろう？

　不動産登記法上は、隣接する土地の境界線のことを、「境界」ではなく「筆界（ひっかい）」と呼んでいる。本文で述べたように、筆界線をめぐる争いは、自己の土地の所有権の範囲に直接関わる隣人同士にとってはきわめて重大な問題である。しかし、筆界線自体がもともとは公法上のものなので、隣人同士の話し合いや通常の民事訴訟のルールで決定できる性質のものではない。そのため、形式的形成訴訟という特殊な訴えである境界確定の訴えによっても、必ずしもうまく解決できるとは限らない。そこで、新たに筆界特定手続が必要となったのである。

　この制度は、法務局に筆界特定登記官と筆界調査委員を置いて、係争土地の所有登記名義人などの申請により、筆界調査委員の調査結果を踏まえて、筆界特定登記官が筆界を特定するという手続である。ただし、これによって、民事訴訟の手続による境界確定の訴えが排除されるわけではない。筆界の確定を求める訴えによる判決が確定されていれば、重複して筆界を特定する必要はなくなるので、筆界特定の申請は却下されることになる（不登132条1項6号）。また、筆界の確定を求める訴えの判決が確定すれば、それと抵触する範囲において登記官による筆界特定はその効力を失うことになる（不登148条）。筆界の確定を求める訴えが提起されたときは、裁判所の釈明処分を通じて、筆界特定に係る資料の利用が図られることになっているため（不登147条）、両者が一体のものとして運用されることになるものと予想される。これにより、筆界をめぐる紛争は、筆界特定手続と境界確定の訴えの両者によって解決が図られることになった。

●もっと知りたい方へ
- 清水規廣ほか『Q＆A 新しい筆界特定制度』（三省堂、2006）

2　訴え提起の準備

A　弁護士会照会

　弁護士は、受任している事件について、所属弁護士会に対し、公務所または公私の団体に照会して必要な事項の報告を求めることを申し出ることができる。そして、その申出に基づき、弁護士会は公務所または公私の団体に照会して必要な事項の報告を求めることができる（弁護23条の2）。これは、裁判所を介することなく、当事者側だけによる資料収集・弁論の準備の方法として認められた制度である。この弁護士会照会に対して、照会相手には報告義務があるとされる（大阪高判平成19・1・30判時1962-78）。しかし、その違反についての制裁は定められていない。

B　提訴予告通知に基づく照会・証拠収集

　従来、訴え提起前に事実や証拠を収集することは、民事訴訟法上、証拠保全の制度を除き、認められていなかった。しかし、それでは、訴え提起前に十分な訴訟の準備をすることが困難な場合もある。例えば医療過誤訴訟などのように、証拠が一方当事者に偏在しているような場合である。そこで、訴え提起前に、訴訟審理の充実および紛争の早期的解決を図ることなどを目的として、平成15（2003）年の民事訴訟法改正により証拠収集などの手続の拡充が図られ、提訴前照会および提訴前証拠収集処分が新たに設けられた。

　具体的には、訴えを提起しようとする者は、被告となるべき者に対し訴え提起の予告通知をすることによって、その日から4月以内に限り、訴えを提起した場合の主張・立証のために必要なことが明らかな事項について書面での回答を求めることができる（132条の2第1項）。予告通知の書面には提起しようとしている請求の趣旨および紛争の要点を記載しなければならない（132条の2第3項）。当事者照会に関する民事訴訟法163条列挙の事由に該当する場合のほか、相手方または第三者の私生活上の秘密に関する事項、相手方または第三者の営業の秘密に関する事項は照会できない（132条の2第1項各号）。予告通知を受けた者（被予告通知者）も、請求の趣旨およ

び紛争の要点に対する答弁の要旨を記載した書面による返答をしたときは、予告通知者に対し予告通知の日から4月以内に限り、訴えを提起された場合の主張・立証を準備するために必要であることが明らかな事項について、相当の期間を定めて書面で回答するよう、書面で照会できる（132条の3）。この訴え提起前の照会に対して、照会相手である当事者には、免除事由（132条の2第1項各号）に該当しない限り回答義務があると解されている。しかし、回答を拒絶したり、虚偽の回答をした場合などに対する特別の制裁規定は設けられていない。

　さらに、予告通知を出すことにより、予告通知者または返答をした被予告通知者は、裁判所に対し、証拠収集のための処分として、文書の送付嘱託・官公署などに対する調査嘱託や専門家に対する意見陳述嘱託・執行官に対する現況調査を求めることができる（132条の4）。裁判所は、訴えが提起された場合に必要であることが明らかな証拠について、申立人が自ら収集することが困難であると認められるときに限って、訴え提起前における証拠収集処分をすることができる（132条の4第1項本文）。ただし、当該証拠の収集に要すべき時間または嘱託を受けるべき者の負担が不相当なものとなるとき、その他の事情により相当でないと認めるときは処分をすることができない（132条の4第1項ただし書）。また、処分をした後に、そのような事情から相当でないと認められるに至ったときは、処分を取り消すことができる（132条の4第4項）。提訴前証拠収集処分による嘱託を受けた者は、それに応じる義務があるが、その義務違反に対する特別の制裁規定は設けられていない。

C　証拠保全

　裁判所は、あらかじめ証拠調べをしておかなければ証拠を使用することが困難となる事情があると認めるときは、申立てにより、証拠調べをすることができる（234条）。これは、立証のために必要な証拠が訴訟係属後の証拠調べ手続で利用できなくなる事態を回避するために、あらかじめ証拠調べを行いその結果を保存しておいて、訴訟で利用することができるようにするためのものである。

　証拠保全の手続は、原則として、当事者の申立てにより開始される（234

条、例外：237条）。その申立ては、相手方の表示・証明すべき事実・証拠・証拠保全の事由を記載した書面でしなければならない（規153条1項2項）。相手方が指定できない場合は、裁判所は相手方となるべき者のために特別代理人を選任することができる（236条）。また、証明すべき事実は、証拠調べによって明らかにしようとする事実のことであるが、証拠保全の緊急性の観点から、詳しく表示することまでは要求されない。証拠保全の事由とは、裁判所があらかじめ証拠調べをしておかなければならない事情のことである。例えば、証人となるべき者が老齢や重病で死期が迫っているような場合、国外へ移住しようとして近い将来に日本を離れて帰ってくる予定がない場合、文書などが廃棄・改ざんされるおそれがある場合などである。これらの事由については、疎明する必要があるとされている（規153条3項）。これに関連して、カルテなどの医療記録の「改ざんのおそれ」を保全事由とする場合において、その疎明が一般的抽象的なもので足りるのかそれとも具体的なものでなければならないのかについて争われた事例がある（広島地決昭和61・11・21判時1224-76〔百選72事件〕）。判例は、抽象的な改ざんのおそれでは足りず、医師に改ざんの前歴があるとか、患者側から診療上の問題点について説明を求められたにもかかわらず相当な理由なくこれを拒絶したとか、前後矛盾ないし虚偽の説明をしたとか、ことさら不誠実または責任回避的な態度に終始したことなど、具体的な改ざんのおそれを一応推認させるに足る事実を疎明することが必要であるとする。

　証拠保全の申立ての当否については、決定手続で審理される。証拠保全の申立てを却下する決定に対しては、抗告でその当否を争うことができる（328条）が、証拠保全の申立てを認める決定に対しては、相手方は不服申立てをすることができない（238条）。これは、証拠保全の緊急性に配慮したものである。証拠保全決定に基づく証拠調べは、証人尋問・書証・検証などの手続によって行われる（234条、規152条）。証拠調べの期日には、申立人および相手方を呼び出さなければならないのが原則である。しかし、緊急性を要する証拠保全の特質から、時間的余裕がない場合には、呼び出しをしないで証拠調べをすることができる（240条）。

　本来、証拠保全は、将来において証拠調べができなくなることが予想される場合にあらかじめ証拠を保全する機能を有する手続である。しかし、

実際には、訴え提起前における証拠の開示を目的として、証拠保全の手続が利用されている。特に、証拠の偏在が著しい場合には、証拠保全の証拠開示的機能が重視される傾向にある。証拠保全の要件である「あらかじめ証拠調べをしておかなければその証拠を使用することが困難となる事情」(234条)については、緩やかに解釈すべきとする見解も有力である。

3 訴えの提起

A 訴え提起の方式
[1] 訴状の記載事項

訴えの提起は訴状を裁判所に提出してしなければならない(133条1項)。ただし、簡易裁判所においては、書面によらず口頭での起訴が認められている(271条・273条)。これは、簡易裁判所の手続を簡略にし、訴えの提起を容易にするための特則である。

訴状については、必要的記載事項が法定されている(133条2項)。すなわち、①当事者および法定代理人、②請求の趣旨、③請求の原因である。当事者については、原告および被告が特定の人物であることを示すのに十分な程度に記載しなければならない。また、訴状にはそれ以外にも代理人の氏名および住所・事件の表示・年月日・裁判所の表示などの事項を記載し、当事者または代理人が記名押印しなければならない(規2条)。当事者が自然人の場合は、氏名と住所を、法人の場合は、商号・名称と本店・主たる事務所の所在地などの表示によるのが通常である。請求の趣旨とは、訴えによって求める審判内容の簡潔かつ確定的な表示をいう。通常、原告の請求を認容する判決の主文に対応する文言が用いられる。例えば、「被告は原告に対し金100万円を支払えとの判決を求める」などと記載される。請求の原因とは、請求の趣旨と相まって請求を特定する事項を指す。例えば、土地の引渡しを求める給付の訴えの場合、請求の趣旨には「被告は原告に対し別紙物件目録記載の土地を引き渡せとの判決を求める」とのみ記載され、給付の法的性質や理由は記載されない。しかし、実体法上、引渡請求

権の発生原因には、所有権・占有権・賃貸借契約・売買契約などがありうるため、請求の趣旨だけでは訴訟物たる権利または法律関係が明確にならない。そこで、請求の原因によって補充し、訴訟物を特定し明示しなければならない。その請求の原因の表現は、具体的事実の記載によってなされることになる。ただ、その記載の程度は、訴訟物たる権利または法律関係の発生に必要な事実を全部記載するのではなく、他の権利または法律関係と混同されない程度に必要な限度の事実を記載すれば足りる。これらによって、訴えの本質的部分である当事者（原告と被告）と審判の対象が特定されることになる。

訴状には、請求を特定するために必要な事実である請求の趣旨および請求の原因のほか、請求を理由づける事実を具体的に記載し、立証を要する事由ごとに、関連する重要な事実および証拠を記載しなければならない。そのような攻撃または防御方法を記載した訴状は、準備書面を兼ねるものとされている（規53条1項3号）。これは、充実した集中審理を実現するために、早期に争点に関する情報を裁判所および被告に提示することをねらいとするものである。

[2] 印紙の貼用

民事訴訟では、申立ての区分に応じ、一定の手数料を納めなければならない（民訴費3条）。それは、濫訴の防止のためである。訴訟の手数料は、訴額（訴訟の目的の価額）に応じて、訴状などに収入印紙を貼って納めなければならない（民訴費4条・8条）。例えば、10万円までの金銭の支払いを請求する訴えを提起する場合、訴状に手数料として1,000円、請求額が100万円の訴えのときは10,000円の収入印紙を貼用しなければならない。また、送達費用なども、通常は概算額を郵券で予納しなければならない（民訴費11条・12条）。

B 訴え提起後の手続
[1] 訴状の審査

提出された訴状を受理した裁判所書記官は、事件番号を付して記録を編成し、事務分配にしたがって、特定の裁判官または合議体に配付する。そ

して、記録の配付を受けた裁判官または合議体の裁判長は、訴状が必要的記載事項（133条2項）を具備しているかどうかについて審査する。不備がある場合には、相当期間を定めて補正命令を発する（137条1項）。原告が、訴状の不備を期間内に補正しないときは、訴状は却下される（137条2項）。これは、裁判所の判決によるまでもなく、裁判長の訴状却下の命令によって簡易に事件を終了させることを定めたものである。その趣旨は、訴状の記載要件は形式的なものが多いため、要件具備の有無を審査することが比較的容易であるからである。訴状却下命令を告知された原告は、1週間以内に即時抗告の方式で不服申立てをすることができる（137条3項・332条）。

[2] 訴状の送達

　裁判長は、訴状を適式なものと認めたときは、裁判所書記官にその副本を被告に送達させる（138条1項・98条2項、規58条1項）。つまり、訴状は必ず被告に送達しなければならない。訴状の送達を欠いたまま進められた訴訟手続は不適法で、なされた判決は、上訴または再審によって取り消される。ただし、被告が異議なく応訴した場合には、責問権を失い、その瑕疵は治癒される（最判昭和28・12・24判タ37-48）。

　訴状の送達は、裁判所の職権で行われ（98条1項）、その権限は裁判所書記官に専属する（98条2項）。なお、訴状が特に重要な書類であることから、通常の送達ができない場合でも、書留郵便等に付する送達（107条）は行わず、最終的には公示送達の方法（110条）によるのが実務の扱いである。

　被告の住所や居所の記載が不正確であったり、被告が転居してしまった場合、被告が訴訟無能力者（31条）であるのに法定代理人がいない場合、さらに被告が治外法権者であり訴状の受け取りを拒否しているような場合には、送達不能となる。また、原告が訴状の送達に必要な費用を予納しない場合（民訴費12条・13条）にも、送達不能として扱われる（138条2項）。しかし、被告の住所や居所が不明な場合には、原告が公示送達を申し立てることができる（110条1項1号）。また、被告が訴訟無能力者で法定代理人を欠いている場合で、訴訟が遅延し損害を受けるおそれがあるときには、そのことを疎明して、裁判長に被告の特別代理人の選任を申し立てることができる（35条1項）。

```
┌─────────────────────────────────────────────────────────────┐
│ ┌──┐                       訴　　状                          │
│ │印│                                                         │
│ │紙│                                    平成 24 年 9 月 10 日│
│ └──┘                                                         │
│  ○○地方裁判所　御中                                         │
│                             原告訴訟代理人弁護士　丙山　三郎 ㊞│
│                                                              │
│             〒052-7788　東京都西区川町 9 丁目 10 番地 3 号   │
│                                    原　　告　　甲田　一郎   │
│                                                              │
│         〒052-1986　東京都東区山町 3 丁目 7 番地 5 号合同ビル 10 階│
│                           上記訴訟代理人弁護士　丙山　三郎  │
│                        電話　03-123-4567　FAX 03-891-0112   │
│                                                              │
│              〒765-4321　西東京市南区北町 1 丁目 2 番地 3 号 │
│                                    被　　告　　乙川　二郎   │
│                                                              │
│  貸金請求事件                                                │
│     訴訟物の価額　金 1000 万円                               │
│     貼用印紙額　　金 5 万円                                  │
│                                                              │
│  第 1　請求の趣旨                                            │
│     1　被告は、原告に対し、金 1000 万円及びこれに対する平成 24 年 4 月 1 日から支払済み│
│       まで年 2 割の割合による金員を支払え。                  │
│     2　訴訟費用は被告の負担とする。                          │
│     との判決並びに仮執行の宣言を求める。                     │
│                                                              │
│  第 2　請求の原因                                            │
│     1　原告は、被告に対し、平成 23 年 10 月 10 日、金 1000 万円を次の約定で貸し付けた（甲│
│       第 1、第 2 号証）。                                    │
│          弁済期　平成 24 年 3 月末日                         │
│          利　息　年 1 割 5 分                                │
│          損害金　年 2 割                                     │
│     2　被告は、現在に至るまで上記貸金を返還しない。          │
│     3　本件訴訟に至る経過                                    │
│          原告は、平成 24 年 4 月以降、被告との間で上記貸金の返済について継続的に交渉を│
│       行った。しかし、被告は、分割してでも支払うと言明していたが、具体的な支払方法│
│       の提案もないまま、すでに約 5 ヵ月を経過したので、本件訴えの提起に至ったもので│
│       ある。                                                 │
│     4　よって、原告は被告に対し、上記貸金元金 1000 万円及びこれに対する弁済期の翌日で│
│       ある平成 24 年 4 月 1 日から支払済みまで年 2 割の割合による約定損害金の支払を求│
│       める。                                                 │
│                                                              │
│     証　拠　方　法                                           │
│     1　甲第 1 号証              金銭借用証書                 │
│     2　甲第 2 号証              領収証                       │
│                                                              │
│     附　属　書　類                                           │
│     1　訴状副本                 1 通                         │
│     2　甲第 1、第 2 号証の写し   各 2 通                     │
│     3　訴訟委任状               1 通                         │
└─────────────────────────────────────────────────────────────┘
```

図 3-1　訴状の様式

[3] 口頭弁論期日の指定

　訴えの提起があったときは、裁判長は、口頭弁論の期日を指定し、当事者を呼び出さなければならない (139条)。訴えを審理するためには、原則として口頭弁論を開く必要がある (87条1項、例外として140条)。最初の口頭弁論期日の指定は、特別の事由がある場合を除き、訴えが提起された日から30日以内の日に指定しなければならない (規60条2項)。これは、原告の権利保護および迅速な裁判実現の要請と被告の防御権保障の要請との調和の結果である。訴えが不適法でその不備を補正することができないときは、裁判所は口頭弁論を経ないで、判決で訴えを却下することができる(140条)。判決は口頭弁論に基づいてするのが原則である (87条) が、本条はその例外である。このような場合は、口頭弁論を開いても無意味であるからである。

C　訴訟物
[1] 訴訟物の意義

　訴訟物とは、訴訟における審理・判決の対象であり、いわゆる訴訟上の請求のことである。つまり、訴えによって裁判所に対し請求の当否の審理・判決を求める原告の権利主張を指す。ただ、訴訟物という語は、権利関係そのものを指して使用されることも多い。訴訟における審判の対象という趣旨で訴訟物と呼ばれているが、訴訟物という「物体」があるわけではないので、係争物とは区別される。例えば、土地所有権確認訴訟における原告の土地所有権の主張が訴訟物であるのに対し、土地そのものは係争物である。

[2] 訴訟物特定の必要性

　裁判所は、当事者の申立てた事項についてのみ審判しうるものである(246条)。そのため、訴え提起に当たって審判の主題としての訴訟物が特定されなければ、審判対象が不明確となり訴訟手続を進行させることが困難となる。また、被告にとっては、何についてどのような攻撃防御を展開すべきかが不明となり、不意打ちの危険が生じる。つまり、訴訟物が明確に決まっているからこそ、原告はそれによって訴えを提起するのか、訴えの

内容をどのようなものとするのかを示すことができる。裁判所としても、訴訟物があらかじめ明確に定まっているからこそ、審理の対象が得られることになる。訴訟物は、民事訴訟手続全体を貫く基本概念であるといえる。

訴訟の審判対象の単複異同を決する訴訟物の特定は、従来、いわゆる4つの試金石といわれる場面で問題とされてきた。それは、①二重（重複）起訴の禁止（142条）、②訴えの併合（136条）、③訴えの変更（143条）、④既判力の客観的範囲（114条）である。つまり、①二重起訴の禁止は、前訴と別訴の事件の同一性の有無によって判断されるが、その判断に当たっては、前訴と別訴の訴訟物の異同の判断（訴訟物の特定）が必要となる。また、②数個の訴訟物につき同一手続で審判を求める訴えの客観的併合の成否は、訴訟物の単複異同の判断（訴訟物の特定）が前提問題となる。③訴えの変更に当たるかどうか、請求の基礎の同一性の判断に当たっては、従前の訴訟物と変更後の訴訟物との異同の判断が不可欠となる。さらに、④既判力の客観的範囲は、原則として特定の訴訟物の範囲との関係で決まるため、既判力の客観的範囲を確定するためには、前訴と後訴の訴訟物の特定が不可欠である。

なお、訴訟物の特定は、管轄裁判所や貼用印紙額の決定に当たっても必要となる。すなわち、事物管轄は訴訟物の内容をなす権利・法律関係の性質や訴額によって決定され、訴額に応じた印紙を貼用しなければならないからである。

[3] 訴訟物の範囲

訴訟物の範囲をめぐっては、その単複異同を決する特定基準について、従来より、旧訴訟物理論（旧実体法説）と新訴訟物理論の対立がある。いわゆる「訴訟物論争」である。両説は、主として給付訴訟における請求権競合や形成訴訟における形成権競合の場合において、その基本的構成を異にする。しかし、確認訴訟においては、そもそも実体法上の具体的な権利や法律関係の確定により紛争を解決するものであることから、両説による差異はみられない。

(1) 旧訴訟物理論

旧訴訟物理論は、訴訟物の特定基準を、訴えにおいて主張されている実

体法上の権利に求めて、その実体権の単複異同によって訴訟物を特定する立場である。例えば、所有物返還請求と占有物返還請求や、所有権に基づく返還請求と賃貸借契約に基づく返還請求、そして債務不履行による損害賠償請求と不法行為による損害賠償請求などの訴訟物は別個であるとする。この立場を前述の4つの試金石に当てはめると、①前訴と別訴で両方の実体法上の請求権を持ち出しても、訴訟物は別であるので二重起訴の禁止には触れないことになる。この点については、新訴訟物理論から、別々に提起された訴訟物で重複した審理がなされて矛盾した判決が出るおそれがあると批判されている。また、②訴えにおいて実体法上の両請求権をともに主張すれば、訴訟物が別であるので請求の併合となる。しかし、新訴訟物理論からは、両請求のそれぞれについて給付判決が重ねて出されてもよいことになり妥当でないと批判される。ただ、旧訴訟物理論からは、訴えにおいて両方の請求権がともに主張されるときは、裁判所がどちらかを選んで判決することが可能な選択的併合とみればよいと反論されている。③実体法上の一方の請求権に他方の請求権を追加的または交換的に主張するのは、訴訟物が別であるので訴えの変更になる。④一方の実体法上の請求権を主張した訴えで敗訴判決が確定しても、他方の請求権について再び訴えを提起することは既判力によって妨げられない。この点については、新訴訟物理論から、判決確定後に他方の請求権を主張して紛争を蒸し返すこともできることになってしまうと批判されている。

(2) 新訴訟物理論

これに対して、新訴訟物理論は、実体法上の請求権ではなく、訴訟法的観点から、実体法秩序が認める一定の法的地位を訴訟物と捉える。すなわち、給付訴訟では、一定の給付を求めうる法的地位（受給権）があるとの権利主張を訴訟物とする。また、形成訴訟では形成判決を求める法的地位があるとの権利主張を訴訟物とする。この立場では、個々の実体法上の請求権はもはや訴訟物を特定する基準ではなく、請求を理由づける攻撃防御方法として位置づけられることになる。したがって、所有物返還請求と占有物返還請求や、所有権に基づく返還請求と賃貸借契約に基づく返還請求、そして債務不履行による損害賠償請求と不法行為による損害賠償請求などについては、いずれも訴訟物は同一で1個であるとする。したがって、①

一方の請求権を主張して提起した訴訟の係属中に他方の請求権を主張する訴えを提起するのは、二重起訴の禁止に触れて許されない。②訴えにおいて両請求権をともに主張しても、訴訟物は1個であり同じなので請求の併合にはならない。また、③一方の請求権の主張に他方の請求権を追加的または交換的に主張しても、訴えの変更にはならない。さらに、④一方の請求権を主張した訴えで敗訴の判決が確定した場合には、再び訴えを提起して他方の請求権を主張することは既判力によって妨げられることになる。

(3) 訴訟物論争の現状

　以上のように両説の立場は、その基本的構成についてはまったく異なる。実体法上認められた権利ごとに1個の訴訟物を認める立場（旧訴訟物理論）では、当事者の攻撃防御の目標や裁判所の審判の対象が明確であり、当事者の手続保障が確保されやすい。反面、訴訟物が細分化され、紛争の一回的解決が困難になるおそれがある。ただし、旧訴訟物理論の立場からも、訴訟物が細分化されすぎるとみられる場合には、実体法の解釈により請求権の統合が図られている。例えば、不法行為に基づく損害賠償請求訴訟では、財産上の損害と精神上の損害とは成立根拠が異なる（民709条と710条）ため、別個の訴訟物とみることができる。しかし、その原因事実および被侵害利益を共通にする場合には、両者の賠償をあわせて請求するときでも訴訟物は1個であるとする（最判昭和48・4・5民集27-3-419〔百選74事件〕）。さらに、実体法上の伝統的な権利の枠組みに拘束されず、実体法上の個別的権利を統合した権利の主張を訴訟物と解して、新訴訟物理論と同様の結論を導く新実体法説なども主張されている。

　これに対して、新訴訟物理論の立場では、訴訟物の範囲が拡大するため、紛争の一回的解決が実現されやすい。しかし、審判対象が広がりすぎて、当事者の実質的手続保障が害されるおそれがある。例えば、拡大した範囲のすべてについての審理が十分に尽くされないままでなされた判決に既判力が生じると、審理されなかった請求権を後訴で持ち出すことが既判力によって遮断されてしまうことになる。ただ、このような批判に対しては、新訴訟物理論の立場から、裁判所の釈明権（149条）の行使によって解決できるとの反論がなされている。

　以上のように、両者の立場はその基本的構成が異なるものの、個別具体

的な場面では両説の対立にそれほど顕著な差はなくなっている。それは、それぞれに問題となる制度の趣旨・目的に基づいた解釈論が展開されているためである。例えば、後述する二重起訴の禁止における事件の同一性については、必ずしも当事者と訴訟物の同一性だけで形式的に判断するのではなく、重複矛盾判断の防止・被告の応訴の煩・訴訟経済の観点から実質的に判断されている。また、既判力の客観的範囲についても同様である。すなわち、前訴と後訴の訴訟物が異なる場合でも、個々の訴訟における具体的な訴訟経過なども考慮に入れて、実質的に前訴の蒸し返しに当たるような場合には、後訴の提起を信義則に違反して許されないとする（最判昭和51・9・30民集30-8-799〔百選79事件〕、最判平成10・6・12民集52-4-1147〔百選80事件〕）。学説上では、新訴訟物理論が有力であるが、判例（実務）は旧訴訟物理論を採っている（最判昭和35・4・12民集14-5-825、最判昭和36・4・25民集15-4-891など）。

4 訴え提起の効果

A 訴訟係属

訴訟係属とは、ある訴訟事件が判決手続において審判されている状態をいう。訴訟係属が生じる時期については、明文の規定がないため争いがある。原告が訴状を裁判所へ提出したときであるとする見解もある。しかし、原告が訴状を提出した段階では、裁判長の訴状審査が行われるだけであり、訴状が却下されることもありうるので、原告および被告を対立当事者として訴訟手続を進める状態であるとはいえない。訴状が被告に送達されたときと解するのが通説である（訴状送達時説）。したがって、訴えの提起に基づいて裁判長が訴状を被告に送達すると（138条1項）、訴訟係属が発生することになる。

B 二重起訴の禁止

[1] 要件

　裁判所に係属する事件について、当事者は、さらに訴えを提起することができない（142条）。訴訟係属中の事件と同一の事件について、裁判所に重複する訴えを提起することを「二重起訴」という（「重複起訴」「重複訴訟」と表現することもある）。二重起訴を禁止する趣旨は、同じ事件の審理が重複し不経済であることや、相手方当事者（被告）の応訴の負担、および矛盾した判決の抵触を避けることにある。したがって、同一の事件についての訴えを同じ裁判所に重複して提起することだけでなく、すでに事件が係属している裁判所以外の裁判所に対して提起することも禁止される。

　二重起訴禁止の要件については、必ずしも明文上明らかでないが、一般的には当事者および訴訟物としての権利または法律関係が同一であることに求められる。この二重起訴に当たれば、裁判所は後訴を不適法として却下する。もっとも、二重起訴に当たる場合であっても、審理を併合すれば二重起訴禁止の趣旨に反しないとみられる場合には、後訴を却下せず併合審理すべきである。例えば、債権者代位訴訟の係属中に債務者が同一の権利について別訴を提起するのは二重起訴となる（本章4節 B [2] 参照）が、債務者が債権者の代位権限を争って独立当事者参加をする場合は、併合審理がなされるので、二重起訴の禁止に触れない（最判昭和48・4・24民集27-3-596〔百選108事件〕）。

[2] 当事者の同一性

　民事訴訟は、当事者間の紛争の解決を図るものであるから、事件が同一であるためには、まず当事者の同一性が必要である。ただ、前訴と後訴で原告と被告の地位が同一である必要はなく、それが逆になっていても、同一性は認められる。例えば、消極的確認訴訟の被告が、訴訟物たる債権について給付の訴えを別訴（原告）として提起する場合などである。これに対し、当事者が異なっているときには、同じ権利を主張している場合でも、同一の事件とはいえない。例えば、Xがある物の所有権確認の訴えをYに対して提起しているときに、さらにその同一物の所有権確認の訴えをZに対して提起しても、両者は同一の事件ではない。しかし、形式上当事者

が異なっていても、一方の訴えの当事者が他方の訴えについての判決の効力を受ける場合（115条1項）には、実質上当事者は同一であるといえる。例えば、債権者代位権に基づいて債権者が第三債務者に対して代金支払請求の訴えを提起しているときに、債務者が同じ権利について第三債務者を相手に訴えを提起した場合である（大判昭和14・5・16民集18-557）。

[3] 事件の同一性
(1) 訴訟物の同一性

　事件の同一性が認められるためには、当事者のみならず訴訟物たる権利または法律関係が同一であることを要する（通説）。したがって、訴訟物の捉え方によって、事件の同一性についての判断は異なってくる。つまり、旧訴訟物理論では実体法上の権利を基準にして訴訟物を捉えるため、実体法上の権利が異なれば、事件の同一性は認められないことになる。例えば、XがYに対して所有権に基づく返還請求の訴えを提起し、さらにYに対して占有権に基づく返還請求の訴えを提起しても、実体法上は所有権に基づく返還請求権と占有権に基づく返還請求権とは異なる権利であるから、訴訟物が異なり、同一の事件でないことになる。これに対し、新訴訟物理論では実体法上の権利ではなく、訴訟法的観点から、実体法秩序が認める一定の法的地位を訴訟物と捉えている。そのため、この立場では、所有権に基づく返還請求の訴えと占有権に基づく返還請求の訴えの訴訟物は同一とみられることになり、両者は同一の事件ということになる。

　しかし、近時は、訴訟物が同一でない場合でも、請求の基礎の同一性や主要な争点の共通性、訴訟物たる権利関係の基礎となる社会生活関係の同一性および主要な法律要件事実の共通性などを判断基準とする見解も主張されている。また、民事訴訟法142条の類推適用によって、厳格な訴訟物の枠を超えて二重起訴の成立を認める考え方が有力になっている。すなわち、請求原因が同一であれば、請求の趣旨が異なっていても訴訟物は同一であるとする。審判の重複および矛盾判断のおそれがあるからである。例えば、同一の権利についての積極的確認の訴えと消極的確認の訴えの場合や、同一債権に基づく給付の訴えと債務不存在確認の訴えの場合である。これに対して、例えば、前訴の所有権確認の訴えの被告（Y）が原告（X）と

なって、同一物の所有権確認の訴えを提起する場合、前訴の訴訟物はYの所有権で後訴の訴訟物はXの所有権であるので、厳密にいえば訴訟物は異なる。しかし、同一物について審理の重複と矛盾判断のおそれがあるため、後訴を二重起訴に当たると解するのが多数説である。

(2) 相殺の抗弁と二重起訴の禁止

現に係属中の別訴において訴訟物となっている債権を自働債権として他の訴訟において相殺の抗弁を提出した場合（別訴先行型）や、係属中の訴訟で相殺の抗弁を提出した後にその自働債権について別訴を提起した場合（抗弁先行型）に、二重起訴となるかについては争いがある。相殺の抗弁が訴えではなく単なる防御方法であることから、二重起訴には当たらないとする見解もある。しかし、判例は、相殺の抗弁に関する判断には既判力が生じる（114条2項）ことから、審理の重複と矛盾判断のおそれを防止するために民事訴訟法142条を類推適用して、係属中の訴訟の訴訟物である債権を別訴において自働債権として相殺の抗弁を提出することは許されないとする（最判平成3・12・17民集45-9-1435〔百選38①事件〕）。ただし、同じ別訴先行型の事例であるが、明示的一部請求の場合には、相殺に供される残部の債権については既判力の対象とはならないとしつつ、相殺の抗弁が訴えの提起そのものではなく訴訟上の防御手段として提出されるものであることや簡易・迅速な決済を図る機能を有することから、民事訴訟法142条の類推適用を否定している（最判平成10・6・30民集52-4-1225〔百選38②事件〕）。これに対して、抗弁先行型については、最高裁の判断はまだ示されていない。基本的な考え方は別訴先行型の場合と同様であるが、下級審では、別訴提起を適法とするもの（東京地判昭和32・7・25下民8-7-1337、東京高判昭和59・11・29判時1140-90など）が多い。しかし、近時は、民事訴訟法142条類推適用肯定説に立つものも見受けられる（大阪地判平成8・1・26判時1570-85、東京高判平成8・4・8判タ937-262など）。

C 実体法上の効果

訴え提起の効果として、実体法上特別の効果が認められる場合がある。例えば、時効中断（民147条1号）や悪意占有の擬制（民189条2項）などである。時効中断の効果については、原則として訴えを提起したとき、つまり

訴状提出時に発生するとされている（147条）。訴え提起による時効中断の根拠については争いがあるが、裁判上の請求が権利者の権利主張の態度とみられることに基づくと解されている（権利行使説・実体法説）。ただし、中断の効果は、訴えの取下げまたは却下の場合には生じない（民149条）。つまり、訴えの取下げの場合には、権利者の権利行使が行われなかったとみなされる。また、訴えが却下された場合には、裁判上の請求としての権利行使の資格が欠けることになる。なお、善意占有者の悪意の擬制については、被告の善意・悪意に関わるものであることから、訴状提出時ではなく、被告への訴状送達時と解される。

5 訴えの適法性

A 訴訟要件の意義

　訴訟要件とは、裁判所が請求の当否について本案判決をする前提となる要件である。訴訟要件は、訴えを効率的かつ迅速に処理するという制度的要請から、民事訴訟制度による解決に適し、これを利用するに足る利益・要件・適格を備えた訴えを選別するためのものである。もっとも、訴訟要件は、すでに訴訟係属により当事者と裁判所との間に訴訟法律関係が成立していることを前提とするため、訴訟の成立要件ではない。

　訴訟要件を欠くときには、裁判所は本案の審理・判決をすることができず、訴えを不適法として却下しなければならない。このような訴えを却下する判決を、本案判決に対して、訴訟判決という。

B 訴訟要件の種類

　訴訟要件には、さまざまなものがあり、図3-2のように分類できる。

C 訴訟要件の調査

　訴訟要件の多くは、国家の制度としての民事訴訟による紛争解決の有効性および実効性という公益的要請に基づくものである。そのため、裁判所

- 裁判所に関する要件
  ①当事者と訴訟の請求がわが国の裁判権に服すること
  ②裁判所がその事件について管轄権を有すること　　など
- 当事者に関する要件
  ①当事者が実在すること
  ②当事者が当事者能力を有すること
  ③当事者が当事者適格を有すること
  ④訴え提起および訴状の送達が有効であること（訴訟能力・代理権の存在）
  ⑤原告が訴訟費用の担保を提供する必要がないか、必要な場合はその担保を提供したこと（75条・78条）　　など
- 訴訟物に関する要件
  ①二重起訴禁止（142条）に触れないこと
  ②再訴の禁止（262条2項）や別訴の禁止（人訴25条）に触れないこと
  ③訴えの利益があること　　など

図3-2　訴訟要件の種類

は、当該訴えが紛争解決の有効性および実効性を審査するため、職権で調査を開始するのが原則である（職権調査事項）。しかし、当事者の利益のために訴訟要件とされるものもあり、それらは公益との関係が希薄である。そのような訴訟要件は、被告からの申立てをまってはじめて調査を開始すれば足りる（抗弁事項）。例えば、仲裁契約や不起訴の合意の存在、訴訟費用の担保などである。

　なお、訴訟要件の判断資料の収集を職権でなしうるかは別問題である。公益性が強く、その審理が本案審理と切り離してできる場合は、職権探知事項とされる。例えば、裁判権や専属管轄の有無、当事者の実在などである。これに対して、訴えの利益や当事者適格などは、確かに判決による紛争解決の実効性の判断に必要な点で公益に関わるため、職権調査事項である。しかし、その性質上、本案審理に密接に関連することから、その判断資料の収集の権能および責任は当事者にある（弁論主義）。抗弁事項についても、当事者の申立てがなければ顧慮することができないので、同様に解される。

　訴訟要件の具備が本案判断の論理的前提であるとすると、裁判所は、訴訟要件の具備を確認した上で、本案判決をすべきことになる。つまり、訴訟要件の判断が本案についての判断に先行するのが原則である。ただ、審理の過程において、訴訟要件の存否よりも先に本案である原告の請求に理

由がないことが明らかとなった場合、ただちに請求棄却判決をすることができるかについては争いがある。個々の訴訟要件の性質ごとに判断し、ただちに本案判決ができると主張する見解も有力である。しかし、通説は、訴訟要件が本案判決をするための前提要件であることから、訴訟要件の判断を先行させるべきであるとする。

6　訴えの利益

A　訴えの利益の意義

　訴えの利益とは、審判対象である特定の請求について、本案判決による紛争解決の必要性および実効性を検討するための要件である。当該請求が、法律上の争訟であって一般的に本案判決による争訟の処理に適していること（権利保護の資格）、および、当該請求につき具体的に本案判決を求める現実の必要性ないし利益を有すること（権利保護の利益＝狭義の訴えの利益）が必要である。訴えの利益は、民事訴訟による紛争解決にとって無益・不必要な訴えを排除して効率化を図るとともに、被告の応訴の負担を軽減する機能を有している。

B　各種の訴えに共通の利益

　給付・確認・形成の訴えに共通する一般的要件としては、以下のものがある。まず、①法律上の争訟性を有すること（裁3条）である。すなわち、原告の被告に対する権利または法律関係の主張に対する当否を判断することによって、具体的な紛争を解決する民事訴訟の制度にふさわしいものでなければならない。また、②法律上起訴が禁止されていないこと、つまり、二重起訴の禁止（142条）・再訴の禁止（262条2項）・別訴の禁止（人訴25条）に違反しないことである。さらに、③当事者間で訴訟制度を利用しないとの特約がある場合（不起訴の合意・仲裁契約）でないことである。加えて、④通常の訴え以外に特別の救済手段が認められている場合でないこと、例えば、訴訟費用額の確定手続（71条）などである。そのほか、⑤起訴を不必要

または不適法とする特別の事情がないことである。例えば、原告が同一請求ですでに確定勝訴判決を得ているが、時効中断などの必要がある場合や、訴権の濫用と評価される場合でないことなどである（最判昭和53・7・10民集32-5-888〔百選31事件〕）。

C 各種の訴えと訴えの利益
[1] 給付の訴えの利益
(1) 現在の給付の訴えの利益

現在の給付の訴えは、すでに履行期が口頭弁論終結時に到来している給付請求権を主張する訴えであるため、訴えの利益が認められるのが通常である。確定判決を得て強制執行するために必要である限り、訴えの利益は認められる。ただし、給付判決の取得による給付の実現が不可能ないし著しく困難であるような場合でも、訴えの利益は認められる。例えば、不動産登記の抹消登記手続を求める請求は、被告の抹消登記申請という意思表示を求める請求であるが、抹消登記の実行をもって勝訴判決の執行と考える必要はなく、抹消登記の実行が可能であるかどうかによって訴えの利益が左右されるものではない（最判昭和41・3・18民集20-3-464〔百選21事件〕）。

(2) 将来の給付の訴えの利益

将来の給付の訴えの利益は、あらかじめその請求をなす必要がある場合にのみ認められる（135条）。つまり、口頭弁論終結時までに履行すべき状態にならない給付請求権を主張する訴えであるため、将来給付を求める基礎となる資格（請求適格）のある請求権であることが必要となる。さらに、将来の給付の訴えの利益が認められるためには、あらかじめ給付判決を得る必要性がなければならない。

例えば、契約の性質や意思表示により特定の日時または一定の期間内に履行しなければ契約の目的を実現できないような場合（定期行為：民542条）や扶養請求権のように履行期に確実に履行されることが強く要請される場合などである。もっとも、公害訴訟などにおける将来の不法行為については争いがある。現在不法行為が行われていて、それが将来継続することが確実に予想される場合には、明確かつ適当な終期を付すことよって、将来給付の訴えを認めるべきであるとする見解もある。しかし、損害賠償請求

権の成否およびその額の判断が複雑で、かつ変動が予想され、これをあらかじめ一義的に明確に認定することは困難である。そのような将来の損害賠償請求権は、将来の給付の訴えを提起することのできる請求権としての適格性を有するとはいえない（最大判昭和 56・12・16 民集 35-10-1369〔百選 22 事件〕）。

[2] 確認の訴えの利益

　確認の訴えは、権利関係の存否を観念的に確定することによって紛争を解決するとともに、将来の紛争を予防するという機能を有する。給付の訴えとは異なり、権利の強制的実現を伴わない。また、確認という行為の性質上、確認を求める対象は無限に拡大しうることから、訴えの利益によって制限することが必要となる。確認の利益の有無は、一般的に、(1) 対象選択の適否、(2) 方法選択の適否、(3) 即時確定の利益の 3 つの視点から判断される。

(1) 対象選択の適否

①現在の権利または法律関係の存否

　ここでは、確認の対象として選択された訴訟物が、原告と被告との間の紛争解決にとって、有効適切であるかが問題となる。この観点からは、確認の訴えの対象は、原則として現在の権利または法律関係でなければならないといえる。まず、単なる事実を確認の訴えの対象としても、それは紛争の前提事項を確定するにすぎず、一般的に法的紛争を終局的に解決することにはならないため、原則として許されない。しかし、事実を確認するものであっても、例外的に「証書真否確認の訴え」(134 条) については認められている。すなわち、法律関係を証する書面の成立の真否を確定するためには確認の訴えを提起することができる。これは、法律関係の存否について争いがある場合に、その存否を証明できる書面の真否を確定することによって紛争自体が解決することもあり、またその紛争の解決が容易になるということから、法律関係を証する書面に限り、その真否の確認を求めることができることにしたものである。法律関係を証する書面というのは、その内容から直接一定の法律関係の存在または不存在が証明できる書面をいう。例えば、手形・小切手などの有価証券、借用証書、売買契約書など

である。
②過去の権利または法律関係の存否

　次に問題となるのが、過去の権利または法律関係についての確認の訴えである。民事訴訟の対象である私的な権利または法律関係は、時間の経過とともに常に変動する可能性がある。それゆえ、過去の権利または法律関係を確定しても、現在の法律上の紛争を解決することにはならないのが通常である。また、現在の法律関係の存否を対象とするのが紛争の解決にとって直接的かつ効果的でもある。したがって、過去の権利または法律関係の確認も許されないのが原則である。ただし、過去の法律行為の無効または不存在の確認訴訟についても、株主総会決議不存在・無効確認の訴え（会社830条）、婚姻関係存否確認の訴え（人訴2条1号）、行政処分の無効確認の訴え（行訴36条）などのように明文で規定されているものがある。

　しかし、そのような規定がなくても、過去の法律関係や法律行為の効力の確認が、現在の権利関係をめぐる紛争の解決にとって有効・適切である場合には、確認の利益がある限り適法であると解されている。例えば、父母の両者または子のいずれか一方が死亡した後の親子関係確認の訴えも認められている（最大判昭和45・7・15民集24-7-861〔百選A9事件〕）。また、遺言の効力発生後にその無効の確認を求める訴えは、形式的には過去の法律行為の確認を求めるものであるが、遺言が有効であるとすればそこから生ずべき現在の特定の法律関係が存在しないことの確認を求める趣旨と解され、かつ、確認訴訟による紛争解決が期待される場合には、確認の利益が認められる（最判昭和47・2・15民集26-1-30〔百選23事件〕）。

③将来の権利または法律関係の存否

　さらに、将来の権利または法律関係を対象とする確認の訴えについても問題となる。例えば、相続の開始によって将来発生するであろう法律関係の確認を求めることは、いまだ確認すべき具体的な権利が発生していないため、原則として許されない。また、遺言者生存中に推定相続人によって提起された遺言無効確認を求める訴えについて、最高裁は、受遺者が遺言者生存中には事実上の期待を有する地位にあるにすぎないことから、そのような事実上の期待は、確認の訴えの対象となる現在の権利または法律関係には該当しないと判示している（最判平成11・6・11判時1685-36〔百選26事

件〕)。ただし、この事例について、学説の多くは、即時確定の利益の問題として検討されるべきであるとする。

(2) 方法選択の適否
　確認の訴えは、当事者の権利・法律的地位に関する紛争を解決する手段として有効・適切なものでなければならない。例えば、給付の訴えが可能な場合には、その給付請求権の確認の訴えは、原則として有効・適切な手段とはいえない。なぜなら、確認判決は給付判決と異なり執行力を有せず、相手方が任意に債務の履行をしない場合には、あらためて原告が給付の訴えを提起しなければならないからである。また、所有権の存否について争いがある場合に、自己の所有権の積極的確認を求めることができるときは、相手方の所有権の消極的確認を求めることは原則として許されない。

(3) 即時確定の利益
　確認の訴えの利益が認められるためには、原告の権利または法的地位に現に危険・不安定が存在し、その危険・不安定を除去するために確認判決を下すことが有効・適切であることが必要である。例えば、生存中の遺言者による遺言無効確認の訴えは、遺言者がいつでも自由に遺言を撤回することができ (民1022条)、受遺者もまだなんらの権利も取得していないことから即時確定の利益が欠けることになる (最判昭和31・10・4民集10-10-1229)。また、推定相続人が被相続人と第三者との間の法律行為の無効確認を求める訴えは、推定相続人が相続財産に対して確定的な法律上の地位を有するものではないことから、即時確定の利益が否定される (最判昭和30・12・26民集9-14-2082)。

[3] 形成の訴えの利益

　形成の訴えは、給付の訴えや確認の訴えと異なり、法律で個別的に規定されている場合に限り認められる。法定された形成要件の存在を主張する場合には、原則として形成の利益が認められる。ただし、訴訟係属中に訴訟外の事実の変動によって当該権利関係が過去の申立てとなった場合、訴えの利益が認められるのは、過去の権利関係の変動を求めることについて原告がなお法律上の利益を有する場合だけに限られる。例えば、取締役の選任をめぐる株主総会決議取消訴訟の係属中に当該取締役が任期満了によ

り退任した場合には、特別の事情がない限り訴えの利益が消滅する(最判昭和45・4・2民集24-4-223〔百選30事件〕)。

7 当事者適格

A 当事者適格の意義

　当事者適格とは、訴訟物たる特定の権利または法律関係について当事者として訴訟を追行し、請求の当否を判断する本案判決を求めることができる資格をいう。そのような資格を有する者を正当な当事者という。特定の請求について、誰が原告となり、誰が被告となったときに、請求の当否を判断する本案判決をするのが必要かつ適切であるかという問題である。当事者能力や訴訟能力が、具体的な訴訟物と関わりなく、当該紛争から切り離されて一般的に判断されるのとは異なる。

B 当事者適格の判断基準

　当事者適格は、訴訟物の内容をなす権利または法律関係の存否につき、法律上の利害が対立している者に認められる。すなわち、給付の訴えでは、自己の給付請求権を主張する者が正当な原告であり、その義務者と主張される者が正当な被告である。また、確認の訴えでは、確認の利益を有する者が正当な原告であり、その確認を必要ならしめている者が正当な被告である。法人の代表者・理事者の地位の積極的確認の訴えを提起する場合に、被告適格をめぐって、法人を被告とすべきか代表者・理事者を被告とすべきかが問題となった事例がある。これについては、自ら正当な理事者であると主張する者に当事者適格を認めるべきであるとする有力な見解がある。しかし、法人の代表者としての地位は、法人が最も重大な利害関係をもっており、法人を当事者としなければ判決の効力が法人に及ばない。つまり、法人を相手方とすることにより、はじめて関係当事者間の紛争を根本的に解決することができることから、法人に被告適格が認められる(最判昭和44・7・10民集23-8-1423〔百選15事件〕)。さらに、形成の訴えでは、それを認める

法規において法定されている者が、正当な原告であり被告である（会828条2項・831条1項など）。

C　第三者の訴訟担当

　当事者適格は、訴訟物たる権利関係の主体に認められるのが原則である。しかし、例外として、権利義務の主体以外の第三者に、訴訟物たる権利関係の主体に代わって訴訟物についての当事者適格が認められる場合がある。このような第三者の訴訟担当には、法律の規定による場合（法定訴訟担当）と本人の授権に基づいて認められる場合（任意的訴訟担当）がある。訴訟担当は、担当者自身が当事者となる点で、訴訟代理とは異なる。訴訟担当者が受けた判決の効力は、当事者である担当者だけでなく、本来の利益帰属主体にも及ぶ（115条1項1号2号）。

[1] 法定訴訟担当

　第三者が、実質的利益帰属主体の権利および法律関係を内容とする訴訟物につき、法律の規定によって訴訟追行権を付与される場合を法定訴訟担当という。これは、その実質的根拠によって2つに大別される。1つは、担当者のための法定訴訟担当といわれるものである。これは、権利義務の帰属主体が有する財産の管理処分権能を第三者に付与することによって、当該第三者が訴訟追行権を取得する場合である。つまり、権利義務の帰属主体の利益保護のためではなく、訴訟担当者自身またはこれと同等の立場にある者の利益保護を目的とするものである。例えば、債務者の権利を代位行使して提起した債権者代位訴訟における債権者（民423条）や、破産財団に関する訴訟における破産管財人（破78条1項・80条）などである。

　もう1つは、権利義務の帰属主体のための法定訴訟担当（職務上の当事者）である。これは、法律上ある職務を有する者に、その資格に基づき一定の請求について訴訟追行権が付与されている場合である。例えば、人事に関する訴えで当該訴えの被告とすべき者が死亡したような場合に、訴訟を可能とするために当事者とされる検察官（人訴12条3項）や、成年被後見人のために人事訴訟の当事者となる成年後見人または成年後見監督人（人訴14条）などである。

[2] 任意的訴訟担当

　権利関係の主体が訴訟追行権を第三者に授与し、第三者がその授権に基づいて当事者適格を取得する場合を、任意的訴訟担当という。法は、選定当事者（30条）や区分所有建物の管理人（建物区分26条4項）などが自己の名で訴訟追行することを認める。このうちの選定当事者制度とは、共同の利益を有する多数の者の中から、全員のために原告または被告となるべき一人または数人を選定し、その者に当事者として訴訟を追行させることができるというものである。選定される者を選定当事者、選定する者を選定者と呼ぶ。これは、多数の者が関わる訴訟について、手続の煩雑化を避け、費用と労力の無駄を防ぐことを可能にし、もって訴訟の迅速化を図ることを目的とする。つまり、多数の者が各自訴訟当事者となると、弁論やその準備が複雑となり、訴訟書類の送達などの事務量も増大し費用もかさむことになる。また、当事者の一人が死亡したり訴訟能力を喪失したりするなど訴訟中断・中止事由も各当事者ごとに発生するため、多数の当事者の足並みがそろわなくなる。さらに、共同の利益を有する多数の当事者を代表する一人または数人の者が訴訟当事者となって訴訟を追行できれば、不都合を回避することができる。例えば、公害や同一の事故または商品の欠陥によって被害を受けた多数の被害者などが、損害賠償請求の訴えを提起するような場合である。選定の要件としては、原告または被告の側に2人以上の共同の利益を有する者がいることが必要である。各人のまたは各人に対する請求の当否が同一の事実上または法律上の原因に基づいており、しかも当事者双方の主要な攻撃防御方法が共通であると認められる場合に、共同の利益があるといえる（最判昭和33・4・17民集12-6-873）。

　しかし、任意的訴訟担当を無制限に認めると、弁護士代理の原則（54条）および訴訟信託の禁止（信託10条）の潜脱・回避を招くおそれがある。そこで、法が明文の規定で認める以外に任意的訴訟担当が一般的に認められるかについては争いがある。判例は、合理的理由がある場合にのみ任意的訴訟担当の適法性を認める。例えば、民法上の組合の業務執行組合員について、任意的訴訟担当者の資格を認める（最大判昭和45・11・11民集24-12-1854〔百選13事件〕）。弁護士代理や訴訟信託禁止の原則の潜脱のおそれがなく、訴訟担当をなさしめる合理的必要があるといえるからである。

> **コラム**　消費者団体訴訟─消費者の強い味方となるか？

　平成18 (2006) 年の消費者契約法の改正によって、新しく消費者団体訴訟制度が設けられた。わが国でも、これまでに消費者を保護するために、昭和43 (1968) 年の「消費者保護基本法」、平成6 (1994) 年の「製造物責任法」、平成12 (2000) 年の「消費者契約法」、平成16 (2004) 年の「特定商取引に関する法律」などが制定されてきた。これらにより、不当な勧誘や不当な契約条項によって被害を受けた個々の消費者が、その契約を取り消したり、契約条項の無効を主張したりすることによって個別の救済が図られてきた。しかし、それだけでは消費者被害の未然防止・拡大防止には十分とはいえない。そこで、この消費者団体訴訟制度は、消費者契約法に定める不当な勧誘行為や不当な契約条項を含む契約の申込みまたは承諾行為が不特定かつ多数の消費者に対してなされる場合に、そのような行為を差止める権利を、内閣総理大臣の認定を受けた適格消費者団体に認めるものである。つまり、直接の被害者ではない消費者団体に対して、不特定多数の消費者の利益を守るために、差止訴訟を行う権限を与えることになる。このような消費者団体訴訟制度には、消費者の強い味方となることが期待されている。

　なお、今回改正された消費者契約法には、損害賠償請求権についての規定はない。しかし、個々の消費者が被った損害について、消費者団体が当該消費者から委任を受けて、消費者に代わって、団体の名で損害賠償請求の訴えを提起することは、弁護士代理の原則 (54条) や訴訟信託の禁止 (信託10条) を潜脱するものとはいえず、任意的訴訟担当として許されると思われる。

もっと知りたい方へ
- 松本恒雄＝上原敏夫『Q & A 消費者団体訴訟制度』(三省堂、2007)
- 消費者機構日本編『パワーアップ消費者力──トラブルから学ぶ　消費者団体訴訟を使う』(コープ出版、2007)
- 大塚和成ほか『日本版クラス・アクション制度ってなに』(中央経済社、2012)

知識を確認しよう

問題

(1) 請求権競合（債務不履行と不法行為に基づく損害賠償請求権）を例に、訴訟物の単複異同を判断する基準について説明しなさい。
(2) 二重起訴の禁止（142条）について説明しなさい。
(3) 給付・確認・形成の訴えについて、それぞれどのような場合に訴えの利益が認められるのか説明しなさい。
(4) 将来給付の訴えについて説明しなさい。
(5) 他人の権利関係につき当事者として訴訟ができる場合について説明しなさい。

解答への手がかり

(1) 訴訟物の特定基準を実体法上の権利に求める（旧訴訟物理論）のか、訴訟法の観点から一定の法的地位とする（新訴訟物理論）のがよいのかについて考えてみよう。
(2) 二重起訴の禁止（142条）の趣旨について確認したうえで、「事件の同一性」の判断基準をどのように設定していけばよいのかについて考えてみよう。
(3) ここでは、特に確認の利益が重要である。確認の利益の有無を判断する基準として、どのようなものがあるのか考えてみよう。
(4) 現在の給付の訴えが原則であることを踏まえつつ、なぜ将来の給付の訴えが例外として認められているのか、将来の不法行為に基づく損害賠償請求権についてもあわせて考えてみよう。
(5) 当事者適格の意義について確認しよう。他人の権利関係について、当事者として訴訟を提起したり追行することができるのは、例外的な場合である。まずは、原則を押さえたうえで、法定訴訟担当や任意的訴訟担当について、なぜそのような例外が認められるのかについて考えてみよう。

第 4 章 訴訟の審理

本章のポイント

1. 本章では、裁判所がその判断のための資料を収集する局面である訴訟の審理をとり上げる。審理は、原則、公開法廷で、裁判官が直接、当事者双方の主張・立証を受ける口頭弁論という方式で行われる。そして、公正な審理実現のため、手続進行や証拠調べなどに関するルールが、また、充実した審理実現のため、準備の手続や欠席当事者への対処法などが定められている。
2. 判断資料たる主張や証拠の提出については、当事者が、自己に有利と思われるものを選択して裁判所に提出するのが原則であるが、裁判の公正の観点から裁判所による後見的配慮がなされることがある。
3. 当事者の主張の対立点については、証拠によりその当否を判断することになるが、当該判断は裁判官の自由に任されている。また、真偽不明の場合には、証明責任を負う当事者に不利益な判断を行うことになる。

1 審理の進行

A 職権進行主義

　原告が提起した訴えについて、被告が応訴したことで生じる原告・裁判所・被告の三者の関係において、原告の訴えが適法なものか、また、原告の請求に理由があるかについて、裁判所が判断を行うための資料を形成する手続的過程を、訴訟の審理という。ここでは、主張や証拠方法の提出といった当事者による弁論と、主張された事実に関して提出された証拠を裁判所が調べる証拠調べが、相互の協働の下に行われる。

　ところで、審理過程を含めた訴訟手続において、裁判所と当事者のいずれを主役とするかについて、職権主義および当事者主義の2つの考え方がある。前者は、訴訟手続を構成する行為の主導権を裁判所に認める建前であり、後者はそれを当事者に認める建前である。民事訴訟の対象は私的な権利関係に関する紛争であるため、その処分について当事者の意思を尊重すべきであるということからは、当事者主義が基調となる。もっとも、訴訟は裁判所という公共機関で行われる手続であるため、真実発見や効率性などの公益的な目的から、職権主義が採用されることもある。

　審理過程においては、訴えまたは上訴によって開始された訴訟手続の進行・整序の主導権を裁判所に認めるという、職権進行主義がとられている。職権進行主義は、手続の進行・整序を当事者に委ねた場合、当事者の対立により訴訟遅延などの問題が生じるおそれがあることに鑑み、効率的な手続運営を図るべく採用されている。また、これによって、公平な訴訟を実質的に保障し、充実した審理を実現することが期待されている。

B 裁判所の訴訟指揮と当事者の申立権

[1] 訴訟指揮権

　職権進行主義を具体化するものとして、裁判所には審理の主宰権能（訴訟指揮権）が認められる。そのため、裁判所は手続の進行について、原則として当事者の申立てを要せず、また、その合意に拘束されることもない。訴訟指揮には、①審理の進行に関するもの（93条・96条1項本文など）、②審

理の整序に関するもの（152条・157条など）、③期日における当事者の訴訟行為の整理をするもの（148条など）、④訴訟関係を明瞭にするためのもの（149条・151条など）などがある。こうした訴訟指揮は、裁判長による口頭弁論の指揮などの事実行為や、決定・命令といった裁判によって行われ、裁判所によっていつでも取り消されうるものとされる。

[2] 当事者の申立権

　職権進行主義が原則ではあるが、手続進行の結果が当事者の利害に重大な影響をもたらす局面（17・18条・93条1項など）では、当事者の意思を尊重する必要があり、手続の進行、指揮に関して当事者が裁判所の処置を要求できる権能（当事者の申立権）が認められることがある。申立権に基づいて、手続進行に関する申立てがなされた場合、裁判所は必ず裁判によってその許否を明確にしなければならない。また、裁判所による手続進行の適法性を監視し、自己の手続的な利益を擁護するため、当事者には裁判所の訴訟手続、ならびに、相手方の訴訟行為の方式・要件の違背に対して異議を述べ、その効力を争う権能（90条参照：責問権）も認められている。もっとも、任意規定違反があったとしても、当事者がこれを甘受すればそれを無効とする必要はなく、常に無効とすると、かえって手続の安定性を害し、訴訟不経済となるおそれがある。そこで、任意規定違反を知っていたか、知ることができたにもかかわらず直ちに異議を述べなかった当事者は、後でこれを述べることはできない（90条本文：責問権の喪失）。また、当事者が意識的に責問権の行使をしない責問権の放棄も事前の放棄を除いて認められる。これらにより当該訴訟手続の瑕疵は治癒される。

C　訴訟手続の進行

[1] 期日

　訴訟手続の進行を時間的に段階付け、当事者に弁論やその準備の機会を保障して十分な審理を行えるよう手続を組み立てるための概念として、期日・期間・送達がある。そのうち、期日とは、前もって特定した日という一般的な意味ではなく、裁判所、当事者その他の訴訟関係者が会合して、訴訟に関する行為をするために定められた時間をいう。

期日は、あらかじめ場所、年月日および開始時刻を明示して、原則として裁判長などが職権により指定するが (93条1項、規35条)、当事者も申立てによりこれを促すことができる (93条1項)。期日が指定されると、裁判所は、当事者その他の関係人にそれを知らせて出頭を要求しなければならない。期日の呼出しがなされないままに開かれる期日の実施は違法であり、上訴 (312条2項4号類推)・再審 (338条1項3号類推) の理由となる。

期日が指定されても、何らかの事情でこれを開くことができないことが予想される場合、事前に当該期日指定を取り消し、別の期日を指定することがある。これを期日の変更 (93条4項) という。もっとも、裁判事務や訴訟関係者を混乱させないため、一定の事由がある場合にしか認められない。まず、弁論準備手続を経ない口頭弁論における最初の期日は、期日変更に関する双方当事者の合意がある場合を除き、顕著な事由がある場合にのみ変更が許される (93条3項ただし書の反対解釈)。また、弁論準備手続を経ない口頭弁論期日の続行期日は、やはり顕著な事由がある場合にのみ、期日の変更が許される (93条3項本文)。「顕著な事由」とは、期日に出頭して、訴訟行為をなすことが困難な事情があり、かつ、その事情に基づいて期日の変更を認めないことが、当事者の弁論権を不当に制限すると認められる場合をいうものとされる (高熱を発した場合として、大判昭和9・3・9民集13-249)。これらに対して、弁論準備手続を経た口頭弁論期日の変更は、やむをえない事由の存する場合に限り変更が許される (93条4項)。「やむを得ない事由」は、顕著な事由よりも狭く解される (最判昭和28・5・29民集7-5-623)。

期日は、指定された日時および場所で、裁判長が審理の開始を宣言することによって始まる (規26条)。指定された期日を開始したものの、予定された訴訟行為をできない場合には、改めて別の期日を指定することになる (期日の延期)。また、期日において予定されていた訴訟行為を完結することができなかった場合、次回期日が指定される (期日の続行)。

[2] 期間

一定の時間の経過について訴訟法上の効果が付与される場合の当該時間の経過を期間という。期間には、一定の訴訟行為を行うことが求められる期間である行為期間と、熟慮・準備させたり法的効果を発生させるための

期間である猶予期間（112条など）とがある。行為期間には、当事者の行為について定められる固有の期間（34条1項・75条7項・285条・342条など）と、裁判所の行為について定められる職務期間（251条1項など）とがある。また、期間の長さにつき、それが法律で定められている法定期間（285条・313条・332条など）と、裁判所が裁判で決める裁定期間（34条1項・75条7項・79条3項など）とがある。さらに、法定期間のうち不変期間との定めのない通常期間と、特に裁判所が自由に伸縮できないように定められた期間である不変期間（285条・313条・327条2項・332条・342条1項・357条・393条など）とがある。

　期間の計算は、民法の定めるところによる（95条1項）。そこで、期間の起算日がその日の午前0時をもって始まる場合を除いて、初日は原則として算入しない（民140条1項）。期間を定める裁判で始期を定めたときは、当該始期から進行を開始し、また、始期の定めがないときは、裁判が効力を生じたときから進行を開始する（95条2項）。

　不変期間以外の法定期間は、原則として伸縮することができる（96条1項）。なお、不変期間について、例外として遠隔地に住居所を有する者のために、裁判所が付加期間を定めることが許される（96条2項）。ところで、不変期間は原則として自由に伸縮することができず、くわえて、訴訟の迅速化のため元来短い期間として定められており、不変期間を遵守できなかった場合、裁判の確定や訴権の喪失（116条・285条・313条・342条1項など）など、当事者に重大かつ終局的な影響をもたらことになる。そこで、当事者がその責めに帰することのできない事由により不変期間を遵守できなかった場合、不変期間内にすべきであった当該訴訟行為を行うことが認められる（97条：訴訟行為の追完）。通常の場合は、当事者の責めに帰すことのできない事由が消滅してから1週間以内、外国にいる当事者の場合には同じく消滅から2か月以内に、懈怠した行為をすれば、当該行為を不変期間内に行ったのと同一の効果が生じることになる（97条2項）。当事者の責めに帰すことができない事由とは、訴訟追行の際に通常人であれば払うであろう注意をしても避けられないと認められる事由をいう（例えば、天災につき、大判大正13・6・13新聞2335-15、公示送達制度の濫用につき、最判昭和42・2・24民集21-1-209〔百選A12事件〕）。

[3] 送達

　当事者その他の利害関係人に対して、訴訟上の書類の内容を知らせるための法定の方式による通知行為を送達という。送達は、裁判所が職権で行う。もっとも、送達事務を取り扱うのは裁判所書記官であり (98条2項)、また、実際に送達を実施するのは、郵便の業務に従事する者または執行官である (99条)。当事者など送達書類の名宛人が受送達者となるが、訴訟無能力者の場合は法定代理人が名宛人となる (102条1項)。

　送達は、送達実施機関が、被告の住居所などに赴いて (103条1項)、送達すべき書類を名宛人に交付するのが原則である (101条：交付送達)。もっとも、送達の名宛人が、別の事件との関係で、裁判所書記官の属する裁判所に出頭した際に書類を交付することができる (100条：書記官送達)。また、本来の送達場所でなく、法廷など名宛人と出会った場所で書類を交付することもできる (105条：出会送達)。さらに、被告の住居所などで、家族など書類の受領に相当のわきまえのある者 (名宛人と密接な関係にあり、受領が期待できる者) に送達すべき書類を交付することができる (106条1項2項：補充送達)。そして、名宛人や書類の受領に相当のわきまえのある者が受領を拒む場合には、送達場所にその書類を差置くことができる (106条3項：差置送達)。その他、住所は知れているものの、事情により名宛人などへの交付ができない場合に、裁判所書記官は、所定の場所に宛てて書類を書留郵便に付して発送する方法 (書留郵便に付する送達) を利用できる (107条1項2項)。この場合は、受領の有無にかかわらず、書類発送時に、送達があったものとみなされる (107条3項、規44条)。なお、住所不明の場合などで、裁判所書記官が送達すべき書類を保管し、名宛人が出頭すれば、その書類を交付する旨の書面を裁判所の掲示板に掲示し、一定期間を経過すると送達の効果が生じる (112条1項本文：公示送達)。

D　訴訟手続の停止

[1] 中断

　訴訟係属中に、一定の事由の発生により、法律上その訴訟手続が進行しない状態になることを、訴訟手続の停止という。これは、当事者が期日に欠席するなどして、事実上手続の進行が停止している場合とは異なる概念

である。訴訟手続の停止には、さらに、訴訟手続の中断と訴訟手続の中止があり、前者は、法定の中断事由の発生によって訴訟手続停止の効果が発生することをいう。具体的な中断事由として、①自然人の死亡・法人の合併による消滅のような当事者能力の消滅（124条1項1号2号）、②訴訟能力の喪失・法定代理人の死亡・法定代理権の消滅（124条1項3号）、③信託に関する任務の終了などによる当事者適格の喪失（124条1項4号～6号）などがある。もっとも、中断事由が発生した当事者に訴訟代理人がいるときは、訴訟は中断しない（124条2項）。中断した手続を再開するには、手続を承継する当事者による受継申立てを認める裁判（124条1項柱書・126～128条）、または、裁判所の続行命令（129条）による。

[2] 中止

後者の訴訟手続の中止とは、裁判所または当事者が訴訟行為を行えない事由が発生した場合、その事由が止むまで手続を停止することをいう。中止事由のうち、天変地異その他の事由によって裁判所の職務執行が不能となった場合、当該事由が止むことで当然に手続が続行される（130条）。また、当事者の訴訟続行について不定期間の故障のある場合、当該事由が止んだ後、裁判所が中止決定を取り消すことで手続が続行される（131条）。

[3] 停止の効果

訴訟手続の停止中は、誰も当該事件について訴訟行為を有効に行うことはできない。ただし、受継の裁判や続行命令などについては有効とされる。なお、訴訟手続の停止が生じた場合、期間は進行を開始せず、既に進行中の期間も進行しなかったことになり、停止解消後に改めて全期間が進行を開始する（132条2項）

2 裁判資料の収集

A 弁論主義
[1] 弁論主義の根拠

　裁判所の判断資料を形成すべき事実と証拠の収集および提出を、当事者の権能および責任に委ねる建前（159条・179条、人訴19条1項・20条など参照）を弁論主義という。もっとも、弁論主義を直接根拠付ける規定はない。そこで、民事訴訟において、なぜ弁論主義が認められるかが問題となる。この点につき、弁論主義は、私益に関する紛争の解決を目的とする民事訴訟の本質に根ざすものであるとして、その根拠をいわゆる私的自治の尊重に求める見解がある[1]。一方、訴訟の結果について最も利害を感じるのは当事者であるため、当事者に自己に有利な資料の提出の責任を負わせることで、真実を発見しやすいことから、真実発見の便宜的技術的見地から認められた1つの手段であるとする見解もある[2]。もっとも、後者の見解については、それが妥当であるなら、真実発見という目的は職権探知主義（本章2節C参照）を採用している訴訟手続においても同様に当てはまるはずであるのに、当該訴訟手続ではなぜ弁論主義が採用されていないのかを説明できないとの批判がある。

　なお、弁論主義は多年にわたって形成されてきた概念であり、現在認められている弁論主義をいずれか1つの根拠で割り切って説くことは不可能であるとして、上記の私的自治の尊重や真実発見の効率に加えて、不意打ち防止や裁判への信頼確保といった要請も加えた、多元的な根拠に基づく歴史的所産であるとの見解も有力に主張されている[3]。たしかに、弁論主義という原理は歴史的に形成されてきたものであって、私的自治の尊重以外のさまざまな要素も、ある意味弁論主義を正当化するものとして議論されてきたものであり、弁論主義を考えるうえでまったく考慮しなくてよいわけではない。そこで、当事者の提出しない資料を裁判の基礎にしてはならないという伝統的な意味での弁論主義の根拠は私的自治の尊重に求め、真実発見、不意打ち防止などのいわば弁論主義の機能的要素は、弁論主義の適用限界やその違反の有無の問題を考える場合に考慮すべきものと位置

付けるべきであろう[4]。

[2] 弁論主義の内容

　事実および証拠の収集に関して当事者の自主性を尊重する弁論主義の規律は、一般に、3つのルールのかたちで説明される。

　第1に、事実の主張に関するものとして、「裁判所は、当事者の主張しない事実を判決の資料として採用してはならない」というルールがある。すなわち、一方当事者が自己に有利な事実を主張せず、相手方当事者もまた主張せず、その事実が口頭弁論終結時までに審理に現れないと、その結果、当該事実はないものとされ、一方当事者は、自己に有利な事実認定をしてもらえないという不利益を受けるという結果責任の考え方であり、これを(客観的)主張責任という。そこで、当事者は自己に有利と思われる事実を主張し、裁判所は可能な限り当事者が主張している内容に即して事実を認定しなければならない。しかし、当事者の主張した事実と微細な点まで一致した事実でなければ裁判所は認定できないものではない。当事者の記憶違いや表現のミスなどから、主張された事実と、証拠などによって認定された事実との間に「多少の食い違い」がある程度ならば、許容すべきである。また、裁判所が、当事者が明示的に主張した事実に代えて、別の事実を主張していると解釈したり、あるいは当事者が明示的に主張した事実と並んで、別の事実をも黙示的に主張しているものと解釈することがある(裏書の連続につき、最判昭和 45・6・24 民集 24-6-712)。もっとも、不意打ち防止の観点からすると、裁判所は当事者にその認定した事実を釈明(149条1項)して意識的に事実に関する主張を変更させたり、新たな事実主張を行わせたりするべきであろう。また、弁論主義は当事者間ではなく、裁判所と当事者との役割分担の問題であるという観点から、裁判所は当事者によって主張された事実である限り、双方当事者のいずれが主張したかにかかわらず、判決の基礎とすることができる(主張共通の原則)。なお、当事者の主張から得られた資料を訴訟資料といい、証拠調べから得られた資料を証拠資料という。主張責任からは、証拠調べを通して裁判所が知るに至った事実について、当事者からの主張のないまま判決の基礎とすることは許されない(訴訟資料と証拠資料の峻別)こととなる(相続の主張に対し、証拠による死因贈

与の認定を否定したものとして、最判昭和 55・2・7 民集 34-2-123〔百選 46 事件〕)。

第 2 に、同じく事実の主張に関するものとして、「裁判所は、当事者間に争いのない事実は、そのまま判決の資料として採用しなければならない」というルールがある。これを自白の拘束力といい、双方当事者の主張が一致している事実については、裁判所の事実認定権が排除され、当該事実の真否を確かめるために証拠調べをし、これに反する事実認定はできない。

第 3 に、証拠の提出に関するものとして、「当事者間に争いある事実を認定する際には、当事者の申し出た証拠によらなければならない」というルールがある。これを、職権証拠調べの禁止という。

なお、当事者が、ある事実について真実と信じるところに反する陳述をしたり、虚偽の陳述を基礎付ける証拠を提出したりすることを禁じ、あるいは逆に、真実を基礎付ける証拠の提出を要求する訴訟上の義務(真実義務)については、明定されていないものの、そうした義務の存在を推測させる定め(例えば、209 条・230 条参照)をおいていることから、法律上の一般義務であると解すべきである。

[3] 弁論主義が適用される事実

民事訴訟において主張される事実の分類としては、主要事実、間接事実、および補助事実の 3 つがある。主要事実とは、権利の発生・消滅・変更という法律効果を判断するのに直接必要な事実をいう。また、間接事実とは、経験則により主要事実の存否を推認するのに役立つ事実をいう。さらに、補助事実とは、証拠能力や証拠力に関する事実をいう。ところで、弁論主義の適用される「事実」とは、上記 3 つの事実のうち、どの事実であるかという問題がある。この点については、間接事実・補助事実は自由心証主義の領域の存在であることなどから、権利関係を直接基礎付ける主要事実に限れば十分であると解される。こうしたことから、例えば所有権の来歴経過のうち相手方の所有権喪失を基礎付ける事実は主要事実であり、当事者の主張が必要であるとされる(最判昭和 55・2・7 民集 34-2-123)。なお、契約の効果帰属を主張するに際して、代理人による締結の事実を主張する必要があるかという問題について、必要なしとする判例(最判昭和 33・7・8 民集 12-11-1740〔百選 47 事件〕)があるものの、当該事実認定に基づく判決を上級

審で検討する場合、不意打ちであるとまで評価する必要はなく、その意味で弁論主義に反するものではないとしたものと理解すべきであろう。また、法規には、信義則や過失など抽象的概念を法律要件として定めるものがあり、こうした具体的な事実に対して規範的（法的）評価を下してなされる概念を規範的要件要素といい、そうした評価を根拠付ける具体的な事実を評価根拠事実という。そして、法規の定める法律要件に直接該当する事実が主要事実であるとして、規範的要件要素をそのまま主要事実と捉えると、当事者にとって不意打ちとなるおそれがある。そこで、こうした場合は、規範的要件要素と評価根拠事実のいずれを主要事実とすべきかが問題となるが、評価根拠事実が主要事実となるものと解すべきである。これに関連して、例えば、不当な内容の契約を締結してしまった消費者を救済するなどの目的で、当事者からの主張なしに、公序良俗や信義則に反するものと認定できるかという問題がある。この点については、公序良俗などに関する法の適用を意識して事実を主張することまでは要しないが、それを基礎付ける具体的事実については、当事者の主張に現れていることが必要であると解される（最判昭和36・4・27民集15-4-901〔百選48事件〕）。なお、当事者の反駁的な主張である抗弁には、弁済の抗弁（民474条）や過失相殺（民418条・722条2項）のように、当該主張を基礎付ける事実の主張・立証があれば、裁判所はこれを判決の基礎とできる（過失相殺につき、最判昭和43・12・24民集22-13-3454）もの（事実抗弁）と、同時履行の抗弁権（民533条）、留置権（民295条）、相殺権（民505条以下）、建物買取請求権（借地借家13条）などのように、主張を基礎付ける事実だけではなく、当該抗弁を行使する当事者の意思表示の主張がなければ、裁判所はこれを判決の基礎とできないもの（権利抗弁）があり、権利抗弁については、権利を基礎付ける具体的事実に加えて、権利行使の意思表示がなされた事実を主張する必要がある（建物買取請求権につき、最判昭和27・11・27民集6-10-1062〔百選51事件〕）。

B 釈明権
[1] 釈明権の行使

立法者は一般に、一定の能力・知識を有する合理的存在である人間像を前提とするが、現実に訴訟に関わる当事者は、訴訟追行の能力や知識に限

っても多様である。そのため、弁論主義を機械的に運用すると、能力や知識の格差からくる不平等が訴訟上の地位にも影響し、公平な裁判や、適切な攻撃防御による適正な裁判の実現が難しくなるおそれがある。そこで、裁判所が積極的に訴訟指揮権を行使し、訴訟関係を明瞭にするため、事実上および法律上の事項に関して、当事者に対して問いを発し、または立証を促すことで、両当事者の訴訟追行能力の実質的な平等を図ることが認められている（最判昭和45・6・11民集24-6-516〔百選52事件〕）。こうした裁判所の権能を釈明権という（149条1項）。この釈明権の行使により、当事者の攻撃防御を適切に整理し、争点を明確にすることができ、充実した審理が可能になるというメリットもある。なお、裁判所は、弁論の内容を理解し、事件の内容をつかむために、当事者などの口頭弁論への出頭、文書その他の物件の提出、検証・鑑定、調査嘱託などを命じることができる。こうした訴訟関係を明瞭にするための措置を、釈明処分という（151条）。

釈明権は、口頭弁論期日または準備のための手続において、裁判長が、または陪席裁判官があらかじめ裁判長に告げたうえで、当事者に対して質問をし、または、立証を促すという方法で行使される（149条1項2項）。また、裁判長は、期日外においても釈明権を行使することができる（149条1項：期日外釈明）。さらに、当事者は直接に質問できないが、裁判長を通じて発問してもらうことができる（149条3項）。これを求釈明（求問）という。

いかなる場合に釈明権を行使することができるのかという問題については、明確な基準を立てることは困難である。そこで、一定の合理的な基準として、①当事者が事案にとって必要な特定の申立て・主張などを提出しているが、それらに不明瞭・矛盾・欠缺・不用意がある場合に行われる消極的釈明と、②当事者のなした申立て・主張などが事案について不当または不適当である場合、あるいは、当事者が必要な申立て・主張をしない場合に、裁判所が積極的にそれを示唆・指摘する積極的釈明とに分けて考察するのが一般的である[5]。この基準によれば、消極的釈明は、本来行うべきことが予定された釈明であるため、行使の限界はないとされる。これに対して、積極的釈明は、場合によっては当事者の公平を損なうおそれがあり、行うにしても一定の利益考量が必要であるとされる。もっとも、釈明権の行使に当・不当の問題はあっても、違法という問題は生じないし、ま

た、不当な釈明に応じた当事者の主張などが無効になるものでもないともされる（前掲最判昭和45・6・11）。

　裁判所が釈明権を行使したにもかかわらず、当事者がそれに応じない場合、裁判所としては、提出された訴訟資料をできるだけ合理的に解釈して当事者の主張を法律的に構成し、事実を認定せざるを得ない。そのうえで、主張が前後で矛盾して理解しがたい場合や、必要な主要事実の主張が明らかに欠けている場合は主張自体失当として排斥することになる。また、釈明に応じないことを理由として、当該攻撃防御方法を却下することもできる（157条2項）。

[2] 釈明権の範囲（釈明義務）

　民事訴訟法149条1項の「できる」という文言によれば、釈明権行使は裁判所の裁量によると解されるものの、釈明権は弁論主義の機会的適用から生じる不合理を是正するためのものであるから、行使するに適した訴訟状態が存在する限り、行使すべきであると解されることなどから、釈明を行うことは、義務でもあると解されている（例えば、最判昭和39・6・26民集18-5-954）。

　釈明義務違反があった場合、当該訴訟行為を基礎とする判決には審理不尽の違法があり、上訴の理由となるとされる。もっとも、訴訟資料の提出責任が当事者に課されていることからは、裁判所による釈明権の不行使が、すべて釈明義務違反として評価されるわけではない。具体的な訴訟の状態に照らして、釈明権が行使されなければ不合理な結果が生じる場合であって、かつ、適切な申立てや主張をなさなかった当事者が釈明権不行使の違法を主張することが、訴訟上の信義則に反しない場合に、はじめて釈明義務違反とされる。そこで、裁判所が消極的釈明を怠り、判決の基礎をなす事実について矛盾や不明瞭があるのに、それを放置して判決がなされた場合には、法令違反として上訴理由になるものと解される。これに対して、積極的釈明の場合は、明解な基準を定めることが困難であり、①判決の勝敗が変わる可能性の高さ、②当事者の申立て・主張などにおける法的構成の不備の有無、③釈明権行使なしに適切な申立て・主張をすることが当事者に期待できるか、④その事項を釈明させることが当事者間の公平を著し

く害することにならないか、⑤釈明権の行使がより根本的な紛争解決につながり、再訴を防止できるか、⑥釈明させることによって訴訟の完結を著しく遅滞せしめることにならないかなどの要素を検討して判断すべきであるとされる（積極的釈明義務違反の例として、最判平成 8・2・22 判時 1559-46）。

ところで、法規の適用・解釈は、裁判所の責務であるから、法律に関する主張について釈明義務を論じるのは筋違いのように思われるかもしれない。しかし、訴訟における事実は、無目的・無統制に主張されるのではなく、一定の法的構成に従い、法律要件に該当する事実、またはそれを推認させる事実、あるいは、法解釈や判例の射程議論に関わる事実として主張され、法律構成ないしは法的観点は、いかなる事実を主張するかということと極めて密接な関係を有するものである。そこで、当事者がある法律構成を前提としてそれに当てはまる事実などを主張しているときに、裁判所がより適切な法律構成ないし法的観点を指摘して、当事者の攻撃防御方法を充実させる義務があるとされる（最判平成 22・10・14 裁判集民 235-1：法的観点指摘義務）。

C 職権探知主義と職権調査

訴訟の対象となる民事上の権利関係には、公益という観点から当事者の自由意思による処分が許されず、実体的真実に合致した事実認定が求められるものがある。こうした場合、事実および証拠の収集は当事者だけでなく、裁判所の権能および責任でもあるとして、強力に訴訟資料を収集するための原則（例えば、人訴 20 条、行訴 24 条など参照）が必要となる。こうした原則を職権探知主義という。職権探知主義は、弁論主義の反対概念とされるものの、当事者による主張や証拠の提出をまったく否定するものではなく、当事者による主張・立証を求めつつも、当事者の主張しない事実を斟酌し（人訴 20 条前段参照）、自白に反する事実を認定することもでき（人訴 19 条 1 項参照）、また、その判断に必要な証拠を職権で調べることができる（人訴 20 条前段参照）という程度のものである。なお、手続保障のため、裁判所が職権で探知した事実および証拠調べの結果については、あらかじめ、当事者にこれらを提示し、その意見を聴いたうえでなければ、判決の基礎にすることはできない（人訴 20 条後段、行訴 24 条ただし書）。

職権調査とは、当事者からの異議や申立てがなくても、裁判所として進んで取り上げて適切な措置をとるべきことを意味する。例えば、訴訟要件の多くは職権調査事項とされる。職権探知主義が、ある事項を判断する場合の基礎となる資料の収集・提出責任の所在を問題とするのに対して、職権調査は、ある事項の存否につき職権で顧慮する必要性の有無に関するものであり、両者は局面を異にする問題である。

3 口頭弁論

A 口頭弁論の意義

口頭弁論とは、公開の法廷において、受訴裁判所の面前で当事者双方が対席して、口頭陳述によりそれぞれの主張事実を提出する審理方式をいう。口頭弁論の構造は、弁論と証拠調べに分けられる。

ある期日で審理が終了しない場合、期日が続行されるため、口頭弁論は断続的に数期日にわたり実施されることがあるが、各期日において行われた訴訟行為は、あたかも一期日にすべて行われた場合と同様に、そこで獲得された訴訟資料および証拠資料が等しく判決の基礎とされる（口頭弁論の一体性）。口頭弁論を実施し、裁判をするのに熟したとき、裁判所は口頭弁論を終結することになる（243条1項参照）。もっとも、口頭弁論終結後に、当事者の主張や証拠を補充する必要があると認めた場合、裁判所は、弁論の再開を認めることができる（153条）。ただし、弁論を再開して当事者に更に攻撃防御の方法を提出する機会を与えることが明らかに民事訴訟における手続的正義の要求するところであると認められるような特段の事由がある場合には、裁判所は弁論を再開すべきものとされる（最判昭和56・9・24民集35-6-1088〔百選41事件〕）。

各口頭弁論期日において、裁判所書記官は、口頭弁論の経過の概況を記録しなければならない。この書面を口頭弁論調書（160条）という。口頭弁論の方式に関する事項は、これによってのみ証明できる（160条3項）。なお、特定の訴訟事件に関して、裁判所または当事者などが作成した審理経過を

記録する書類ないしそれらを編綴(へんてつ)したものを訴訟記録という。

B 口頭弁論の必要性

　民事訴訟においては、口頭弁論を行わなければ判決をすることができず、口頭弁論において顕出された主張や証拠だけが判決の基礎となるという建前を、必要的口頭弁論の原則（87条1項本文・3項）という。このような原則が採用されているのは、民事訴訟制度の公正を確保し、国民の信頼を確保するために、裁判資料提出について当事者に手続保障を与えることにある。もっとも、口頭弁論を開いて当事者に攻撃防御の機会を保障しなくても不当といえない場合には、口頭弁論を開かなくてよい。例えば、訴訟要件の欠缺により補正の見込みのない場合(140条・290条など)、上告棄却の場合(319条)、日本に住居などを持たない原告が訴訟費用の担保供与決定を受けてもこれを提供しない場合(75条)、判決の変更を行う場合(256条2項)などでは、判決に際し口頭弁論を開く必要はないとされる。

　これに対し、決定の方式による裁判をもって完結する事件については、口頭弁論を開くか否かが裁判所の裁量に任される（87条1項ただし書：任意的口頭弁論)。決定手続の対象の多くは、訴訟手続上の派生的・付随的事項であり、その判断に際しては、簡易・迅速性が要求されることから、当事者の手続保障の程度も軽減される。そこで、口頭弁論という厳格かつ慎重な審理方式を踏むことは、裁判所の裁量に委ねられたのである。もっとも、口頭弁論が開かれず、書面審理だけが行われる場合であっても、裁判所は裁量で、当事者その他の利害関係人の言い分を法廷における口頭弁論以外の方法で、口頭または書面により聴取する（87条2項）ことができ、また、一定の場合（199条1項の証言拒絶の当否に関する裁判など）には審尋しなければならない（口頭弁論に代わる審尋)。なお、双方当事者の立会い可能な期日に、当事者または当事者の申立てによる参考人を証拠方法として審尋（簡易な証拠調べに代わる審尋）すること（187条1項）もあり、この場合、相手方のある事件においては、当事者双方が立ち会える期日においてしなければならない（187条2項)。

C 口頭弁論の準備

[1] 準備書面

　口頭弁論における充実した審理実現のため、当事者は、原則として口頭弁論において提出しようとする攻撃防御方法やそれに対する応答を予告的に記載した準備書面を裁判所に提出しなければならない（161条1項）。被告が最初に提出する答弁書（規80条）も準備書面の一種である。一般の準備書面（161条、規2条）には、主張および証拠の申出、相手方の請求および攻撃または防御の方法に対する陳述、当事者、代理人の住所・氏名、事件・裁判所の表示などが記載される。当事者は、原則として記載事項について相手方が準備をするのに必要な期間をおいて、準備書面を裁判所に提出し（規79条1項）、また、相手方当事者に直接送付しなければならず（規83条1項）、これを受けた相手方当事者は、受領書を返送し、また、裁判所に提出しなければならない（規83条2項）。準備書面に記載された事項は、原則として口頭弁論において陳述されることによって、訴訟資料となる。また、一方当事者は相手方当事者が口頭弁論期日に在廷していない場合、準備書面に記載して相手方に予告していない事実を口頭弁論で主張することができない（161条3項）。

[2] 争点および証拠の整理手続

　判断に必須の前提となる争点および取り調べるべき証拠を選別して効率的な審理を準備するため、3つの争点整理手続が定められている。

(1) 準備的口頭弁論

　争点整理手続のプログラムのうち、争点および証拠の整理という目的でもって弁論を制限された口頭弁論による方式を、準備的口頭弁論という（164条以下）。これは、社会的関心を集めている事件や、当事者や関係人が多数の事件など公開法廷における争点整理を相当とする事件類型に適した手続である。準備的口頭弁論の実施は裁判所の裁量事項であるが、開始に際し、その旨の決定をして当事者に明示しなければならない（164条）。準備的口頭弁論の性質は口頭弁論であるため、期日に公開法廷で行われる。また、一般の口頭弁論や準備書面に関する規定がすべて適用され、争点整理に関係のある限り、釈明処分や証拠調べも含めあらゆる行為をすること

ができる。準備的口頭弁論に顕出された資料は、当然に訴訟資料となる。準備の口頭弁論で提出されなかった攻撃防御方法は直ちに失権することはないが、手続終結後に新たに攻撃防御方法を提出した当事者は、相手方当事者の求めがあるときは、終結前にこれを提出できなかった理由を書面で説明しなければならない（167条、規87条）。

(2) 弁論準備手続

次に、争点および証拠の整理を目的とする特別な期日を裁判所で開く事前手続を弁論準備手続という。この手続は、利害関係人が自由かつ率直に協議を行い、事案を解明することを目的とし、多数の書証を整理したり、多様な資料を駆使して機動的に争点整理を行うのに適したものとなっていることから、多くの事件で利用されている。手続開始に当たって裁判所は、当事者の意見を聴取したうえで、事件を弁論準備手続に付す決定を行う（168条）。手続は受訴裁判所が主催するが、受命裁判官に委ねることも可能である（171条1項）。実施場所は特に定められていないが、裁判所の準備手続室などが利用されることが多く、一般に公開されることはない。もっとも、裁判所は裁量により相当と認める者に手続の傍聴を許すことができ、当事者の申し出た者については、原則としてこれを認めなければならない（169条2項：関係者公開）。弁論準備手続の審理については、口頭弁論の規定が準用される（170条4項）とともに釈明権の行使など、個別になしうる行為が定められており（170条5項）、文書の証拠調べも認められる（170条2項）。弁論準備手続を行った場合、当事者は、その結果を口頭弁論において陳述しなければならない（173条：口頭弁論への上程）。手続の終結後に新たに攻撃防御方法が提出された場合の取扱いについては、準備的口頭弁論の場合と同様である（174条・167条、規87条）。

(3) 書面による準備手続

第3に、遠隔地に居住する当事者などが裁判所に出頭することなく、準備書面の交換などによって争点および証拠の整理を行う手続を書面による準備手続という（175条以下）。裁判所は、当事者が遠隔地に居住しているときその他相当と認めるとき、事前に当事者の意見を聴取したうえで、決定でこの手続に付する（175条）。手続は、原則として裁判長が主宰する（176条1項）。手続は準備書面などの交換により、必要があると認めるときは、

電話会議システムの利用が可能である（176条3項）。裁判所は、この手続終結後、口頭弁論期日において、証明すべき事実を当事者との間で確認しなければならない（177条）。また、当事者が争点整理の結果を要約した書面を陳述し、あるいは証明すべき事実を確認した後に、新たに攻撃防御方法を提出した場合も、相手方当事者の求めがある場合は、書面で提出できなかった理由を説明しなければならない（178条、規87条）。

(4) その他

　前述のもの以外に、審理を充実させることを目的として、口頭弁論の期日外で裁判所と当事者が、口頭弁論における証拠調べと争点との関係の確認その他訴訟の進行につき必要な事項を協議するための特別な期日（規95条）である進行協議期日がある。また、法律以外の専門的知見を要する訴訟に関して、裁判官の有しないそうした専門的知見を補充するための制度として、専門委員（92条の2以下）がある。専門委員は、専門的知見を要する事実に対する裁判所の理解を補助する非常勤の裁判所職員（92条の5第3項4項）とされ、口頭弁論の準備（92条の2第1項前段）、進行協議期日（92条の2第1項後段、規34条の2第1項）、証拠調べ（92条の2第2項前段）、和解期日（92条の2第3項）などにおいて専門的知見を提供することになる。なお、裁判所の関与なしに、直接に当事者相互間で、一定の事項について書面によって照会および回答をすることで口頭弁論の準備をする制度（163条）である当事者照会制度もある。

D　口頭弁論における審理原則
[1] 公開主義

　訴訟の審理や裁判は、公開の法廷で行われなければならないとする原則を公開主義という。その趣旨は、裁判の公正を図り、司法に対する国民の信頼を得るためであることから、ここでは、広く国民一般に対して公開すること（一般公開）を意味する。公開の対象となるのは対審、すなわち裁判所の判断の対象とされるべき事実を審理に上程する手続である弁論および証拠調べと、判決の言渡しである（憲82条1項）。これらについて公開しなかった場合は、絶対的上告理由となる（312条2項5号）。もっとも、裁判官の全員一致で、公開すると公序良俗に反すると受訴裁判所が判断した場合

(憲82条2項本文)には非公開とすることができる。さらには、裁判所は、プライバシーや営業秘密に関して、一定の場合に人証の取調べの公開を停止することができ(人訴22条、特許105の7条、新案30条、不正競争13条)、当事者の申立てにより、当事者などが訴訟追行上取得した当事者の保有する営業秘密に関して、秘密保持を命じることができる(特許105の4条、新案30条、不正競争10条以下、意匠41条、商標39条、著作114条の6以下)。なお、訴訟記録については公開の対象ではないが、この趣旨に基づき、一般第三者の閲覧権が認められる(91条1項)が、当事者の申立てにより、裁判所は、訴訟記録におけるプライバシーに関する部分などの閲覧などを制限することができる(92条)。

[2] 双方審尋主義

　審理においては、各当事者に主張・立証を行うための機会を公平に与えなければならないことを双方審尋主義という。これは、公平な裁判を行う前提として、当事者双方にそれぞれの言い分を述べる機会を十分に与える趣旨のものであり、憲法13条・14条・32条・82条の要請に基づくものとされる。この原則を具体化した制度としては、訴訟手続の中断・中止(124条以下)、手続保障の欠缺に関する絶対的上告理由(312条2項4号)および再審事由(338条1項3号)などがある。

[3] 口頭主義

　訴訟行為は口頭でなされることを要し、当事者が口頭で陳述したものだけが裁判において斟酌されるとする原則を、口頭主義という。その趣旨は、口頭による陳述は、書面によるものに比して、関係人に新鮮な印象を与えるうえ、不明確な点を問いただすことで当事者の真意を把握しやすいことや、審理が活気を呈することにある。ただし、口頭陳述を完全なかたちで記憶し続けることは困難であること、口頭陳述の内容は整理されておらず不正確な場合もあることから、口頭主義の短所を補完するため、書面主義が導入されている。例えば、訴えや上訴など審判の基礎ないし出発点となる重要な訴訟行為について確実を期するため、また、複雑な事実問題や法律構成を裁判官や相手方が理解しやすくするため、さらに、口頭弁論が長

期にわたる場合に審理の結果について記憶の確実を期するために、書面の作成（133条・160条・161条など）が義務付けられている。

[4] 直接主義

　判決の基礎となる弁論と証拠調べに直接関与した裁判官だけが判決を下すことができるとする原則を直接主義（249条1項）という。その趣旨は、裁判官が、陳述の趣旨またはその真偽を正確に理解し、その結果を裁判に直結させる点で優れているためである。もっとも、直接主義を貫徹すると裁判官が転勤や退職する場合などにかえって不合理な結果となることがあるため、審理途中で裁判官の交代があった場合、裁判官の面前で、当事者が従前の弁論の結果を陳述することで、直接主義の形式を満足させている（249条2項）。これを弁論の更新という。ただし、証人尋問については、単独事件や合議体の過半数が交代した場合に、当事者から申立てがあればやり直さなければならない（249条3項）。また、裁判官の交代があったにもかかわらず、弁論の更新がなされないまま弁論が続行され、判決がなされた場合には、直接主義違反となり、それは絶対的上告理由（312条2項1号）、再審事由（338条1項1号）となる。

[5] 集中審理・計画審理主義

　一般に、1つの事件について集中的に審理し、判決まで終えてからほかの事件の審理に入るとする原則を集中審理主義という。この原則を採用するメリットとしては、短時間で事件の全体像が明らかになり、裁判官も事件に関心を集中して、心証形成が容易かつ的確になることが指摘されている。わが国では、複数の事件を同時並行的に審理する併行審理主義が採用されてきたが、争点整理手続を導入した現行法では、人証の証拠調べに限って、集中審理主義を採用している（182条：集中証拠調べ）。

　適正かつ迅速な審理を実現するために、裁判所および当事者に対して、訴訟手続の計画的な進行を図ることを求める原則を計画審理主義という。大規模な公害訴訟など、裁判所が、審理すべき事項が多数であり、または、錯綜しているなど事件が複雑であることその他の事情により、その適正かつ迅速な審理を行うために必要があると認めるとき（147条の3第1項）、審

理計画を定めることができる（147条の3第1項〜3項）。

[6] 適時提出主義

適時提出主義（156条）とは、当事者は攻撃防御方法の提出を、適時に行わなければならないとする原則をいう。攻撃防御方法を提出すべき適切な時期がいつであるかは、訴訟の進行状況に応じて、個別具体的かつ客観的に定まることになる。

適時提出主義に従った攻撃防御方法の提出を確保するための方策として、裁判所は、当事者が故意または重大な過失により、時機に遅れて提出した攻撃防御方法を、これにより訴訟の完結を遅延させる場合に、却下しうるものとしている（157条：時機に後れた攻撃防御方法の却下）。裁判所がこれを行うには、まず、当該攻撃防御方法が時機に遅れて提出されたものであることが必要である。その判断に際しては、各事件の具体的進行状況（最判昭和30・4・5民集9-4-439など）や、当該攻撃防御方法の性質に即して、提出時期より早期に提出できることが期待できる客観的な状況の有無によって判断しなければならない。次に、それが当事者の故意または重大な過失に基づくものであることが必要である。この故意または重大な過失は、時機に遅れて提出することについて存すれば足りるとされる。また、判断に際しては、当事者の法律の知識や攻撃防御方法の種類を考慮すべきであるとされる。さらに、後れて提出された攻撃防御方法の審理によって訴訟の完結が遅延することが必要とされる。この完結が遅延する場合については、当該攻撃防御方法が提出されなかったならば訴訟を完結することができたであろう時期よりも、その提出を認めて審理した場合の訴訟の完結の時期が遅れることであるとされる。当事者が提出した攻撃防御方法で上記要件をすべて充足するものについて、裁判所は、相手方の申立てによりまたは職権で、決定をもって却下することができる。

E　口頭弁論の制限・併合・分離

[1] 口頭弁論の制限

裁判所は、効率的な審理を実現すべく、訴訟指揮に関する裁量権に基づき、決定により口頭弁論の制限・併合・分離といった整序を行うことがで

きる（152条1項）。口頭弁論の制限とは、中間判決（245条）をする場合、弁論の分離が許されない場合、準備的口頭弁論（164条）の場合などに、裁判所が、一時的に審理の対象を特定の事項ないし請求に限定することをいう。弁論の制限が行われても、口頭弁論の一体性は保持される。

[2] 口頭弁論の併合

　口頭弁論の併合とは、同一の官署としての裁判所に別々に係属している数個の請求を結合させ、同一の訴訟手続で審理判決すべきことを命じる処置をいう。弁論の併合が行われた場合における、併合前に各訴訟手続において獲得された証拠資料の、併合後の手続での取扱いについては、併合の結果、併合された事件は初めから1個の訴訟として訴えが提起されたのと同じ関係を生じ、別段の援用を要せずして当然そのままの性質で証拠資料となるとするものとされる（最判昭和41・4・12民集20-4-560）。もっとも、既に行われた証人尋問について、尋問の機会のなかった併合後の当事者は、再度尋問を求めることができる（152条2項）。

[3] 口頭弁論の分離

　口頭弁論の分離とは、裁判所が、1つの手続に複数の請求や当事者が関与している場合に、請求ごと・当事者ごとに手続を分けることをいう。分離が行われた後は、各手続に上程される訴訟資料・証拠資料は区別され、判決も別個になされる。もっとも、例えば、必要的共同訴訟（40条）、同時審判申出共同訴訟（41条）、離婚訴訟の本訴と反訴、請求の予備的併合などの場合は、弁論を分離することは許されない。

F　口頭弁論における当事者の訴訟行為
[1] 訴訟行為の意義と種類

　訴訟行為とは、裁判に向けて訴訟手続を展開させていく当事者および裁判所の行為（広義）、または、訴訟法上の効果の発生を主要な効果とする行為（狭義）をいう。
　訴訟行為は、多様な観点から理論的分類が行われているが、その1つとして、取効的訴訟行為と与効的訴訟行為とに分類する方法がある。前者は、

裁判所に対して裁判をなすことを求め、またはそれを基礎付けるための資料を提供する行為をいい、訴訟行為に対する裁判所の応答によって、その本来の目的を達するものとされる。これに対して、後者は、直接に訴訟法上の効果を発生させる行為をいい、裁判所の応答を要さず、行為に訴訟法上の効果が直結するものとされる。

　訴訟行為の評価は、①成立・不成立、②有効・無効、③適法・不適法、④理由の有無といった観点で行われる。まず、訴訟行為が法定の成立要件を具備しない場合、訴訟行為として成立しない。次に、訴訟行為としては成立しても、一定の場合には本来の訴訟行為としての効力が否定され無効となる。さらに、有効な取効的訴訟行為であっても、不適法なものは却下され、適法なものは、その内容について理由の有無を審理して、理由ある場合には認容、理由がない場合には棄却の判断がなされる。これに対し、有効な与効的訴訟行為については、適法・不適法の問題を判断する必要がない。訴訟行為が、無効、不適法、あるいは理由なしと評価された場合（瑕疵ある訴訟行為）、裁判所は、当該訴訟行為を排斥する責任がある。また、当事者も、責問権を行使して、こうした訴訟行為について異議を述べ、無効を主張する権限を有する（90条）。

　もっとも、当事者の訴訟行為については、できるだけその目的を達するように配慮すべきであり、直ちに排斥するべきではないともいえる。そこで、手続の安定を害さない限りにおいて、そうした訴訟行為も一定の場合にはその瑕疵の治癒を認めて救済が図られる。例えば、訴訟行為に瑕疵がある場合、事後的に、当事者が自発的に、または裁判長の補正命令（137条1項参照）を受けて、補充または訂正する（訴訟行為の補正）ことが認められる。また、当事者が無効な訴訟行為を事後的に有効なものにする一方的な意思表示（追認）をすることもできる（34条2項参照）。さらに、訴訟行為に瑕疵があっても、責問権放棄・喪失（90条）の結果として、また、再審事由（338条1項各号）に該当しないものは判決の確定によって、治癒するとされる。その他、瑕疵ある訴訟行為を当事者の合理的意思解釈に基づき有効で適法な他の行為として活用すること（訴訟行為の転換）もできるとされる。なお、上述したように、訴訟行為の追完（97条）によって、できなくなった訴訟行為を有効に行うこともできる。

[2] 申立て・主張・立証

口頭弁論において行われる当事者の行う訴訟行為には、①裁判を有利に進める、②裁判所の特定の行為の取得を目的になされるものがあり、大きく申立て、主張、立証に分かれる。

(1) 申立て

申立てとは、裁判所に対して裁判など一定の行為を求める当事者の行為をいう。これには、当事者が訴えをもって行う本案に関する終局判決を求める本案の申立てと、訴訟手続上の付随的事項または派生的事項について裁判所の行為を求める訴訟上の申立てがある。申立ての撤回は、原則として自由である。もっとも、相手方の地位を保護するため、相手方当事者が一定の行為をなした場合は、制限されることがある（261条2項参照）。また、訴訟行為に条件・期限を付することは、手続の安定を害するおそれがあるため、原則として許されないとされる（訴訟外の事実を条件とする申立てにつき、大判明治38・2・28民録11-272）。もっとも、民事訴訟法259条の仮執行宣言の申立てなど、手続の安定を害しないものとして法が認めたものや、条件の成就・不成就が手続内で明らかになるため、手続の安定を害さないとされる予備的申立てなどは、例外的に適法とされる。

(2) 主張

本案の申立てを基礎付ける一切の裁判資料、およびその反対申立てを基礎付ける一切の裁判資料を攻撃防御方法といい、これらにより自己の申立てを理由付ける行為を主張という。主張は、その内容に応じて、法律に関する主張と事実に関する主張とに分かれる。前者は、狭義においては、要件事実に対する法規の適用の効果の主張をいい、広義においては、外国法を含む法規の存否、内容、解釈、適用についての主張をいう。もっとも、法規の解釈・適用は裁判所の職責に属するため、この主張は、単に裁判所の注意を促し、参考に供するに止まることになる。後者は、要件事実に該当ないし関連する事実を裁判所に報告する当事者の行為をいう。

一方当事者の行う事実に関する主張に対する相手方の対応として、相手方が証明責任を負う事実を否定し、それによってその事実の証拠調べを必要ならしめる行為を否認という。相手方の主張する事実を否認するには、その理由を述べなければならない（規79条3項など：積極否認）。ある事実が

否認された場合、当該事実の存在を主張した者は証拠によってそれを証明する責任を負い、証明できない場合、裁判所は当該事実を判決の基礎としないことになる。また、相手方の主張する事実を、それと両立する事実を主張して否定することを抗弁という。抗弁は、それを提出して相手方の主張を否定しようとする者が、当該事実に関する証明責任を負う。さらに、相手方の主張する自己に不利益な事実を争わないとする陳述 (179条) を (裁判上の) 自白という。自白がなされると、裁判所の事実認定権が排除され、当該事実がそのまま判決の基礎とされるため、当事者は証拠による証明が不要となる。加えて、相手方の主張する事実を知らないとする陳述を不知という。不知の陳述は否認したものと推定される (159条2項)。なお、相手方の主張について対応しないことを沈黙という。一方当事者が、相手方の事実に関する主張を、口頭弁論終結時までに明らかに争わないときは、擬制自白が成立する (159条1項)。主張の撤回は、弁論主義の下では、自由に認められるのが原則である。撤回された事実主張は訴訟資料とはならないが、弁論の全趣旨 (247条参照) として斟酌される可能性はある。なお、自白の成立する主張については、相手方の信頼保護などの理由で、撤回が制限される。また、ある主張が認められないことを想定して、あらかじめまたは同時に、両立しえないほかの事実を仮定的に主張する、いわゆる仮定主張・仮定抗弁がなされることがある。これは、一種の条件付主張であるが、手続の安定を害しない限りにおいて許容される。

(3) 立証

争いある事実に関して特定の証拠方法の取調べを求め、それを提出することを立証 (挙証・証明) という。証拠調べは、弁論主義により当事者の申出を待って行うのが原則である。立証は、裁判所が証拠調べを行うまでは、任意に撤回できる。しかし、裁判所が証拠調べに着手した後は心証形成を妨げることになるため、撤回は許されない。また、立証に条件・期限を付することは訴訟審理を阻害し、その結果裁判官の心証形成を妨害することになるため、許されないとされる。

[3] 訴訟行為と私法行為
(1) 訴訟行為への私法規定の適用
　訴訟行為の中には、例えば、訴えの取下げのように、当事者の意思表示を必要とする訴訟法律行為と呼ばれるものがある。訴訟法律行為については、民商法など実体私法のうち、意思表示の瑕疵に関する規定を適用して、その無効・取消しを主張することはできるかという問題がある。この点については、訴訟行為は原則として当事者間での1回の行為を対象とする私法上の行為とは異なり、ある訴訟行為が有効であることを前提としてほかの行為が積み重ねられるという連関構造を有するため、手続安定の要請が働くことから、法律効果として取消しなどを定める意思表示の瑕疵に関する私法規定は適用されないとされる。もっとも、詐欺・脅迫など刑事上罰すべき行為によって意思表示がなされた場合には、再審事由（338条1項5号）に該当することから、これを類推適用して、当該訴訟行為は無効とされる（最判昭和46・6・25民集25-4-640〔百選91事件〕）。

(2) 訴訟における形成権行使
　訴訟における攻撃防御方法の提出として、法律行為の取消し・解除、相殺、建物買取請求など当事者の一方的意思表示によって法律関係を変動させる権利である形成権行使の意思表示とその陳述が1つの行為としてなされる場合がある。こうした主張が当事者によってなされたが、却下された場合などの当該行為の効果を考えるに当たり、その前提として形成権行使の主張の法的性質が問題となる。この点については、外形上は1個の行為であるが、私法上の形成権の行使という相手方への意思表示と、意思表示があった旨の裁判所に対する陳述との2個の行為が併存することを前提とし、さらに、訴訟上形成権の行使された状況などを考慮して、当事者の合理的意思解釈により各効果を残存させるか否かを決すべきであるとされる（建物買取請求権につき、東京地判昭和45・10・31判時622-92〔百選43事件〕）。このように解することは、訴訟における形成権行使を、一種の条件付の訴訟行為と構成することになるが、それが当事者の合理的意思に合致し、相手方の地位を不当に不安定なものとするものではないことから許容されると解される。

　訴訟行為には、管轄合意（11条）、期日変更合意（93条3項）のように、当

事者あるいは将来当事者となる者が、特定の民事訴訟手続について影響を及ぼす一定の法的効果の発生を目的として合意を行うことがある（訴訟契約）。法定されていない訴訟契約については、任意訴訟の禁止を前提としつつも、当事者の自由や権限が制限されたり、重大な不測の損害を与えたりするものでなければ許容してもよいと解される。そうしたことから、実際に、不起訴合意、訴え取下げ合意、自白契約、証拠制限契約、不執行合意などが認められている。法定されていない訴訟契約がなされたにもかかわらず、当事者の一方がそれに違反した場合の効果をどう考えるかについて判例は、訴訟契約は私法上の作為・不作為義務を生じさせるだけであり、この義務違反に対しては、損害賠償や訴訟上の救済を与えるものとされる（訴え取下げ合意に対する違反につき、訴えの利益を喪失したと判断したものとして、最判昭和44・10・17民集23-10-1825〔百選92事件〕）。

[4] 訴訟行為と信義則

当事者は、行為規範として信義に従い、誠実に民事訴訟を追行するべく訴訟行為を行わなければならないものとされる（2条）。そして、裁判所は、信義則に反する訴訟行為について、これを却下するか、訴訟行為本来の効力を否定するという取扱いをすることになる。信義則については、概念自体が高度に抽象的なものであることから、その適用が手続の不安定要因となるおそれのあることが指摘されている。そこで、信義則の適用される態様について、以下のような類型的考察が行われている[6]。

①訴訟状態の不当形成

これは、当事者が、法規の要件事実を作為的に形成して、当該法規を不当に適用せしめ、または、要件事実の発生を故意に妨げて、当該法規の適用を不当に回避しようとすることをいう（例えば、管轄選択権濫用につき、札幌高決昭和41・9・19高民19-5-428）。

②先行行為に対する矛盾挙動の禁止（訴訟上の禁反言）

これは、ある事実に基づき訴えを提起し、その事実の存在を極力主張・立証した者が、その後相手方から右事実の存在を前提とする別訴提起や主張をされると、一転して右事実の存在を否認することは許されないとすることである（例えば、最判昭和48・7・20民集27-7-890）。

③訴訟上の権能の失効

　これは、当事者がある訴訟上の権能を長期間にわたって行使せずに放置すると、行使されないであろうとの正当な期待が相手方に生じるため、当事者の一方が改めてその権能を行使しようとしても、その権能は失効したものとされることをいう（例えば、中断した訴訟を長期間にわたり再開しない場合につき、最判昭和63・4・14判タ683-62）。

④訴訟上の権能の濫用禁止

　これは、訴訟上の権能について、法がそれを認めた趣旨を逸脱する利用は許されないことをいう（例えば、自ら違法な登記をした者がその取消しを求める場合として、最判昭和53・7・10民集32-5-888〔百選31事件〕）。

⑤紛争の蒸返しの禁止

　これは、前訴と後訴とが訴訟物を異にするため、既判力による後訴の遮断ができない場合で、後訴が実質的には紛争の蒸返しに過ぎないときは、後訴を新たな紛争として取り扱わず、その訴えを却下することをいう（例えば、実質的に国による買収処分を争った2つの事件につき、最判昭和51・9・30民集30-8-799〔百選79事件〕）。

G　口頭弁論における当事者の欠席

[1]　双方の欠席

　双方の当事者および代理人がまったく出廷しない場合、法廷で審理に備える裁判官は時間を空費するほかなく、人的資源の無駄遣いとなりかねない。そこで、まず裁判所は、事件が裁判を行うに熟する状態にあると認めることができるならば、直ちに弁論を終結して終局判決をすることができる（243条1項）。また、そうした状況に至っていない場合であっても、審理の現状および当事者の訴訟追行の状況を考慮して相当と認めるときは、終局判決をすることができる（244条本文）。さらに、1か月以内に、当事者のいずれも期日指定の申立てをしない場合は、訴えを取り下げたものとみなされ（263条前段）、連続して2回双方当事者が欠席した場合も、同様の取扱いがなされる（263条後段）。なお、場合によっては訴訟上の権能の濫用として新期日の申立て、または訴えを却下することができる。

[2] 一方の欠席

　当事者の一方だけが欠席する場合、弁論準備手続を経ない最初の口頭弁論期日においては、手続進行の必要から、原告が欠席しても訴状の陳述擬制が認められ、公平上、被告が欠席しても提出した答弁書などについて陳述擬制がなされる（158条）。また、欠席した当事者が公示送達によるものでなく、また、何らの書面も提出していない場合は、相手方の主張を争わないものとして、擬制自白の成立する可能性がある（159条3項）。続行期日において一方当事者が欠席した場合は、原則として従来の弁論に出席当事者の準備書面に基づく弁論をつき合わせて審理を進める。また、審理の現状および当事者の訴訟追行の状況を考慮して相当と認めるときは、出席当事者の申立てがあれば、終局判決をすることができる（244条ただし書）。なお、請求の放棄・認諾をする書面を提出していた当事者が欠席した場合、陳述擬制が認められる（266条2項）。

4　証拠調べと事実認定

A　証拠
[1] 証拠方法

　証拠とは、一般には裁判官が判決の基礎となる事実を確定するための根拠をいうが、さまざまな意味で用いられ、証拠調べの対象として裁判官が五感で取り調べうる有形物という意味で用いられる場合を証拠方法という。証拠方法は人証と物証に分かれ、前者については、証人、当事者本人、および鑑定人があり、後者については、文書および検証物がある。なお、有形物が証拠方法として取調べの対象とされうる適性を証拠能力という。

[2] 証拠資料

　具体的な証拠方法を取り調べた結果得られた内容は、証拠資料とよばれる。証言、鑑定意見、当事者の供述、文書などの内容、検証結果などがこれである。そして、事実の存否につき裁判官に確信を生じさせる原因とな

った、証拠資料を証拠原因という。

[3] 証拠力
　証拠方法につき、証拠調べがなされた結果得られた証拠資料が、事実認定にどの程度役立つかということを、証拠力、証明力または証拠価値という。なお、文書の証拠力に関しては、挙証者によりこの者が作成者であると主張される者が作成した文書であること（228条1項）を、文書の形式的証拠力といい、当該文書の記載内容が事実の証明にどの程度役立つかということを、実質的証拠力という。

B　証明
[1] 証明と疎明
　証明（広義）とは、ある事項の存否を証拠などによって明らかにすることをいい、訴訟法は、これを証明（狭義）と疎明とに分けている。証明（狭義）とは、認定すべき事実が存在したことの蓋然性（確からしさ）につき、証拠や経験則などによって、裁判官が確信を得た状態をいう。確信という心理状態については、一点の疑いも存在しない程度（自然科学的証明）ではなく、事実が存在することについて、通常人が疑いをさしはさまない程度（歴史的証明）とされ、確率でいえば十中八九という割合で足りるとされる（最判昭和50・10・24民集29-9-1417〔百選57事件〕）。ただし、不法行為による損害賠償請求事件などに関し、精神的苦痛を損害とする慰謝料など損害の立証が極めて困難である事項については、特例として、裁判官が確信に達していなくても、相当な損害額を認定できるものとされている（248条）。訴えに対し判決をする場合、その前提となる事実認定に際しては、原則として、証明が必要である。また、この状態に達したか否かは、裁判官によって判断されることから、裁判官に確信を得させようとする当事者の行為を証明ということもある。そうした当事者の行為のうち、自己に証明責任のある事実を証明するために提出するものを本証という。これに対して、相手方証明責任を負う事実の不存在を証明するために提出するものを反証という。反証は、裁判官が本証によって確信を抱くのを妨げることで目的を達する。
　これに対して、疎明とは、ある事実の存否につき、裁判官が一応確から

しいという心証を得た状態、または、その状態に達せしめるための当事者の行為をいう。疎明という心理状態については、証拠の優越、すなわち事実の存在の蓋然性が50％を超えていればよいとされる。疎明が要求されるのは、判決の基礎となる事実以外の迅速な処理を必要とする事項や、手続上の派生的な事項について、その基礎となる事実を認定する場合である（35条1項・44条1項・91条2項3項・198条など）。

[2] 厳格な証明と自由な証明

証明の方式については、厳格な証明と自由な証明との区別がある。前者は、民事訴訟法179条以下に定める証拠調手続に従って行われる証明をいう。後者は、法定の証拠法則に縛られない証明をいう。訴訟物である権利関係を基礎づける事実の認定に当たっては、厳格な証明が必要である。これに対して、自由な証明は、公正を疑われる余地の少ない場合に認められる。

[3] 証明の対象
(1) 証明を要する事項
①事実

判決をするに当たっては、訴訟物である権利・義務の存否に関する判断が必要となる。しかし、権利・義務自体の存否を直接認識することは不可能であり、また、直接証明する方法もない。そこで、通常は、権利・義務といった一定の法律効果を発生させる法規の定める法律要件に直接該当する事実が存在すれば、当該法律要件を充足したものとして、それに対応する法律効果の発生を認め、そこから、権利の発生・変更・消滅を判断することになる。そこで、法律要件に直接該当する事実である主要事実が、原則として証明の対象となる。また、主要事実の存否の判断に際しては、間接事実や補助事実の認定が必要となることもあり、これらも主要事実の証明手段として必要な限度で証明の対象となる。

②法規

法規の存否の確定や解釈適用など法律問題の判断は、裁判所の職責とされ、原則として証明の対象ではない。もっとも、外国法、地方の条例や慣

習法などは、裁判所に明らかでない場合があり、こうした法規の存在を主張する者はこれを証明しなければ、事実上適用されないこともある。そこで、裁判所に明らかでない法規は、例外的に証明の対象となる。
③経験則

　経験則とは、経験から得られた事物の性状や因果関係に関する知識や法則をいう。訴訟においては、証拠に基づいて事実を認定する際などに利用され、事実判断の前提となるため、事実よりも法規に近いものである。そこで、原則として証明は不要であるとされる。もっとも、一般に知られていない特殊な専門的知識に属するものについては、それを当該裁判官が知っていることは偶然のことであって、証明を要しないとすると、それを利用した事実認定に疑義が生じ、裁判に対する信頼確保の点で問題が生じかねない。また、このことは、客観的事実認定のために鑑定人と裁判官が同一人であってはならないとする民事訴訟法23条1項4号の趣旨との関係でも問題となる。そこで、特殊な専門知識に属する経験則は、鑑定などの証拠によって証明されたうえで利用されなければならないと解される。

(2) 不要証事実

　事実は、原則として証明の対象となるが、一定の事実については証明が不要とされている。

①裁判上の自白

　口頭弁論期日または弁論準備手続期日での、相手方の主張と一致する（当事者間に争いのない）、自己の不利益な事実の陳述を、裁判上の自白（179条）という。一方当事者の行った陳述に裁判上の自白が成立するためには、第1に、当該陳述が、口頭弁論期日または弁論準備期日における弁論としての陳述であることが必要である。第2に、当該陳述の内容が、相手方の主張と一致することが必要である。陳述の時期や態様については、相手方の主張と一致する限り、問題とならない。第3に、陳述の内容が自己に不利益なことが必要である。この「不利益」の意味について判例は、相手方が証明責任を負う場合であるとしている（大判昭和8・2・9民集12-397）。第4に、当事者間に争いある「事実」という文言から、事実に関する陳述であることが必要とされ、これが主要事実を含む点では争いはない。間接事実や補助事実に関する陳述を自白の対象として認めるべきかについて判例は、間

接事実や補助事実に自白の成立を認めることは、自由心証主義の制限となるとして否定している（間接事実につき、最判昭和41・9・22民集20-7-1392〔百選54事件〕、補助事実につき、最判昭和52・4・15民集31-3-371）。なお、請求の当否の前提をなす先決的な権利・法律関係の存否に関する主張に自白の成立を認めるべきかという問題（権利自白）については、相手方は一応その権利主張を根拠付ける必要はなくなるが、なお裁判所の事実認定権は排除されず、当事者はいつでも撤回できるとするのが判例である（最判昭和30・7・5民集9-9-985〔百選55事件〕）。裁判上の自白が成立すると、弁論主義に基づいて、当該事実に関する裁判所の事実認定権が排除されることになる（審判排除効）。そのため、当事者は、自白された事実について証明が不要となる（証明不要効）。さらに、裁判上の自白をした当事者は、禁反言などに基づき、当該主張を撤回して、これと矛盾する別の事実を主張できなくなる（撤回禁止効）。しかし、いかなる場合にも自白が成立した主張を撤回できないとすると、適正な裁判の要請との関係で問題がある。そこで、まず、刑事上罰すべき他人の行為により自白がなされた場合は、これが再審事由（338条1項5号）とされていることからも、自白の撤回が認められる。また、当該主張を撤回することについて相手方の同意がある場合も、撤回を認めてよいとされる。さらに、適正な裁判の要請、および、自白の撤回禁止効は一種の自己責任に基づくことなどから、自白が真実に反し、かつ、錯誤に基づく場合には撤回を認めるとするのが判例（大判大正4・9・29民録21-1520〔百選56事件〕）である。そして、客観的な真実に反したことの証明があれば、錯誤によるものであることが推定される（最判昭和25・7・11民集4-7-316）ものとして、立証負担の軽減が図られている。なお、当事者が口頭弁論期日または弁論準備手続期日において、相手方の主張した事実を明らかに争わない場合には、争う意思のないものと解し、この事実が自白されたものとみなされること（159条1項・170条5項）を、擬制自白という。

②顕著な事実

証拠によって認定するまでもない客観的に明らかな事実である顕著な事実には、公知の事実と職務上顕著な事実がある。前者は、歴史上有名な事件や天災など通常の知識経験を有する一般人が疑わない程度に知れ渡っている事実をいう。また、後者は、裁判官が自ら行った裁判の内容など受訴

裁判所の裁判官がその職務を行うに際して知った事実をいう。

C 自由心証主義
[1] 自由心証主義の意義
　証拠方法の取調べおよび評価に関しては、裁判所が弁論の全趣旨および証拠調べの結果を自由に評価し、これによって形成された心証に基いて判決の基礎となる事実を認定することができるとする原則である自由心証主義（247条）が採用されている。自由心証主義の下、事実認定に関する裁判官の心証形成は、論理法則や経験則に従い、証拠や間接事実によって主要事実の存在を推認するという、事実上の推定という作業を通してなされるのが通常である。この場合の、推定の根拠となる事実を前提事実、推定の対象となる事実を推定事実という。事実上の推定の一形態として、不法行為に基づく損害賠償請求訴訟における過失などの証明に関して、高度の蓋然性を有する経験則により、前提事実が証明されると、直ちに推定事実の心証が一挙に証明度に近づき、相手方が推定事実の不存在を推認させる事実を証明しない限り、推定事実が認定されることがある。これを（過失の）一応の推定（仮処分執行後の仮処分決定取消しに関して、最判昭和43・12・24民集22-13-3428〔百選60事件〕）という。また、事案の事情から見て過失および因果関係などを推認させる高度の蓋然性を基礎付ける経験則（定型的事象経過）が存在する場合は、事件が非定型的事象経過をたどったことを明らかにすべき正当な可能性が相手方によって主張・立証されない限り、直ちに証明されたものとして扱うという理論を、表見証明（注射痕の病変について、最判昭和32・5・10民集11-5-715）という。なお、ある主要事実について証明責任を負う当事者が、その存在を推認させるのに十分な間接事実を証明した場合に、相手方が、その間接事実と両立しうる別個の間接事実を証明することで、当該主要事実の推認を妨げ、真偽不明に持ち込む立証活動を間接反証という。この呼称は（間接）反証であるが、間接事実について本証することでもって、主要事実の推認を妨げるものである。

　自由な心証に基づく事実認定は、その当否が問われることはあっても、原則として違法という問題を生じない。ただし、違法な弁論や証拠調べの結果を採用した事実認定、または、適法な弁論や証拠調べの結果を採用し

ない事実認定は違法であり、上告理由（312条3項）・上告受理申立理由（318条）に当たる場合もある。また、事実認定の理由が論理法則・経験則に反する場合は、理由不備・理由齟齬として、絶対的上告理由（312条2項6号）となることもある。

[2] 証拠方法の無制限

　自由心証主義の内容は、①証拠方法の無制限と、②証拠力の自由な評価に大別できる。証拠方法の無制限とは、裁判官が事実認定のために取り調べる証拠方法は、原則として制限されないことをいう。例えば、伝聞証拠であっても証拠力が認められる（最判昭和27・12・5民集6-11-1117）。また、心証形成のための資料には、証拠調べの結果以外で、口頭弁論に表れた一切の状況である弁論の全趣旨も含まれる。弁論の全趣旨は、通常は証拠調べの結果を補充するものであるが、証拠調べの結果よりも弁論の全趣旨を重視し、また証拠調べなしに弁論の全趣旨から事実認定をすることもできる（最判昭和27・10・21民集6-9-841）。

　もっとも、例外的に証拠方法が制限されることもある。例えば、手続の明確化・画一化・迅速処理の要請により、口頭弁論の方式の遵守についての証明に際しては口頭弁論調書のみが利用でき（160条3項）、手形・小切手訴訟において利用できる証拠方法は書証に限定される（352条・367条2項）。また、無断録音や窃取された文書などいわゆる違法収集証拠の取扱いについては、下級審の裁判例（例えば、東京高判昭和52・7・15判時867-60、名古屋高決昭和56・2・18判時1007-66、神戸地判昭和59・5・18労民35-3=4-301〔百選66事件〕）も統一されておらず、学説もさまざまであるが、裁判官の負う憲法遵守義務から、ある証拠方法を取り調べることで人格権侵害をもたらす場合は、取調べ自体が違憲行為となり、その意味で証拠能力が否定されるものと解される。さらに、証拠方法に関する訴訟契約の一種（証拠契約）により、自由心証が制限されることがある。例えば、特定の証拠方法を利用しない旨の当事者間の合意である証拠制限契約や（東京地判昭和42・3・28判タ208-127）、一定の事実について争わない旨の当事者間の合意であるいわゆる自白契約も、裁判所の自由心証を排除するものではないため、適法であるとされる。

[3] 証拠力の自由評価

証拠力の自由な評価とは、証拠の有する証拠力の評価は裁判官の自由な判断に任されることをいう。ただし、その判断は論理法則および経験則を遵守したものでなければならない。また、このことから、裁判所は、一方の提出した証拠を提出者に有利な事実認定のために用いることはもとより、相手方当事者が援用しなくとも、相手方当事者の有利な事実の認定に用いることができることになる。これを証拠共通の原則という。

もっとも、例外的に、証拠力が制限されることがある。例えば、公文書は直ちにその形式的証拠力が推定される（228条2項）。また、私文書も、その署名および印章が本人または代理人のものであれば、形式的証拠力が推定される（228条4項）。これらは、経験則を法規化した一種の法定証拠法則であるとされる。その他、証明責任を負わない相手方が、故意または過失により証明責任を負う当事者の立証を失敗させること（証明妨害）がなされた場合には、一般法理として、妨害の対象となった事実について、証明責任の転換、または、挙証者の主張を真実と認めることができるとされる（所持資料の不提出について、東京高判昭和 54・10・18 判時 942-17）。

D 証明責任
[1] 証明責任の必要性

当事者の提出した事実の存否につき、裁判官が十分に心証形成できず、主要事実の存否につき真偽不明（ノン・リケット）となる場合もあるが、だからといって裁判を回避することは許されない。そこで、法令適用の前提となる事実について、訴訟上真偽不明の状態が生じた場合に、当該事実を不存在とみなすことで、合致さるべき法律要件に対応する法律効果の発生を認めないものとした。この当事者の負担ないし結果責任を証明責任（客観的証明責任）という。なお、自己に有利な法律効果を定める法規の法律要件に直接該当する事実を証明すべき一方当事者の行為責任を、主観的証明責任という。証明責任は、裁判官が心証形成できない場合にはじめて問題となる。また、証明責任は事実の存否に関するものであるため、1つの事実について一方の当事者だけが負うものとされる。さらに、真偽不明は職権探知主義の採用されている場合にも起こりうることから、証明責任の問題

は、弁論主義の採用されている手続に固有のものではない。

[2] 証明責任の分配

いずれの当事者に証明責任が分配されるかという基準について、実務および通説は、各当事者は自己に有利な法律効果の発生を定める法条の要件事実について証明責任を負うものとする。具体的には、①売買契約（民555条）、即時取得（民192条）など、権利の発生を定める規定の要件事実は、その権利の発生を主張する者が証明責任を負う。②弁済（民474条）、消滅時効（民166条）など、いったん発生した権利関係の消滅を定める規定の要件事実については、権利を否定する義務者が証明責任を負う。③同時履行の抗弁権（民533条）など、権利者の権利行使を阻止する規定の要件事実については、当該権利行使の不許を求める者に証明責任がある。④要素の錯誤（民95条）など、権利根拠規定に基づく法律効果の発生の障害を定める規定の要件事実は、その法律効果の発生を争う者に証明責任がある。もっとも、機械的に証明責任を分配すると不合理な結果となる場合も存するため、裁判上の修正が行われることがある。例えば、民法415条の履行不能の場合の帰責事由の有無については、債務者が負うべきものとされる（最判昭和34・9・17民集13-11-1412）。また、民法588条の準消費貸借契約における旧債務の存在については、債務者が負うべきものとされる（最判昭和43・2・16民集22-2-217）。さらに、民法612条2項の賃貸借契約解除の理由としての信頼関係の破壊は、債務者が負うべきものとされる（最判昭和41・1・27民集20-1-136〔百選64事件〕）。なお、原子炉設置許可処分に関する取消訴訟においては、被告行政庁がその判断に不合理な点のないことを相当の根拠、資料に基づき主張、立証する必要があり、被告行政庁が右主張、立証を尽くさない場合には、被告行政庁がした右判断に不合理な点があることが事実上推認されるものとされる（最判平成4・10・29民集46-7-1174〔百選62事件〕）が、この判決の評価は定まっていない。

[3] 証明負担の軽減

証明すべき事実には、性質上、その証明が極めて困難なものも存在するが、証明負担の緩和・軽減を図る方策もある。

まず、本来の証明責任の配分とは異なり、むしろ相手方当事者に反対事実の証明責任を負担させることを証明責任の転換という。例えば、民法709条によれば、故意または過失についての証明責任は被害者側に課されることになるが、自動車損害賠償保障法3条では無過失の証明責任を加害者に負わせている。

　次に、前提事実がある場合は、推定事実または権利を推認するという経験則があらかじめ法規化されており、当該法規の適用として行われる推定を法律上の推定といい、法律上の事実推定と、法律上の権利推定とに大別できる。前者は、法が、前提事実「甲」に基づいて、別の法規の構成要件事実「乙」が推定されるべきことを定めている場合であり、例えば、占有継続（民186条2項）、嫡出（民772条1項）などがある。そして、「乙」事実に基づく効果を主張する者が、「甲」事実の証明責任を負う。裁判所は、「甲」事実の存在について確信を得たときは、「乙」事実の存在についても確信が形成されたものとして取り扱わねばならない。また、一度「甲」事実に基づいて「乙」事実が推定されると、事実上証明責任が転換されたのと同様の効果が生じ、相手方は、「乙」事実の不存在について証明責任を負うこととなる。後者は、法が前提事実に基づいて直接に権利の推定を規定する場合であり、例えば、占有者が本権を有すること（民188条）、共有持分の割合（民250条）などがある。この場合、権利の存在を主張する当事者は、「甲」事実につき証明責任を負う。そして、裁判所は、「甲」事実の存在について確信を得たときは、推定される権利の存在についても確信が形成されたものとして取り扱わねばならず、当該権利の存在を判決の基礎とすることとなる。また、相手方は、前提事実の存否を不明にするか、推定される権利の消滅・障害事実を証明しなければならない。

　第3に、私人の意思表示の内容について、法が、一定内容であることを推定することを意思推定という。これには、期限の利益（民136条1項）、占有の態様（民186条1項）などがある。この規定の内容を争う者は、それとは反対の意思表示がされたことにつき、証明責任を負うことになる。

　第4に、法が前提事実の証明なしに要件事実の存在を推定することを暫定真実という。これには、占有の態様（民186条1項）、同時死亡の推定（民32条の2）などがある。暫定真実は、前提事実と推定事実が同一の法律効果

の要件事実を構成し、当該規定の要件事実不存在の証明責任を当初から相手方に負わせるものである。

第5に、裁判所がある事実を認定するに当たり、根拠とするべき一定の事実が法定されていることを法定証拠法則という。例えば、上述した文書の形式的証拠力に関する推定（228条2項4項）などがこれに当たる。

E 証拠調べ
[1] 証拠の申出と採否

弁論主義の下では、原則として当事者の申し出た証拠方法についてのみ証拠調が開始される。この裁判所に対する特定の証拠方法の取調べを要求する当事者の申立てを、証拠申出という。証拠申出は、証明すべき特定の事実（180条1項）、特定の証拠方法、および両者の具体的関係を表示して書面または口頭で行う（規99条1項）。また、証拠申出は攻撃防御方法の一種であり、口頭弁論終結に至るまで適時に提出することができ（156条）、証拠調べが始まるまでは自由に撤回できる。ただし、裁判所が証拠調べに着手した後は、証拠共通の原則が働くことから、相手方の同意なくして撤回できない。なお、証拠調べ完了後は、裁判所が既に心証を形成していることから、撤回の余地はない（証人尋問につき、最判昭和32・6・25民集11-6-1143）。

証拠申出の採否に関する裁判所の判断は、訴訟指揮に関する裁判の一種である証拠決定による。証拠を取り調べるときは証拠調べ決定を行い、そうでない場合は却下決定を行う。なお実務上は、即時に証拠調べを行うときは、黙示の決定をすることがある。当事者から行われた証拠申出が、①不適法なものであるとき、②不必要なものであるとき、③証拠調べをするのに不定期間の障害があるとき、裁判所は決定で当該証拠申出を却下しなければならない（181条2項）。また、適法な証拠申出がなされた場合であっても、それを採用して証拠調べを実施するか否かは、なお裁判所の裁量に任される（181条1項）。ただし、申出られた証拠方法が、ある事実に関して唯一のものである場合は、特段の事情がない限り、取り調べなければならないとされる（最判昭和53・3・23判時885-118）。

裁判所が証拠調べを行う時期に関しては、口頭弁論と証拠調との間に明確な段階を設けず、必要に応じて証拠調べができるとする原則である証拠

結合主義が採用されている。ただし、人証に関しては争点整理が終了した後の口頭弁論期日に集中して行わなければならない（182条、規101条）。なお、証拠調べを主体的に実施するのは裁判所であるが、当事者にも証拠調に立ち会って自ら取り調べに当たり、また、意見を述べるために立ち会う権利が認められている（187条）。

[2] 証人尋問

　証人尋問とは、証人に対して口頭で質問し、証明の対象たる事実についてその者が経験した事実を陳述させて、その証言を証拠とする方法で行われる証拠調べをいう（190条以下）。また、証人とは、過去に自らが認識・経験した事実を法廷で報告することを命じられた第三者をいう。当事者、およびその法定代理人・法人の代表者を除くすべての第三者には証人能力が肯定され、証人となることができる。また、当該事件との関係で個別具体的に証人として質問を理解し、これに応答できる能力である証言能力については、年齢による制限はなく、ある程度事理を弁別し、それを表現する能力を備えていればよいとされる（最判昭和43・2・9判時510-38）。

　日本の裁判権に服する者は、一般的に証人となるべき公法上の義務（証人義務）を負うものとされる（190条）。証人義務の具体的内容としては、出頭義務、宣誓義務、証言義務がある。

(1) 出頭義務

　まず、出頭義務とは、証人として適式な呼出しを受けた者が証拠調べ期日に出頭すべき義務である。正当な理由なく出頭しない場合には、訴訟費用の負担、過料（192条）、罰金または拘留（193条）が課され、勾引に処せられることもある（194条）。

(2) 宣誓義務

　次に、宣誓義務とは、証人が裁判官の面前で、宣誓をすべき義務をいう。この宣誓は、原則として事前宣誓の形式で行われる（201条1項、規112条1項）。宣誓は、証言内容の真実性を担保するためのものであり、16歳未満の者および宣誓の趣旨を理解できない者は、宣誓無能力者として宣誓義務が免除される（201条2項）。また、宣誓させても効果が期待できず、偽証罪による処罰が過酷な結果を招くと考えられる者には宣誓をさせないことが

できる (201条3項)。正当な理由なく宣誓を拒否する場合には、出頭義務違反と同様の制裁が課される (201条5項・192条・193条)。なお、宣誓した証人が虚偽の証言をすると、偽証罪に問われる (刑169条・170条)。

(3) 証言義務

さらに、証言義務とは、尋問されたことについて、良心に従って真実を述べ、何事も隠さず、また付け加えないことを内容とする義務 (規112条4項) をいう。証言に際しては、原則として何も参照できないが、記憶を喚起するためであれば、裁判長の許可を得て、書類その他の資料を参照することができる (203条、規116条)。正当な理由なく証言しなければ、出頭義務違反と同様の制裁が課される (201条5項・192条・193条)。

(4) 証言拒絶

これに対して、証人が、正当な理由で証言を拒絶しようとする場合には、当該理由を疎明しなければならない (198条)。この証言拒絶が認められるものとしては、①証人本人または一定範囲の親族などの関係にある者が、刑事訴追や有罪判決を受け、または、これらの者の名誉が侵害されることになる事項 (196条)、②公務員または公務員であったものが職務上守秘義務を負う事項で、尋問に関して監督官庁の承認が得られないもの (197条1項1号・191条1項)、③医師、弁護士、弁理士、宗教関係者などが職務上知った他人の秘密で黙秘すべき事項 (197条1項2号)、④技術または職業上の秘密に関する事項 (197条1項3号) がある。この技術の秘密とは、その秘密が公開されると技術の有する社会的価値が低下し、当該技術に依存する活動が不可能ないし困難となるものを、また職業上の秘密とは、その秘密が公開されると当該職業に深刻な影響を与え、以後、その職業の遂行が不可能ないし困難となるもの (最判平成12・3・10民集54-3-1073参照) をいう。また、ある秘密が職業の秘密に当たる場合であっても、そのうち保護に値する秘密についてのみ証言拒絶が認められ、保護に値するか否かは、秘密の公表によって生ずる不利益と証言の拒絶によって犠牲になる真実発見および裁判の公正との比較衡量により決せられるものとされる (最決平成18・10・3民集60-8-2647〔百選67事件〕)。

(5) 証人尋問の手続

当事者は、証人尋問の申出に際して、尋問により証明すべき事実、その

事実と証人との関係を明らかにするとともに (180 条)、尋問事項をできるだけ個別具体的に記載した尋問事項書を提出しなければならない (規 107 条)。申出を採用した裁判所は、期日を定めて証人に呼出状を送達し、出頭した者につき人違いでないことを確認し、原則として事前に宣誓させたうえで、交互尋問 (202 条 1 項、規 113 条 1 項) により尋問する。尋問の順序は、通常、証人尋問の申出をした者が、最初に当該証人を尋問 (主尋問) し、次に相手方が、弾劾的な尋問 (反対尋問) をし、さらに主尋問をした者が再度補強的な尋問をする (再主尋問)、という方法で行われる。また、裁判長は当事者の尋問が終わった後で補充尋問を行うが、当事者の尋問中に裁判官による介入尋問 (規 113 条 3 項) が行われることもある。なお、裁判長は適当と認めるときは、当事者の意見を聴いて、この順序を変更できる (202 条 2 項)。同一期日に証人が数人いる場合は、後に尋問すべき証人を前の証人に対する尋問中に在席させることができ (規 120 条)、また数人の証人を対席させたうえで、それらの証人に対して尋問を行う (対質) ことができる (規 118 条)。証人が遠隔地に居住する場合には、テレビ会議システムを利用した証人尋問 (204 条 1 号、規 123 条) や、口頭尋問に代わる書面尋問の方法 (205 条、規 124 条) の利用が認められる。また、犯罪被害者やその相続人が、加害者に対して不法行為に基づく損害賠償請求訴訟を提起した場合、相当と認めるときは、遠隔地に居住する場合でなくても、テレビ会議システムを用いた証人尋問を実施することができ (204 条 2 号、規 123 条 2 項)、付添 (203 条の 2) や遮蔽の措置 (203 条の 3 第 1 号、規 122 条の 2) をとることもできる。なお、実務では、当事者本人や証人による紛争内容や経緯に関する言い分を記載した書面である陳述書が、尋問内容を理解するための参考資料として用いられることもある。

[3] 当事者尋問

当事者尋問とは、当事者本人を証拠方法とし、その経験した事実について質問し、その陳述から証拠資料を収集する証拠調べをいう (207 条以下)。法定代理人・法人の代表者の尋問も当事者尋問の手続による (211 条)。当事者尋問は、ほかの証拠方法によっては裁判所が心証を得ることができない場合や、ほかに証拠がない場合に限り許される (207 条 2 項本文：補充性)。

これは、当事者が直接的な利害関係人であって、客観的な供述を期待できず、その証拠価値が低いとされるためである。しかし、当事者本人は重要な証拠方法であり、事案を解明し、争点の早期確定に有益であることなどから、裁判所が適当と認めるときは、当事者の意見を聴いて、まず当事者尋問を行うことができる（207条2項ただし書）。当事者尋問の手続は、証人尋問手続に準じるものとされる（210条）。もっとも、裁判所が職権で尋問を行うこともできる（207条1項前段）。当事者尋問に際し、当事者は出頭義務および供述義務を負う。また、裁判所は、裁量で宣誓を命じることができる（207条1項後段）。当事者が正当な理由なく出頭せず、命じられた宣誓を行わず、供述を拒んだときは、裁判所は尋問事項に関する相手方の主張を真実と認めることができ（208条）、宣誓した当事者が虚偽の供述をした場合には、過料が課される（209条1項）。

[4] 鑑定

　鑑定とは、鑑定人を証拠方法として、その鑑定意見を証拠資料とする証拠調べをいう（212条以下）。すなわち、専門的知見を要する事項に関する裁判官の判断能力を補充するために、学識経験をもつ第三者である鑑定人に、その専門知識や特定の問題に対する意見を報告させることである。鑑定の対象となるのは、①法適用権限を有する裁判所が知りえない外国法や地方慣習法の存否や内容、②専門的知識に属する経験則を具体的事実に当てはめた場合の要証事実に関する判断である。わが国の裁判権に服する者であって、鑑定に必要な学識経験を有する者は、鑑定人として鑑定を行う義務を負う（212条1項）。この鑑定義務には、出頭義務、宣誓義務、および鑑定意見報告義務が含まれ、正当な事由なくこれらの義務の履行を拒む場合には、一定の制裁が科せられる（216条）。鑑定人は、一定の学識経験を有する者であればよいから代替性があり、裁判官の判断を補充するものであるから中立性が要求され、忌避制度（214条）がおかれている。なお、特別の学識経験により知りえた過去の具体的事実について陳述する者を鑑定証人という。

　当事者が鑑定の対象とする立証事項を明らかにして鑑定を申し出る（180条1項、規99条1項・129条1項）ことにより、裁判所が証拠決定に基づいて鑑

定を実施する。鑑定人は、必要があれば、裁判長に証人もしくは当事者本人に対する尋問を求めることができ、また、裁判長の許可を得て、証人などに直接質問することができる（規 133 条）。鑑定人は呼出しおよび宣誓を経て、期日に口頭でまたは期日外に、書面または口頭で（215 条 1 項）、個別にまたは共同で鑑定意見の報告が行われる。鑑定人の意見内容を明瞭にし、またはその根拠を確認する必要があると認められるときは、裁判所は申立てにより、または職権で鑑定人においてさらに意見を述べさせることができる（215 条 2 項：補充鑑定）。質問の順序は、証人尋問とは異なり、①裁判長、②鑑定の申立てを行った当事者、③その相手方の順番で行うが、適当と認める場合は、当事者の意見を聴いて変更することができる（215 条の 2 第 2 項 3 項）。

[5] 書証
(1) 書証の種類
　書証とは、文書に記載された特定人の意思や認識などの意味内容を証拠資料とする証拠調べをいう（219 条以下）。また、文書とは作成者がその意思や認識などを、記号を組み合わせて言葉に表現した紙片、その他の有体物であって、裁判官が閲読によってその内容を感得できるものをいう。なお、図面、写真、録音テープ、ビデオテープ、DVD、BD など情報を記録するために作成されたものを準文書という（231 条）。
　文書には、公務員がその作成権限に基づいて職務上作成した文書である公文書と、それ以外の文書である私文書との区別がある。また、証明すべき意思表示や、その他の法律行為が記載されている文書である処分証書と、作成者の見聞や意見などを述べた文書である報告証書との区別がある。さらに、作成者自身が最初に作った確定的な文書である原本、送達などに用いられる数通の原本の 1 つである副本、原本と同一の効力をもつ、公証権限を有する公務員が作成した写しである正本、原本全部の写しで、原本の存在と内容の同一性について謄本作成者が証明したものである謄本、原本のうち、関係部分のみの写しである抄本の区別がある。

(2) 書証の証拠力
　書証は、文書の記載から特定人の意思や認識などの意味内容を収集する

証拠調べであるから、文書の証拠力の判断に当たっては、まず当該文書が挙証者の主張する特定人により作成されたものであるかが重要である。そこで、提出された書証について裁判所は、相手方が真正に成立した、すなわち、偽造文書ではないと認めるか否かを質問する。相手方が認める場合、明らかに争わない場合、または積極否認をしない場合（規145条参照）、裁判所は真正に成立したものとして、それを判決の基礎とできる。これに対して、相手方が理由を明らかにして積極的に争う場合、真否の認定が行われる。公文書は真正な公文書であると推定されるため（228条2項）、相手方は反証を提出して、真正な公文書であるとの確信形成を妨げなければならない。これに対して、私文書は、本人または代理人の署名または押印があるときは、法律上、真正に成立したものと認められる（228条4項）。また、その前提として、文書上の印影と本人または代理人の印章との同一性（229条参照）があれば、本人または代理人の真意に基づく押印が、事実上推定される。なお、作成者とされる者の筆跡や印章の対照による証明も可能である（229条1項）。形式的証拠力が認められると、はじめて実質的証拠力が評価されることになる。

(3) 書証の提出

　書証は、弁論主義に従い、原則として当事者の申出によって取調べを行う。そして、挙証者が文書を所持する場合は、これを提出して行う（219条）。これに対して、相手方当事者または第三者の所持する文書は、これらの者が提出義務を負う場合には、それらの者に対する文書提出命令を申し立てることによって、裁判所に提出させて行う（221条）。さらに、文書所持者に提出義務がなくても、所持者の協力を得る見込みがあれば、当事者は、所持者に対して文書送付を求めるよう裁判所に申立て（文書送付嘱託）、裁判所に送付させて行う（226条）。

　文書提出命令の申立ては、文書の表示・趣旨・所持者、証明すべき事実・提出義務の原因を明らかにして、書面で行わなければならない（221条1項、規140条1項）。もっとも、文書の表示・趣旨を明らかにすることが「著しく困難な場合」、文書の特定のために、文書の表示・趣旨に代えて、申立人がいかなる文書の提出を申し立てているかを識別できる事項を明らかにすれば足り（221条1項）、裁判所はこれを受けて、所持者に対し、該当する文書

の表示と趣旨を明らかにするよう求めることになる（221条2項）。文書提出命令の根拠となる文書提出義務は、かつては、①当事者が訴訟において引用した文書（引用文書）を自ら所持する場合（220条1号）、②挙証者が文書の所持者に対して引渡しまたは閲覧の権利を有する文書（220条2号：引渡し・閲覧文書）、③挙証者の利益のために作成された文書（220条3号前段：利益文書）④所持者と挙証者との間の法律関係について作成された文書（220条3号後段：法律関係文書）に限定して認められていた。しかし、証拠の偏在のもたらす弊害が問題視されたことや、重要な意義を有する書証の一般的提出義務を認める世界的な潮流から、法改正が行われ、上記①から④に該当しない文書で、以下に述べる除外文書に該当しないもの（220条4号柱書：一般義務文書）であることを主張・立証した場合に、文書提出義務が認められることとなった。その後、最高裁は、職業秘密文書に関して、文書所持者が、除外事由を主張・立証すべきであるとしている（最判平成12・3・10民集54-3-1073）。この判決については、さまざまな評価があるが、一応の推定と同じ構造と理解する見解[7]が合理的であり、こうした解釈・運用が一般化されることが望まれる。

(4) 書証提出義務の除外

　提出義務が除外されるのは、第1に、文書所持者などについて証言拒絶権が認められる事項（196条参照）の記載された文書（220条4号イ）がある。第2に、公務員の職務上の秘密に関する文書でその提出により公共の利益を害し、または公務の遂行に著しい支障を生ずるおそれがあるもの（220条4号ロ）がある。公務員の職務上の秘密とは、公務員が職務上知りえた非公知の事項であって、実質的にもそれを秘密として保護するに値すると認められるものをいい、また、公共の利益を害し、または公務の遂行に著しい支障を生じるおそれは、単に文書の性格から公共の利益を害し、または公務の遂行に著しい支障を生ずる抽象的なおそれがあることが認められるだけでは足りず、その文書の記載内容からみてそのおそれの存在することが具体的に認められることが必要であるとされる（最決平成17・10・14民集59-8-2265）。第3に、医師などの職務上の守秘義務事項や技術もしくは職業上の秘密事項（197条1項2号・3号参照）で、黙秘義務が免除されていないものが記載された文書（220条4号ハ）がある。第4に、もっぱら所持者の利用に

供するための文書（国または地方公共団体が所持する文書にあっては公務員が組織的に用いるものを除く。220条4号ニ）がある。これを、自己使用文書などという。自己使用文書該当性の判断基準としては、①もっぱら内部の事務処理上の便宜のために作成され、外部の者に開示することを予定していないこと（形式要件）、②開示するとプライバシー侵害や自由な意思形成の阻害など、所持者に見過ごすことのできない不利益が生じるおそれのあること（実質要件）、③開示すべき特段の事情のないこと（例外要件）によるべきものとされる（最決平成11・11・12民集53-8-1787〔百選69事件〕）。第5に、刑事事件に関する訴訟に関する書類もしくは少年の保護事件の記録またはこれらの事件において押収されている文書（220条4号ホ）がある。提出を申し立てられた文書が、220条4号イ～ニの除外文書のいずれかに該当するかの判断のため必要なときは、裁判所は文書所持者にその文書を提示させることができる（223条4項：イン・カメラ手続）。この手続は、文書の記載内容が秘密に属するか否かの事実認定を行うもので、文書の秘密が漏れないように、当事者をも除外して完全な非公開で審理される。審理の結果、申立てに理由があると認めるときは、決定で所持者に対して文書提出命令を下す（223条1項前段）。文書のうち、取り調べる必要のない部分または提出義務を認めることのできない部分については、除外して提出を命じることができる（223条1項後段）。これに対して、221条1項所定の事項が不明であるときは、申立てを却下する決定を下す。これらの決定に対しては、即時抗告をすることができる（223条7項）。

(5) 書証の提出拒否など

　当事者が文書提出命令に従わない場合、または、相手の使用を妨げる意図で提出義務ある文書を滅失ないし使用できなくさせた場合、申立人が記載内容を具体的に主張できる場合には、裁判所は、当該文書の内容と成立に関する申立人の主張を真実と認めることができる（224条1項2項）。また、申立人が当該文書の記載につき具体的な主張をすること、ほかの代替的な証拠により証明することが著しく困難である場合には、裁判所は、証明主題そのものに関する申立人の主張を真実と認めることができる（224条3項）。なお、第三者が命令に従わない場合は、決定で20万円以下の過料に処する（225条1項）。

[6] 検証

　検証とは、裁判官がその五感の作用によって対象である検証物の性状を検査して証拠資料を取得する証拠調べをいう（232条以下）。検証の目的物を所持する相手方または第三者は、検証に協力すべき義務を負い、検証物提示命令を受けた所持者は、目的物を裁判所に提示するか、その所在場所での検証実施を受忍しなければならない。この検証物提示義務は一般義務と解されている（232条参照）。検証の手続は書証に準じる（232条1項）。検証の申出者が検証物を所持していれば、これを提出する（232条1項・219条）。検証の申出者が検証物を所持していないときは、検証物提示命令の申立てをするか（232条1項・223条）、検証物の送付嘱託の申立てをする（232条1項・226条）。なお、正当な理由なく検証物提示命令に従わない場合、文書提出命令違反と同様の制裁が課される（232条2項3項）。

[7] 調査の嘱託

　証拠調べの対象となる事実や経験則の性質を考慮し、これらについて信頼性の高い知見を有する団体に対して、事実や知識の報告を求めることを調査嘱託という（186条）。嘱託を受けた公私の団体は、それに回答する公的な義務を負うことになる。この嘱託行為自体は職権で行うことができるものの、回答は口頭弁論に示されて、当事者に意見を述べる機会を与えなければ、そのままでは証拠資料とならないとされる（最判昭和45・3・26民集24-3-165）。

[8] 証拠保全手続

　証拠保全制度（234条以下）の内容については、第3章2節Cで説明しているため、ここでは手続についてのみ説明する。
　管轄裁判所は、訴え提起前であれば、尋問を受けるべき者もしくは文書を所持する者の居所または検証物の所在地を管轄する地方裁判所または簡易裁判所（235条2項）、訴え提起後であれば、当該証拠を使用すべき審級の裁判所（235条1項本文）となる。また、最初の口頭弁論の期日が指定され、または事件が弁論準備手続もしくは書面による準備手続に付された後、口頭弁論の終結に至るまでの間は受訴裁判所（235条1項ただし書）であり、急

迫の事情のある場合は尋問を受けるべき者もしくは文書を所持する者の居所または検証物の所在地を管轄する地方裁判所または簡易裁判所（235条3項）にも認められる。

　証拠保全の手続は、訴訟係属前は申立てにより、また、訴訟係属後は申立てまたは職権により、決定でもって開始される（237条）。この証拠保全決定は、当該証拠を取り調べる旨の証拠決定を兼ねる。相手方が指定できない場合、裁判所は特別代理人を選任することができる（236条）。証拠保全決定に基づく証拠調手続は、証人尋問、当事者尋問、鑑定、書証、検証の手続によって行われる。証拠調べの期日には、申立人および相手方の双方を呼び出さなければならない（240条）。証拠保全手続における証拠調べの結果は、本訴訟で行われた証拠調べと同一の効力を有する。ただし、証拠保全手続において尋問をした証人について、当事者が口頭弁論における尋問の申出をしたときは、裁判所はその尋問をしなければならない（242条）。証拠保全決定に対しては不服を申し立てることができないが（238条）、却下決定に対しては抗告をすることができる（328条1項）。

注）

1) 兼子一『新修民事訴訟法体系〔増訂版〕』（酒井書店、1965）197-198、新堂幸司『新民事訴訟法〔第5版〕』（弘文堂、2011）470など
2) 村松俊夫『民事裁判の研究』（有信堂、1955）151、菊井維大『民事訴訟法（上）〔補正版〕』（弘文堂、1969）161、三ヶ月章『民事訴訟法』（有斐閣、1959）157など
3) 竹下守夫「弁論主義」小山昇ほか『新演習法律学講座12―演習民事訴訟法』（青林書院、1987）375など。なお、高橋宏志『重点講義民事訴訟法（上）〔第2版補訂版〕』（有斐閣、2013）410以下
4) 二羽和彦「弁論主義を考える」法学新報108巻9＝10号（2002）403以下など
5) 中野貞一郎「弁論主義の動向と釈明権」『過失の推認〔増補版〕』（弘文堂、1978）215など
6) 梅善夫「民事訴訟における信義誠実の原則」伊藤眞＝山本和彦編『民事訴訟法の争点』（有斐閣、2009）16以下など
7) 高橋宏志『重点講義民事訴訟法（下）〔第2版補訂版〕』（有斐閣、2014）165以下、185、中西正「判批」判例評論507号25など

コラム ディスカヴァリー手続導入への期待

　製造物責任訴訟、消費者被害訴訟などにおいて、情報や資料の乏しい原告に対して、被告たる企業や病院などは事実関係を十分に把握しており、それを裏付ける資料を独占しているという証拠の偏在が問題視されて久しい。その対応策として、証明責任を負わない当事者に事案解明義務を課すという方向性もあるが、相手方の独占している資料への直截的なアクセスを確保することも重要である。わが国では、この点につき、文書提出命令制度の改正など多くの立法的措置がなされ、また、裁判所も運用の工夫で対応している。しかし、個別的対応を基本とする制度自体の限界もあってか、今一歩の感がある。

　こうした中で参考になるのが、アメリカのディスカヴァリー手続である。これは、訴訟においてもフェア・プレイが必要であるとの理解の下に、訴え提起後に、質問書、証言録取書、文書提出要請などの方法で、各当事者が、相手方の有する証拠に関する情報や資料を直截かつ網羅的に獲得する手続である。これにより、両当事者が同等の情報・資料に基づき、対等の立場で訴訟を戦えるようになるのであり、古くはフォード・ピント製造物責任訴訟や、近くはマクドナルド・コーヒー消費者訴訟で、一市民が大企業に勝訴することを可能としている。

　ディスカヴァリー手続にも、費用の増大や裁判所の負担などの問題がないわけではないが、それでもなお、わが国に導入し、民事訴訟制度をさらによいものとするだけの価値が、十分に肯定できよう。

もっと知りたい方へ
- ジョン・グリシャム著／白石朗訳『原告側弁護人』（新潮社、1996）
- ジョナサン・ハー著／雨沢泰訳『シビル・アクション——ある水道汚染訴訟（上）（下）』（新潮社、2000）

知識を確認しよう

問題

(1) 弁論主義の根拠について説明しなさい。
(2) 弁論主義の3つの内容について説明しなさい。
(3) 訴訟における信義則の形態と具体例をまとめなさい。
(4) 裁判上の自白の撤回が認められる場合とその根拠を検討しなさい。
(5) 所有権に基づく動産引渡請求訴訟において、被告が即時取得の抗弁を提出した場合に、原告および被告はそれぞれどのような事実を主張・立証しなければならないか。
(6) 文書提出義務が認められる場合と、認められない場合について説明しなさい。

解答への手がかり

(1) 弁論主義と職権探知主義について理解したうえで、民事訴訟において、弁論主義が原則として採用されている根拠について考えてみよう。
(2) 貸金返還請求訴訟などの具体的事例を用いて、弁論主義の3つの内容について考えてみよう。
(3) 信義則の形態を4つないし5つに分類したうえで、裁判例などを参照して、具体的な事案を考えてみよう。
(4) 裁判上の自白の効果であるいわゆる不可撤回効の根拠を検討したうえで、①形而上罰すべき他人の行為による場合、②相手方の同意がある場合、③自白が反真実かつ錯誤に基づく場合につき、撤回を認める理由を考えてみよう。
(5) 主張責任・証明責任の分配基準に従い、原則的な分配のあり方を検討したうえで、民法の定める推定規定の働きで、どのように証明責任が軽減されているかを考えてみよう。
(6) 文書提出命令の制度について理解したうえで、特に一般提出義務文書の提出義務が免除される場合の理由について考えてみよう。

第5章 訴訟の終了

本章のポイント

1. 本章では、「裁判によらない訴訟の完結」(第2編第6章参照)および「判決」(第2編第5章参照)に関する民事訴訟法上のルールについて学ぶ。
2. 私的自治の原則が妥当する民事訴訟においては、訴えが提起され訴訟が開始したとしても、当事者の意思により途中でこれを終わらせることができる。具体的には、訴えの取下げ、訴訟上の和解、請求の放棄・認諾といった方途が用意されている。
3. 他方、訴訟は判決によっても終了する。判決が言い渡されこれが確定すると既判力という制度上の拘束力が生じる。既判力に関する議論は民事訴訟法学習においても最重要テーマの1つである。

1 当事者の行為による訴訟終了

　民事訴訟においては、訴訟手続の開始やその審判範囲の特定、さらには訴訟の終了方法について、当事者の自律的判断による決定権限とその判断についての自己責任が認められ、裁判所はその当事者の決定に拘束される。このような民事訴訟における基本原則を、処分権主義という。元来、民事訴訟の対象となる私法上の権利については、その発生、内容の変更、消滅についての、当事者の意思に基づく自由な処分権が認められている（私的自治の原則）。このような私的自治は、単に実体法上の権利や法律関係を自由に処分することができることを意味するだけではなく、これらをめぐる争いが生じた場合においてその紛争を、民事訴訟を利用して解決するのか否か、また民事訴訟を利用するとしてもどの限度で利用するのか、という点についても、当事者の自由な意思による決定権限が認められるのである。このように、処分権主義とは、実体法における私的自治の原則が訴訟手続においても反映されたものと捉えられる。

　したがって、当事者の意思に基づいて開始された訴訟手続は、その終了方法についても、必ずしも終局判決によらずに当事者の自主的な判断に基づいてこれを終了させることができる。このことは法によっても認められているところであり、民事訴訟法第2編第6章は、「裁判によらない訴訟の完結」という章題の下に、訴えの取下げ（261条）、訴訟上の和解（264条・265条・267条）および請求の放棄・認諾（266条）という当事者の意思に基づく訴訟の終了方法について規定している。実務的にも、通常事件のうち終局判決によって地方裁判所の第1審手続が終了する割合は全体の半数以上あり、判決によらない訴訟の終了はよく用いられている。

A　訴えの取下げ
[1] 意義
　訴えの取下げとは、訴え（または反訴）によって定立された審判要求を撤回する旨の、原告（反訴の場合は反訴原告たる被告）による裁判所に対する訴訟行為であり、その性質は意思表示である。

実際には、訴訟係属中であっても、当事者間において紛争解決に向けた裁判外での交渉が継続して進められていることも多いところ、当事者間で裁判外の和解（民695条）が成立するような場合には、当事者双方ともに以後の訴訟手続を進める必要性を感じないこともあり、そのような場合においては訴えの取下げによって訴訟を終了させることが多いと考えられる。なお、実際の終局区分においても、訴えの取下げによる終局割合は比較的高いが、これには不熱心訴訟追行に対する制裁としての訴えの取下げ擬制（263条）も含まれているという点に留意しておく必要がある。

　訴えの取下げは訴訟行為である以上、取下げには条件を付すことはできず（最判昭和50・2・14金法754-29）、また、いったん効力を生じると撤回は許されない。もっとも、原告の意思表示による訴訟行為であることから、意思表示に瑕疵がある場合についての処遇をいかに解すべきかについては見解が分かれる。伝統的な理解は、法律行為とは異なり訴訟行為であることから手続の安定要求を重視して、民法95条・96条などによる無効、取消しの主張を許さない。判例も、例外的に訴えの取下げが詐欺・脅迫などの刑事上罰すべき他人の行為に基づいてなされた場合に限り、民事訴訟法338条1項5号の法意に照らして、取下げを無効とする（最判昭和46・6・25民集25-4-640〔百選91事件〕）が、取下げを無効としても取下げ後それを基礎としてさらに手続が進展しているわけではないので、手続の安定性は害されるわけではないといったことを理由に、意思表示の瑕疵を理由とする無効・取消しを認める見解も今日では有力である。

　手続外で行われた訴えを取り下げる旨の当事者間の合意も、その存在が被告によって訴訟上証明された場合には、当事者の効果意思どおりに、訴えの取下げと同様の効果が認められる（訴え取下げ契約）。

[2] 要件

　訴えを取り下げるかどうかは、原告の自由に任される。したがって、職権探知主義が採用され、請求の放棄・認諾が許されない事件（人訴19条2項）であっても、訴えの提起自体が原告の意思に委ねられている以上、もはや審判を欲しくなくなったのであれば、その意思を尊重して訴えの取下げをすることは可能である。もっとも、訴えの提起自体が1人の原告の意思では

できない固有必要的共同訴訟の場合には、取下げもまた1人の原告ではできない（最判平成6・1・25民集48-1-41）。

原告は、第1審係属中はもとより上訴審においても、終局判決が確定するまではいつでも訴えを取り下げることができる（261条1項）。もっとも、相手方が本案について準備書面を提出し、弁論準備手続において申述し、または口頭弁論するなど、本案についての主張などをした後においては、相手方の同意を得なければ訴えの取下げは効力を生じない（261条2項）。このように原告のする訴えの取下げ行為に要件が加重されている趣旨については、原告に訴えの取下げの自由を認める一方、相手方である被告が本案についての主張などをした後にあっては、被告にも本案について請求棄却判決を得て、原告の請求に理由がないことを既判力をもって確定することに利益を有することから、この利益を保護することによって、当事者双方の利益の均衡を図ったものと理解されている。

また、訴えの取下げは原告による訴訟行為であることから、原告に訴訟能力のあることを要し、被保佐人や代理人がする場合には特別の授権を要する（32条1項1号・55条2項2号）。

訴えの取下げは、数個の請求のうち1個を取り下げることができることには問題はない（261条1項の文言からも明らか）が、数量的に可分な1個の請求の一部分の請求の取下げについては見解が分かれる。いわゆる一部請求肯定説の立場からは、訴えの一部取下げとしてこれを認めることができる（この場合には相手方の同意要件が必要となる）が、一部請求否定説の立場からは、請求の一部放棄ないしは訴えの変更（この場合には相手方の同意要件は不要）として構成することとなる。

[3] 手続

訴えの取下げは、裁判所に対する意思表示であり、慎重になされるべきであることから、原則として書面によることとされている（261条3項）が、口頭弁論などの期日においては口頭ですることもできる（同項ただし書）。また、訴えの取下げにつき相手方の同意を要する場合には、取下げが書面でなされたときはその書面を、口頭でされたときは（相手方がその期日に出頭した場合を除き）その期日の調書の謄本を相手方に送達しなければならない

(同条4項)。

訴えの取下げについての相手方の同意についても、裁判所に対し、書面または口頭でなされるべきである。

[4] 効果

訴えの取下げの効果としては、①訴訟係属の遡及的消滅と、②再訴禁止効とがある。

(1) 訴訟係属の遡及的消滅

訴えの取下げがあると、訴訟は初めから係属していなかったものとみなされる（262条1項）。したがって、当事者の攻撃防御方法の提出の効果、訴訟告知の効果、応訴管轄の効果も消滅し、裁判所の証拠調べや裁判も失効する。

もっとも、事実や事実の記録（調書）が物理的に消滅するわけではないから、調書をほかの裁判での書証として用いることはできる。また、取り下げられた訴えとの関係でほかの請求につき既に生じていた関連裁判籍（7条・47条・146条1項など）は、管轄の判断の基準となる後者の起訴当時に前者の訴訟が係属していた以上、前者の取下げによっても消滅しない（15条）。

訴訟行為に基づく実体法上の効果、すなわち時効中断効（民149条）や出訴期間遵守の効果などもまた、取下げによって消滅するが、抗弁として主張されていた相殺の効果や、取消しや解除といったほかの形成権の行使の効果をどのように考えるかについては争いがある。

訴訟費用の負担者と額は、申立てにより決定手続で裁判される（73条）が、原則として、原告が敗訴者と同視されて費用負担者となる。

(2) 再訴禁止効

本案について終局判決が言い渡された後に訴えの取下げがなされた場合、当事者は同一の事件について再度訴えを提起することができなくなる（262条2項）。これを再訴禁止効という。

本案について終局判決が言い渡された後にする訴えの取下げに再訴禁止効が生じる趣旨については、大別して取下濫用制裁説と再訴濫用防止説という2つの考え方が唱えられている。取下濫用制裁説とは、訴えが取り下げられることにより、本案の審理に関与し判決まで下した裁判所の労苦を

徒労に帰せしめたことについての原告に対する「制裁」と捉える立場であり、学説上は多数説といえる。これに対し、再訴濫用防止説の立場は、訴えの取下げと再訴が繰り返されることにより相手方や裁判所が翻弄されることへの弊害から、ひとたび訴えを取り下げておきながら再度訴えを提起するのは訴権濫用に当たると説く。取下濫用制裁説に対しては、終局判決後にする訴え取下げ行為が非難の対象であるにもかかわらず、取下げ行為自体を法が認めていることは立法としての一貫性を欠くといった批判が挙げられる。他方、再訴濫用防止説に対しては、訴えの取下げと再訴の繰り返しといった事態は病理的にはありえても制度の理解としては極端であるといった批判があり、いずれも一長一短であることは否めないが、相互に矛盾するものとして主張されるものでもない。判例も、この両者の折衷的立場に立っている（最判昭和52・7・19民集31-4-693〔百選A29事件〕）。

　再訴禁止効が生じる趣旨については諸説あるが、その適用範囲については、取下濫用制裁説、再訴濫用防止説のいずれの立場からも、これを限定的に解すべきとの主張がなされている。例えば裁判外の和解が成立したことにより訴えの取下げがなされた場合には、上訴審の訴訟経済にも合致するし、当事者も既になされた本案判決を考慮して裁判外の和解をすることもあるとすると裁判所の労苦が全く無駄になるわけでもないからである。そこで近時では、取下濫用制裁説、再訴濫用防止説という立場の違いにかかわらず、「同一の訴え」の判断に際しては、当事者の同一性・訴訟物の同一性のみならず、原告に再度の訴え提起を必要ならしめた事情の同一性まで加味して判断し、再訴の提起を正当化できる新たな利益ないしは必要性がある場合には、再訴の禁止に触れないとして、再訴禁止効の働く範囲を限定的に解するのが一般的な理解であり、判例も同様の立場に立っている（前掲最判昭和52・7・19）。

　なお、この再訴禁止効が、従前の当事者からの承継人に対しても拡張されるかについては、見解が分かれる。多数説は、既判力の主観的範囲（115条1項3号参照）の場合に類似性を求め、特定承継人にも再訴禁止効が拡張されると解する（大阪地判昭和36・2・2判時253-34もこの立場に立つ）が、既判力との類似性を否定し、あるいは取下濫用制裁説の立場から原告に課せられる「制裁」という側面を強調して、再訴禁止効は特定承継人には拡張さ

れないとする説も有力に唱えられている。

B 訴訟上の和解
[1] 意義
　訴訟上の和解とは、訴訟の係属中に口頭弁論などの期日において、両当事者が裁判所の面前で訴訟を終了させるため互いに譲歩をして訴訟物などについての合意をすることであり、これにより訴訟は終了し、その合意の内容が調書に記載されることによって確定判決と同一の効力が生ずることとなる (267条)。

　訴訟係属中であっても期日外においてなされる和解は、裁判外の和解とされ、民法上の和解契約（民695条）としての効力しか認められない。簡易裁判所における訴え提起前の和解（即決和解、275条）は、訴訟係属を前提としていないので訴訟上の和解ではないが、裁判所の面前でなされる和解であり訴訟上の和解と同一の効力を有することから、両者をあわせて裁判上の和解と呼び、裁判外の和解と区別される。

　訴訟上の和解は、訴訟物に関する主張を当事者双方が譲り合わなければならず、相手方の主張を全面的に認めるものであれば、それは請求の放棄・認諾に過ぎない。もっとも、互譲の程度は問わず、ある請求について相手方の主張を全面的に認めても、ほかの請求や訴訟費用などで相手方の譲歩が得られれば、和解といえる。

[2] 要件
　訴訟上の和解は、当事者双方の合意により権利または法律関係の処分を伴うことから、訴訟物について当事者が自由に処分できるものでなければならない（人事訴訟事件の多くはこの自由処分性が認められないが、人訴37条・44条のような例外もある）。

　また、和解の対象となる権利関係が法律上許される性質のものであり、公序良俗に反しないものでなければならない。

　起訴前の和解が認められていることとの関係上、訴訟要件一般の具備は必要ないとされるが、確定判決と同一の効力を生じさせるために、当事者の実在および専属管轄に反しないことは必要である。また、当事者につい

ての訴訟能力も必要とされており、法定代理人・訴訟代理人が訴訟上の和解をするには、特別の授権または委任が必要である（32条2項1号・37条・55条2項2号）。

[3] 手続

　当該訴訟の口頭弁論などの期日（和解期日・口頭弁論期日、弁論準備手続期日）において、当事者双方が口頭で陳述することを要する。上告審においてもすることができる。

　訴訟上の和解が当事者の互譲によるものとはいえ、裁判所は、訴訟係属中いつでも当事者に対し和解を勧めることができる。特に和解のための期日を開くこともでき、その場合には受命裁判官または受託裁判官にさせることもできる（89条）。裁判所による和解の試みが広く認められるのは、訴訟上の和解の成立によって、当事者は自主的に円満な解決を得ることができるとともに、裁判所にとっても負担軽減につながるといった副次的な効果が得られるためであるが、和解の成立が望みがたいような場合にまでその成立を強要したり、当事者が判決を欲しているのにもかかわらず和解期日を繰り返したりするようなことがないよう、裁判所としては適切な訴訟指揮に留意する必要がある。

　なお、訴訟上の和解の紛争解決策としての有用性に着目し、訴訟上の和解の成立を促進するための方途として、2つの制度が設けられている。1つは、当事者の出頭の必要性を緩和したもので、当事者の一方が遠隔地に居住しているなどにより出頭することが困難であると認められる場合には、その当事者があらかじめ裁判所などから提示された和解条項案を受諾する旨の書面を提出し、相手方当事者が口頭弁論などの期日に出頭してその和解条項案を受諾したときには、当事者間に和解が調ったものとみなされる（264条）。もう1つは、裁定和解制度（仲裁的和解制度）とも呼ばれるもので、当事者双方が、裁判所の定めた和解条項に服する旨を記載した書面で共同の申立てを行ったときは、裁判所は紛争解決のために適当な和解条項を定めることができ（265条1項：裁定和解条項）、両当事者に裁定和解条項の内容が告知されたときに、和解が調ったものとみなさる（同条5項）。

[4] 効果

　当事者の互譲により和解が成立した場合であれ、裁定和解制度により和解が調ったものとみなされる場合であれ、いずれにせよこれらが調書に記載されることにより、確定判決と同一の効力が生じる。この「確定判決と同一の効力」として、訴訟法上の訴訟終了効、執行力（民執22条7号）、形成力を有することには学説上も異論はない。議論があるのは、これに加えて既判力まで含むものかどうかという点についてであり、古くから見解の対立がみられる。

　この問題を論じる実益としては、判決の場合とは異なり、訴訟上の和解は当事者の意思による自主的紛争解決策であることから、その成立過程において錯誤や詐欺・強迫が介在する可能性が否めないところ、その無効や取消しをどのように主張させることになるのか、ということを考える際に意義を有する。大別して、①既判力肯定説、②既判力否定説、③制限的既判力説という3つの異なる立場がある。

　既判力肯定説は、民事訴訟法267条の文言にもっとも忠実な立場で、和解による紛争解決機能を判決による場合と同程度に認めるべきであることや、訴訟上の和解の成立には裁判所が一定程度関与しており、その紛争処理機能を重視すべきであること、などを根拠とする。しかしながら、この説に対しては、無効や取消しの主張は再審事由に準じる場合（338条1項5号）以外には認められないこととなり、当事者に酷であるといった批判があり、今日では少数説といえる。

　他方、既判力否定説は、訴訟上の和解が当事者による自主的紛争解決策であることを重視する立場であり、その無効や取消しについても再審手続を経由することなく主張することができるとする。この立場は、現在の学説における多数説を形成しているものと位置付けられるが、民事訴訟法267条の文言や、和解の成立過程における裁判官の関与を軽視している、との批判もなされている。

　この両者の中間的立場ともいいうるのが、制限的既判力説である。これは、訴訟上の和解の紛争解決機能を確保すべく、基本的には既判力肯定説に立つものではあるが、当該和解に実体法上の無効・取消原因がある場合には訴訟上の和解は無効であり既判力は生じないとする見解である。判例

は、既判力肯定説に立ちつつも（最判昭和33・3・5民集12-3-381）、裁判上の和解に要素の錯誤がある場合にはこれを無効とする（最判昭和33・6・14民集12-9-1492〔百選93事件〕）ことから、制限的既判力説に立っているものと一般には評されている（なお、近時の裁判例である東京地判平成15・1・21判時1828-59は、明らかに制限的既判力説を採用する）。この説に対しては、既判力肯定説および否定説のいずれの立場からも、既判力概念を不明確にするものであるとの批判がなされている。

なお、この問題は、かつては訴訟上の和解の法的性質論との関係において論じられてきた側面もあった。すなわち、訴訟上の和解を期日における私法上の和解契約と捉え和解調書はこれを公証するものに過ぎないとする私法行為説や、訴訟上の和解は訴訟終了を目的とする訴訟契約と私法上の和解契約との二重の性格をもつとする両性説、あるいはこの2つの契約の併存を説く両行為併存説などである。これらの立場は、実体法上の無効・取消しが訴訟上の和解の無効と直結することから、既判力否定説ないしは制限的既判力説に結びつきやすい。これに対して、訴訟上の和解を私法上の和解とは全く異なる別個の純然たる訴訟上の合意（合同行為）であるとする訴訟行為説の立場では、既判力肯定説に結びつきやすい、といった議論がかつてはなされていたのである。

しかしながら、実際には訴訟行為説に立ちながら既判力否定説を唱える見解が存在するなど、訴訟上の和解の法的性質論と既判力の有無は必ずしも論理必然的に結びつくものではなく、法的性質論が訴訟上の和解をめぐる諸問題に演繹的に解決をもたらすものではないことから、今日では法的性質論自体実益のある議論ではないといった評価がなされている。

[5] 訴訟上の和解の瑕疵を争う方法
(1) 訴訟上の和解と意思表示の瑕疵

訴訟上の和解の成立過程において、意思表示に瑕疵があった場合のその主張方法について、既判力肯定説の立場に立てば、基準時前の事由である意思表示の瑕疵を主張して当該訴訟上の和解の効力を争うことは遮断効に触れることとなり、再審事由に該当する事由がある場合に限ってその効力を争うことができるに過ぎない（再審の訴えに準ずる訴えが肯定される）。他方、

既判力否定説の立場に立てば、私法上の和解の無効・取消しを主張して訴訟上の和解の効力を争うことができるのはいうまでもない。また、制限的既判力説の立場に立てば、実体法上の無効・取消原因がある場合に訴訟上の和解は無効であり既判力は生じないとすることから、既判力否定説の場合と同様に、私法上の和解の無効・取消しを主張して、訴訟上の和解の効力を争うことができることになる。

もっとも、既判力否定説ないし制限的既判力説の立場に立ち、和解の無効・取消しを争うことができるとしても、手続的にはいかなる方法によるべきか、和解が無効とされることにより、訴訟上の和解によりもたらされた訴訟終了効もまた消滅するのか、という理論的な問題とも相まって、諸説が唱えられている。

和解の無効により訴訟上の和解の訴訟終了効も同時に消滅するという理論的な立場を前提とすると、従前の訴訟（旧訴）は未だ終了していないということになることから、旧訴の期日の指定の申立てという方式（期日指定申立説）が考えられる。他方、和解の有効性をめぐる争いは旧訴とは別の紛争であると捉えると、旧訴とは別に和解無効確認の訴えや旧訴と同一の訴えを改めて提起すべし（別訴提起説）ということになる。

期日指定申立説によると、期日の申立ては旧訴の再開を求めるものであり、再開を求められた旧訴の裁判所が無効原因の有無を審理し、和解が有効であれば訴訟終了宣言判決をし、和解が無効であれば旧訴の審理を続行するということになる。この説の利点としては、和解が無効である場合に、旧訴の訴訟状態をそのまま継続することができ、手続として簡便（再審の訴えに類似する機能を簡易に果たすことができる）であることに加え、和解の有効無効の判断を、和解に関与した旧訴の裁判官が担当することができるという点である。しかしながら、この説に対しては、①和解が上級審で成立していた場合には、和解無効の審理につき審級の利益が保障されない、②期日指定申立てがなされるまでの期間が長いと旧訴の利用価値は乏しく、担当裁判官も交替している可能性がある、③和解が訴訟物以外の法律関係や訴外の第三者を含んでいたような場合には、和解無効確認の訴えによらざるを得ない、といった批判も挙げられている。

他方、別訴提起説による場合には、和解の有効無効の審理につき三審制

が保障されるというメリットがある（別訴として旧訴と同一の訴えが提起された場合であっても、請求原因に対する審理の前提として和解の有効性が争われることになる）。なお、和解無効確認の訴えにおいて和解が無効と確認された後の処理については、①旧訴は復活せず新訴を提起し争うとする見解と、②旧訴が復活し旧訴の期日指定の申立てを経て争うとする見解とがある。しかしながら、和解無効確認の訴えによる場合には、審級の利益が過度に保障され過ぎることになるとの批判や、①説によると新たな再審理を余儀なくされ訴訟不経済であるといった批判が挙げられている。

このように学説上では、救済方法については期日指定の申立てか別訴の提起かいずれか1つに絞るべきとする見解が根強く主張されているが、判例は、当事者にいずれの救済方法も認めている（選択説：大決昭和6・4・22民集10-380は期日指定申立てを、大判大正14・4・24民集4-195は和解無効確認の訴えを認める）。近時の学説においても、救済を求める者の救済要求をどのような方法で取り上げるのがもっとも適切であるのかという点が重視されるべきとして選択説は有力であり、当事者の救済方法の選択が不適切な場合には、釈明や移送（17条）によって調整しうるとする。この選択説に対しては、和解無効を主張する者の利益を重視し過ぎている、という批判がありうる。例えば、控訴審の結審直前に訴訟上の和解が成立したが、和解無効確認の訴えが選択された場合、相手方としては、和解の有効無効を争うよりも旧訴を復活させて元の訴訟物で決着をつけたいと思うこともあるのではないだろうか。そこで、理論としては、原則的方法として期日指定申立てを考えておき、単純な旧訴続行で処理しきれない場合には和解無効確認の訴えを肯定するという見解も有力である。

(2) 訴訟上の和解の解除

訴訟上の和解の内容について、その後に一方当事者による不履行があった場合に、相手方が和解契約の解除をせず、和解条項の内容の履行を求める（例えば強制執行など）ことは、訴訟上の和解の効力として執行力が認められている（民執22条7号）ことから、問題はない。それでは、相手方当事者が、私法上の和解契約を法定解除しうることに異論はないとしても、さらに訴訟上の和解をも解除することができるかについては、訴訟上の和解に私法上の和解としての要素を認め、既判力を否定する立場に立つ場合には、

当然に債務不履行に基づく解除は肯定される。他方、訴訟上の和解の効力につき既判力肯定説ないし制限的既判力説に立つ場合であっても、その後の不履行に基づく解除権の行使は、基準時（訴訟上の和解の効力発生時）後に生じた新たな事由ということができ、既判力によって遮断されないことから同じく解除は肯定される。

問題は、解除権行使の効果として、和解によって生じていた訴訟終了効も消滅する（民545条1項参照）のか否かという点についてであり、解除の訴訟上の主張方法の問題とも相まって議論のあるところである。この問題は、理論的には、解除権行使の効果として訴訟上の和解により発生していた訴訟終了効が遡及的に消滅するのか否か、という点に関わってくる問題である。

解除により訴訟終了効も消滅すると捉えるならば、従前の訴訟（前訴）は未だ終了していないということになることから、当事者としては期日指定を申し立てるということになる（期日指定申立説）。これに対して、訴訟終了効はもはや消滅せず別個の紛争が新たに生じたと捉えるならば、当事者としては新訴を提起するということになる（新訴提起説）。

期日指定申立説によると、和解の解除により訴訟終了効も消滅し、前訴が復活し審理が続行されることになる。これにより、前訴の訴訟状態を利用することができ、申立て手続が簡便であり、不履行の有無の判断の前提としての和解条項の解釈には前訴において和解に関与した裁判官が適任である、といった利点がある。他方で、不履行の有無（＝解除の有効無効）は、和解自体に付着していた瑕疵ではなく新たな紛争と捉えるべきであるにもかかわらず、場合によっては審級の利益が保障されないという難点がある。

他方、新訴提起説では、和解が解除されても訴訟終了効は消滅しない。この立場によると、和解を解除したうえで新たに提起される訴えは、前訴とは別個の新たな紛争ということになり、審級の利益が保障されるという利点があるが、他方で、前訴の訴訟状態を利用できず不便であるという難点を伴う。なお、判例はこの立場に立っており、和解を解除した当事者が前訴と同じ訴訟物を改めて後訴という形で訴求しても、二重起訴の禁止（142条）には触れないとしている（最判昭和43・2・15民集22-2-184〔百選94事件〕）。

また、訴訟終了効の消長とは別に、解除主張者に期日指定申立てと新訴提起のいずれかを選択させるという立場（選択説）も有力に唱えられている。解除主張者の意思を尊重した考え方といえるが、相手方の利益や審理充実のためには原則的な主張方法は定めておくべき、との指摘も他方ではなされている。

C 請求の放棄・認諾

[1] 意義

請求の放棄とは、訴訟物たる権利関係について自己の請求に理由のないことを自ら認めて、もはやこれを請求しない旨の裁判所に対する原告の陳述（意思表示）である。請求の認諾とは、原告の主張する訴訟上の請求の全部または一部を認める旨の裁判所に対する被告の陳述（意思表示）である。

当事者の一方が相手方の主張（請求または請求棄却の申立て）を全面的に認めて争わない意思を表明するのであれば、訴訟によって解決すべき紛争は解決されたも同然であることから、訴訟を続行する意味はないが、当事者がその表明した意思を後に翻意する可能性が残っているようであれば、相手方としては訴訟をやめるわけにはいかない。そこで、訴えの取下げとは異なり、放棄・認諾の意思の陳述内容に確定判決と同様の効力を与え（267条）、それが紛争解決基準として当事者間に通用することを保障して、訴訟を終了させることにしている。なお、請求の放棄は請求棄却判決、請求の認諾は請求認容判決と同様の効果を生じさせる。

[2] 要件

請求の放棄・認諾は、当事者の意思による自主的な紛争の解決を認めるものであるが、実体法的には、係争利益をその意思で処分することを意味することから、当事者間でその係争利益を自由に処分することができることが前提となる。したがって、当事者の自由な処分が認められない職権探知主義が採用される事件については、請求の放棄・認諾は許されない（人訴19条2項。ただし、人訴37条1項・44条といった例外もある）。なお、弁論主義が採用されるが、請求認容判決については対世効を認める会社関係訴訟（会社838条、一般法人273条以下）では、請求の放棄は許されるが請求の認諾は

許されないと解されている。

　また、請求の認諾は、訴訟物たる権利関係の存在を確定するものであるから、訴訟物たる権利関係が法律上許されないものであったり、公序良俗に反する内容である場合には、これを認めるべきではない。

　請求の放棄・認諾に当たって、訴訟要件の具備を必要とするかどうかについては争いがある。請求の放棄・認諾が本案判決に代わる訴訟終了原因であり、確定判決と同一の効力が生じる（267条）点を重視して、判決と同様の訴訟要件の具備を求めるのが多数説であるが、当事者の意思による私的な紛争解決手段であるという点を重視して訴訟要件の一部については不要とする見解も有力ではあるが、この立場でも確定判決と同一の効力を生じさせるために、当事者の実在、専属管轄に違反しないことは必要とされる。

　請求の放棄・認諾をするには、訴訟能力が要求される。法定代理人・訴訟代理人がする場合には、特別の授権または委任を要する（32条2項1号・37条・55条2項2号）。

[3] 手続

　請求の放棄・認諾の意思表示は、口頭弁論などの期日において口頭の陳述によってなされなければならない（266条）。

　口頭弁論などの期日とは、口頭弁論期日に加え、弁論準備手続期日、書面による準備手続期日、和解期日を含む。この意思表示は裁判所に対するものであることから、相手方の受領を必要とせず、相手方が在廷しない場合においてもすることができ、また相手方が拒絶しても無効にはならないと解されている。もっとも、請求の放棄については、被告による請求棄却の申立てを全面的に認めるものであることから、その申立てを待ってから認めるべきである。

　請求の放棄・認諾の陳述は、原則として現実になされる必要があるが、請求の放棄・認諾の書面を提出しながら、口頭弁論などの期日に欠席した場合には、裁判所（または受命裁判官・受託裁判官）は、その旨を陳述したものとみなすことができる（266条2項）。

　請求の放棄・認諾は、確定前であれば終局判決言渡し後でも行うことが

できる（上告審でも可能）。請求の放棄・認諾の陳述がなされると、裁判所はその要件の具備を調査し、要件を具備していないときは手続を続行する。要件を具備していれば、書記官が請求の放棄・認諾の陳述があった旨の調書（放棄調書・認諾調書）を作成し（規67条1項1号）、訴訟は終了する。

[4] 効果

　請求の放棄・認諾がなされこれが調書に記載されると、訴訟は終了し、その記載は、請求の放棄ならば請求棄却の、請求の認諾ならば請求認容の「確定判決と同一の効力」を生じる（267条）。
　この「確定判決と同一の効力」がいかなる効力を意味するかについては、給付訴訟における認諾調書は執行力を有し（民執22条7号）、形成訴訟における認諾調書には形成力が生じることには争いはないものの、既判力については争いがある。
　請求の放棄・認諾が、当事者の自主的な紛争解決を尊重する制度であって、その無効・取消しを再審事由のある場合に限定する合理性がないし、裁判所が関与する度合いも低いので既判力を認めるべきではないとする既判力否定説も有力に唱えられている。しかしながら、訴訟上の和解の場合とは異なり、請求の放棄・認諾は、当事者間での実体的形成による争訟処理ではないこと、既判力が否定されるとすると、敗訴必至とみた当事者が一方的に放棄・認諾をすることによって相手方の確定判決を得る利益を奪うことになってしまうことなどから、請求の放棄・認諾の意思表示に瑕疵がある場合には、その無効主張や取消しを許すとしつつも、放棄・認諾調書はそのほかの点では既判力を有するとする制限的既判力説の立場が多数説といえる。判例も既判力は認めつつ（大判昭和19・3・14民集23-155）、新期日の指定を求めることができるとする（大判大正4・12・28民録21-2312）ことから、制限的既判力説の立場に立つものといえる。
　もっとも、いずれの立場によろうと、請求の放棄・認諾の無効・取消しを主張する場合には、それによる訴訟終了効もなかったことになるので、従前の訴訟の続行を求め新たな期日の指定を求めることになる。

2 終局判決による訴訟の終了

A 裁判と判決の種類
[1] 裁判の概念
　裁判とは、裁判機関がその判断または意思を法定の形式にしたがって外界に表示する手続上の行為を意味する。これには、終局判決のように当事者の申立てに対応してなされる場合だけでなく、審理に関連して生じる派生的・付随的事項（裁判官の除斥・忌避、管轄の指定など）の解決、訴訟指揮上の処分（期日指定や弁論の分離・併合など）、裁判所のする執行処分（債権差押命令、転付命令、強制競売の開始、売却許可など）など、必ずしも申立てを前提としない場合もある。裁判の行為の主体となるのは、受訴裁判所または裁判官（裁判長、受命裁判官、受託裁判官）であって、裁判所書記官や執行官の行為はたとえ裁判としての実質をもつものであっても、形式的には裁判とはみなされない（71条・110条・382条など）。

[2] 裁判の種類
　裁判は、裁判機関、成立および不服申立手続、対象事項、訴訟法上の効果および性質などの違いから、判決、決定および命令の3種類に分類される。
（1）裁判機関による区別
　判決および決定は、単独裁判官によって構成される単独体あるいは複数の裁判官によって構成される合議体、すなわち裁判所によってなされる裁判である。これに対し、命令は、裁判官が裁判長、受命裁判官または受託裁判官という資格においてする裁判である。表記上は命令となっているものであっても、裁判の形式上は決定とされるものもある（民執143条：差押命令、民執159条：転付命令、民保20条：仮差押命令、民保23条：仮処分命令など）。
（2）成立および不服申立手続による区別
　判決は慎重に下されなければならないことから、原則として口頭弁論が実施されねばならず（87条1項本文：必要的口頭弁論）、公開法廷における一定の方式に則った言渡しの方式によらなければ効力を生じない（250条。例外

として254条)。判決に対する不服申立方法は、控訴・上告である。これに対し、決定・命令は簡易迅速になされなければならないことから、必ずしも口頭弁論を経なくてもよく (87条1項ただし書:任意的口頭弁論)、裁判機関が相当と認める方法で関係人に告知することによって効力が生じる (119条)。決定・命令に対する不服申立方法は、抗告・再抗告であるが、判決の場合とは異なり常に不服申立てができるわけではない。

(3) 裁判事項による区別

判決は、訴えまたは上訴によって裁判機関の判断が求められる重要な事項について行われるのが原則である。中間の争いについても判決の形式で裁判をすることが認められている (245条) が、本来の判決とは効果の点において違いがある。他方、決定・命令は、それ以外の訴訟指揮としての処置、訴訟手続についての中間的または付随的争いの解決、民事執行・民事保全に関する事項などの処理に用いられる。

[3] 判決の種類

(1) 終局判決・中間判決

判決は、ある審級の手続を終結させる効果をもつか否かにより、終局判決と中間判決とに分けられる。

終局判決とは、ある審級の手続の終結をもたらす効果をもち、裁判所の審判の範囲によって全部判決と一部判決、原告の提示した請求内容の判断に立ち入ったかどうかによって本案判決と訴訟判決とに分けることができる。

これに対し、中間判決は、訴訟資料の一部についてのみ裁判する判決であり、当事者間で訴訟中に争いとなった事項や訴訟上の先決事項について、審級を終了させず、あらかじめ裁判所の判断を与えて訴訟関係を明瞭にし、終局判決を容易にすることを目的とする。いったん中間判決がなされると、その審級の裁判所はこれに拘束され、その主文で示された判断を前提として終局判決をしなければならない。また、中間判決に対する独立の不服申立ては許されず、不服がある場合には終局判決を待ち、これに対する上訴の中で不服を主張しなければならない (283条)。

中間判決をするか否かは、裁判所の裁量に委ねられる。中間判決をして

もよい事項には、以下の3つが挙げられる。
①独立した攻撃または防御の方法（245条1文前段）
　本案に関する争点のうち、独立に判断でき、またそうすることが審理の整理に役立つような争点に関する攻撃防御方法。
②中間の争い（同条1文後段）
　訴訟要件の存否など、訴訟手続に関する当事者間の争いのうち口頭弁論に基づいて判断すべきもの。
③請求の原因および数額について争いがある場合のその原因（同条2文）
　この場合の中間判決を原因判決ともいう。例えば、不法行為に基づく損害賠償請求における過失の存在などがこれに当たる。

(2) 全部判決・一部判決

　1つの訴訟手続において審判を求められている請求の全部についてなされる終局判決を全部判決、ほかの部分と切り離してその一部についてなされる終局判決を一部判決という。全部判決の場合には、当該審級の手続全体が同時に終了するが、一部判決の場合には一部の請求についての手続が終了するのみであり、残部についての手続は続行し当該部分についての終局判決（残部判決または結末判決という）が別途下されることになる。一部判決も終局判決であることから、その部分については独立して上訴することができるが、残部と異なる審級で審判されることにもなり、かえって不経済となり、解決も不統一になるおそれがある。したがって、一部判決をなしうること自体は明文上も明らかである（243条2項）が、これをするかどうかは裁判所の裁量に委ねられる。なお、弁論の分離が許容されることが、一部判決をする前提となる。

　裁判所が終局判決の主文で判断すべき事項の一部について判断せず、無意識に一部判決をしてしまった場合を裁判の脱漏といい、脱漏した部分はなお裁判所に係属しており（258条1項）、裁判所はこれに気づけば職権で判決（追加判決）をしなければならない。

(3) 本案判決・訴訟判決

　原告の訴訟上の請求に理由があるか否かを裁判する終局判決を本案判決といい、これは原告の請求に理由ありとする請求認容判決と、原告の請求に理由なしとする請求棄却判決とに分かれる。本案判決をするためには、

原告によって申し立てられた訴えの適否（訴訟要件の具備）を判断しなければならず、これが欠缺している場合には、訴えは不適法なものとして却下される。この訴えを却下する終局判決を訴訟判決という。訴訟要件が欠缺しているにもかかわらずなされた本案判決は違法であり、当事者はこれを上訴により争うことができる（ただし、299条）が、判決が確定した場合には再審事由に当たらない限り（338条1項）、もはや争うことはできない。

B 申立事項と判決事項
[1] 申立事項と判決事項の一致

　原告は、訴えの提起において、いかなる訴訟物について、どのような種類の権利救済（給付判決か確認判決か形成判決かなど）を、どのような範囲ないし限度において求めるのかを、訴状における「請求の趣旨」およびその判決を求めるに至る「請求の原因」（133条2項2号）の記載によって明らかにしなければならない。原告からなされたこのような審判要求を、申立事項と呼ぶ。裁判所は、この当事者からの申立事項について判決をしなければならず、逆に、当事者が申し立てていない事項や、申し立てられた事項の範囲を超えて判決することは許されない（246条）。これは処分権主義の現れであり、これにより、両当事者にとっては最終目標としての攻撃防御の対象が明らかにされる（最悪でも最終目標とされた係争利益を失うにとどまる）とともに、とりわけ相手方当事者としては、申立事項を超えるような不意打ち判決が下されることを防止することができるのである（処分権主義の不意打ち防止機能）。

　ただし、たとえば形式的形成訴訟のように、その実質において非訟的性格を有する特殊な裁判手続においては、裁判所が当事者によってなされた申立ての内容やその範囲に拘束されない場合もある。

　なお、民事訴訟法246条に違反してなされた判決は、当然に無効となるものではなく、この違法は、上訴によって取り消されうるにとどまる（この瑕疵は、判決の内容に関するものであり、訴訟手続に関する規定違反の場合の責問権の喪失〔90条〕によっては治癒されない）。

　申立事項と判決事項の一致について規定した民事訴訟法246条の適用の範囲については、①訴訟物、②原告が求める権利救済の形式、③原告の求

める権利保護の範囲の3つの面から検討する必要がある。
(1) 訴訟物
　原告が申し立てた訴訟物とは異なる訴訟物について裁判所が判決をすることは、民事訴訟法246条違反となる。したがって、民事訴訟法246条違反か否かの判断に際しては、いわゆる訴訟物理論（第3章3節C[3]参照）において説かれているいずれの理論に依拠するかで結論が分かれてくることとなる。

　この点、旧訴訟物理論に立つ判例の立場では、例えば、売買契約の法定解除を原因とした前払代金返還請求を、売買契約の合意解除に基づく不当利得返還請求（民703条）として認容すること（最判昭和32・12・24民集11-14-2322）や、約束手形の共同振出人としての被告に対する手形金支払請求を、被告による手形保証に基づいて認容すること（最判昭和36・4・25民集14-5-825）は、いずれも民事訴訟法246条違反にあたると判断している。これに対して、新訴訟物理論に立つ場合には、これらの事例はいずれも民事訴訟法246条違反にはあたらないこととなる。

(2) 権利救済の形式
　裁判所は、原告が求めている権利救済の形式にも拘束される。したがって、給付の訴えに対して確認判決を下したり、確認の訴えに対して給付判決を下したりすることは許されない。また、訴えの客観的予備的併合の場合において、主位的請求ではなく予備的請求から先に判決することも民事訴訟法246条違反となる。

　なお、現在給付の訴えに対して将来給付の判決をすることは、原告の合理的意思に合致すると思われることから、一種の一部認容判決として許される（東京地判昭和30・12・7下民集6-12-2569）。これに対して、将来給付の訴えに対して現在給付の判決をすることの適否については、学説上見解が分かれているところである。

(3) 権利保護の範囲
　原告が求めている請求額以上の金額を認容するなど、原告の求める権利保護の範囲を超えて、裁判所が原告にとってより有利な判決をすることは、民事訴訟法246条違反となる。他方で、原告が求める権利保護の範囲内において、裁判所がその請求の一部を認める判決（一部認容判決）を下すこと

については、これが原告の合理的意思に合致し（全部棄却よりも一部でも認容されるほうが望ましい）、かつ、被告にとって不意打ちとならない限りにおいては、訴訟制度の効率的運営といった観点からも許されるべきである。

[2] 一部認容判決
(1) 量的一部認容判決

　原告の求める権利保護の量的範囲についてなされる量的一部認容については、一般論として、原告の合理的意思に反しないと考えることができ、被告にとっても不意打ちにはならないと考えられる。例えば、1000万円の金銭支払請求を求める訴えにおいて、債権額が600万円であると認められるときは、請求を全部棄却するのではなく、600万円の限度で一部認容判決をすべきである。同様に、登記の全部抹消を求める請求に対して、一部抹消を命ずる判決も許される（最判昭和38・2・22民集17-1-235）。このことは給付訴訟の反対形相である債務不存在確認の訴えの場合でも同様で、例えば、債務が200万円を超えては存在しないことの確認を求める訴えにおいて、残債務額が300万円であると認められる場合には、裁判所は、債務は300万円を超えては存在しないことを確認する一部認容判決をしなければならない（最判昭和40・9・17民集19-6-1533〔百選76事件〕。これに対し、残債務は100万円であるとの結論に達しその旨の確認判決を下すことは民事訴訟法246条違反となる）。

　また、正当事由による賃貸借契約の更新拒絶または解約に基づく不動産の明渡請求においては、財産上の給付（立退料の支払）の申出が正当事由の判断の補完要素となりうる（借地借家6条・28条）ところ、たとえば賃貸人が200万円の立退料の支払いと引換えに家屋の明渡しを求めている場合に、とくに反対の意思がうかがえない限り、賃貸人は必ずしも申出額にこだわることなく、当該申出額と格段の相違のない一定の範囲内で裁判所が相当と認める立退料の支払いを提供する趣旨であると解して、例えば、250万円の支払いと引換えに家屋の明渡しを命じる判決を下すことも許される（最判昭和46・11・25民集25-8-1343〔百選75事件〕。これに対して、150万円の立退料の支払いと引換えに家屋の明渡しを命じる判決は246条違反となる）。

(2) 質的一部認容判決

　請求の質的一部についてなされる質的一部認容についても、当事者の合理的意思を基準として、必要があれば当事者の意思を確認しながら行われるべきである。例えば、無条件の給付請求に対して、被告が同時履行の抗弁権（民533条）や留置権の抗弁（民295条）を主張し、この成立が認められるときには、裁判所は請求棄却判決をするのではなく、引換給付判決をすべきであるとされている（大判明治44・12・11民録17-772〔同時履行の抗弁権〕、最判昭和33・3・13民集12-3-524、最判昭和47・11・16民集26-9-1619〔留置権の抗弁〕）。また、建物収去土地明渡請求に対して、被告が建物買取請求権（借地借家13条）を行使した場合に、一部認容判決として、裁判所は建物の代金の支払いと引換えに、建物収去土地明渡に代えて建物退去土地明渡を命じることができる（最判昭和33・6・6民集12-9-1384）。

(3) 一時金賠償と定期金賠償

　処分権主義との関係では、原告が一時金賠償請求を求めている場合に、裁判所が定期金賠償の支払を命じる判決を下すことができるか（あるいはその逆も）という問題も生じうる（肯定例として、東京地判平成8・12・10判時1589-81参照）。定期金賠償の場合、判決後の債務者の資力悪化のリスクに原告はさらされる危険があり得ることから否定的に解する見解も存在する一方、一時金賠償の場合には賠償額が過少または過多になり当事者間の公平を害するおそれもあるとの指摘もある。処分権主義の機能に鑑みると、原則的にはこれを否定しつつも、裁判所としては、釈明を通じて適切な賠償方式を選択すべきであろう。

C　判決の成立と確定

[1] 判決内容の確定

　判決内容は、その判決の基本となる口頭弁論に関与した裁判官により構成される裁判所によって確定されなければならない（249条1項：直接主義）。したがって、弁論終結前に裁判官が代わったときには、当事者は従前の口頭弁論の結果を陳述しなければならない（同条2項：弁論の更新）。また、弁論終結後、判決内容を確定する前に裁判官が代わったときは、弁論を再開（153条）したうえで、弁論を更新して判決をする必要がある。

単独体の場合には、口頭弁論に関与していた当該裁判官1人が判決内容を決めればよい。これに対し、合議体の場合には、合議体を構成する裁判官の評議・評決を経て判決内容が決定される。評議は、裁判長がこれを開始・整理し、秘密に行い（裁75条）、判決の結論を導くために必要な事実認定および法規の解釈適用のすべてについて行う。裁判官はこれらについて必ず自分の意見を言わなければならない（裁76条）。裁判官の意見が一致しないときは評決を行うが、評決は原則として過半数の意見による（裁77条1項。数額について意見が3説以上に分かれた場合につき、同条2項1号参照）。

[2] 判決書の作成

　判決内容が確定すると、裁判所は判決書（判決原本）を作成し、これに基づいて言い渡すのが原則である（252条）。
　判決書の記載事項には、以下のものがある。
①主文（253条1項1号）
　訴えの適否ないし請求の理由の有無についての判決の結論を簡潔かつ明確に表示するもので、訴訟費用に関する裁判（67条）や仮執行宣言（259条）などを含む。
②事実（同条1項2号・同条2項）
　請求を明らかにし、請求に対する主文が正当であることを示すのに必要な主張を摘示する。
③理由（同条1項3号）
　事実の確定と法律の適用により主文の結論を導き出した経路を明らかにする。
④口頭弁論終結の日（同条1項4号）
　既判力の基準時を明らかにする。
⑤当事者および法定代理人（同条1項5号）
　判決効の主観的範囲を明らかにするとともに、送達の名宛人も明らかにする（102条1項）。なお、必要的記載事項ではないが、訴訟代理人も記載するのが実務慣行である。
⑥裁判所の表示（同条1項6号）
　判決書には、評決に関与した裁判官の署名押印がなされる（規157条1項）。

[3] 判決の言渡し

　判決が効力を生じるには、言渡しが必要である（250条）。判決言渡期日は、口頭弁論終結の日から2か月以内でなければならない（251条1項）。言渡期日はあらかじめ裁判長が指定し（93条1項）、裁判所書記官を通じてあらかじめ当事者に通知し（規156条本文）、双方当事者を呼び出すが、当事者の一方または双方が出頭しない場合でもできる（251条2項）。

　言渡しは、判決言渡期日に、公開の法廷で（憲82条1項、裁70条）、判決裁判所を構成する必要な数の裁判官が出席して、裁判長が主文を朗読して行う（規155条1項）。判決書に基づいて言い渡すのが原則である（252条）が、当事者間に実質的に争いのない事件（被告が口頭弁論において原告のした主張を争わず、その他何らの攻撃防御方法も提出しない場合や、公示送達を受けて口頭弁論に出頭しない場合）および少額訴訟事件においては、判決書によらないで判決を言い渡すことも認められる（254条1項・374条1項2号）。判決書に基づかないで言渡しをしたときは、判決書の作成に代えて、裁判所書記官に、当事者および法定代理人、主文、請求並びに理由の要旨を、判決の言渡しをした口頭弁論期日の調書（判決書に代わる調書）に記載させる（254条2項・374条2項：調書判決）。

[4] 判決の送達

　判決の言渡し後、裁判長は遅滞なく判決原本を裁判所書記官に交付し、裁判所書記官はこれに言渡しおよび交付の日を付記して押印しなければならない（規158条）。裁判所書記官はさらにその正本を作成し（調書判決の場合は調書の謄本）、これを言渡しまたは交付の日から2週間以内に当事者に送達する（255条2項、規159条）。判決に対する上訴期間は、当事者が判決書または調書の送達を受けた日から起算される（285条・313条）。

[5] 形式的確定力

(1) 判決の確定

　終局判決が、上訴などの通常の不服申立方法によって、もはや取り消される余地がなくなると、判決は確定する。これを判決の効力の面からみて、形式的確定力という。

(2) 判決の確定時期

　判決は、通常の不服申立方法（控訴・上告・手形判決に対する異議）が尽きたときに確定する。したがって、そもそも上訴が許されない判決（例えば、上告審の終局判決など）については、その言渡しとともに確定する。また、終局判決の前に不控訴の合意（この合意の適法性をめぐっては争いがあるところではあるが、今日では適法と解するのが通説的見解である）がある場合についても、判決言渡しをもって判決は確定する。他方、上訴が許される判決については、上訴期間など（285条・313条・357条）が経過したとき（116条1項）、もしくは上訴提起がなされたが上訴期間などの経過後にこれを取り下げた場合、または上訴却下の判決がなされこれが確定したときには、原判決は上訴期間などの経過時にさかのぼって確定する。また、上訴期間などの経過前であっても、上訴権などを有する当事者がこれを放棄すれば（284条・313条・358条）その時点で判決は確定する。当事者が適式に上訴などを提起すれば原判決の確定は遮断される（116条2項）が、後に上訴棄却判決が下されこれが確定したときには、原判決も確定する。

(3) 判決の確定証明

　判決が確定すると、後訴との関係で既判力を主張したり、判決の内容によっては戸籍の届出（戸63条・69条）や登記の申請（民執174条1項・不登63条1項）などをすることができるが、判決正本だけからでは判決が確定しているか否かが明らかではない。このような場合には、判決が確定していることの証明が別途必要となり、現に訴訟記録を保管する裁判所の裁判所書記官に対し、判決確定証明書の交付を請求することができる（規48条）。

(4) 定期金賠償を命ずる確定判決の変更を求める訴え

　口頭弁論終結前に生じた損害につき定期金方式による賠償を命じた判決が確定した後に、損害額の算定の基礎となった事情（後遺障害の程度や賃金水準など）に著しい変更が生じた場合には、その判決の変更を求める訴えを提起することができる（117条）。これは、確定判決によって支払いを命じられた損害賠償がその基盤を失った場合においてもなお、当事者をこの確定判決の既判力に拘束するのは不当であり、当該判決の内容を事後的に修正して当事者間の利害の調整を図ることが公平であるとの考慮から認められたものである。

この訴えの法的性質については、確定判決の損害賠償額の変更のみを求める訴訟法上の形成の訴えと解されている。変更の訴えが認められるためには、①口頭弁論終結前に既に生じている損害につき定期金方式による賠償を命じた判決であること、②当該判決が確定していること、③前訴の口頭弁論終結後に損害額の算定の基礎となった事情に著しい変更が生じたことの3つの要件が必要とされる。

　この変更の訴えをめぐっては、例えば、土地所有者の不法占拠者に対する将来の賃料相当損害金の支払請求が認容されこの判決が確定した後に、公租公課の増大、土地の価格の高騰、または近隣の土地の賃料との比較において、その認容額が不相当となった場合のように、将来履行期の到来する損害賠償義務についても民事訴訟法117条の類推適用の余地があるかが争われているが、学説ではこれを肯定する見解が有力である。

D　判決の効力
[1]　判決の自己拘束力

　言渡しによって判決が成立すると、その確定を待たず、判決をした裁判所はもはや判決の撤回や変更をすることができなくなる。これを成立した判決の効力とみて、自己拘束力（不可撤回性・自縛性）という。成立した判決は、①その確定を条件として内容的効力を生ずべきものであり、②また確定を待たず、その内容は仮執行（259条）の基準となり、さらに③上訴で争うかどうかの判断対象となる。とはいえ、判決の表記や内容に明白な誤りがある場合にまで、常に上訴でこれを争わなければ変更が許されないというのではかえって当事者の利益を害することになり、また上級審の負担が不必要に増大する。そこで、法は一定の要件の下に、判決裁判所自らが判決を更正あるいは変更することを認めており、その限りにおいて判決の自己拘束力は緩和されている。

　判決に計算間違い、書き損じ、その他これに類する明白な表現上の誤りがある場合には、裁判所はいつでも申立てまたは職権で、簡易な決定手続により、更正決定をすることができる（257条1項）。この誤りは、明白であれば、裁判所の過失によるものか当事者の誤った陳述によるものかを問わない（最判昭和43・2・23民集22-2-296）。

また、判決裁判所自らが、判決が法令に違背したことを発見した場合には、言渡し後1週間以内であって未確定であり、変更をするに当たり口頭弁論を開く必要のない場合に限り、職権で判決を変更することができる（256条：変更判決）。

[2] 裁判の覊束力

判決に限らず裁判一般における判断内容が、種々の手続内的要請から、当該事件の手続内においてほかの裁判所を拘束することが認められており、これを裁判の覊束力という。

事実審の事実認定の上告審（法律審）に対する拘束力（321条1項）、原裁判所の裁判の取消または破棄の事由となった上級審の判断の差戻しや移送を受けた下級審に対する当該事件限りでの差戻判決の拘束力（裁4条、325条3項）、移送決定の受移送裁判所に対する拘束力（22条）などがこれに当たる。

[3] 判決の無効
(1) 判決の不存在

裁判官でない者（裁判所書記官や司法修習生など）の言い渡した判決や、裁判官が作成しても未だ言い渡されていない判決などは、そもそも判決としては存在していない。このような判決は、自己拘束力も生じていないことから、裁判所は別個に適法な判決を言い渡すことができる。外形上存在する給付判決に執行文が付与され強制執行の危険が生じれば、執行文付与に対する異議（民執32条）で争うことになる。

(2) 瑕疵ある判決・判決の無効

判決が裁判官によって作成され言い渡された場合には、たとえ手続や判決内容に瑕疵があるとしても（瑕疵ある判決）、判決による紛争処理の安定性維持の見地からは、当然に無効というわけにはいかない。適法に成立した以上、自己拘束力も生じることから、当事者は上訴によってその瑕疵を争うことができるにとどまり、判決確定後は再審によってのみ争いうるに過ぎないのが原則である。

もっとも、手続上は有効に成立し存在している判決であっても、既判力・

執行力・形成力などの内容上の効力を認めえない場合があり、これを判決の無効という。実在しない者を当事者とした判決、治外法権者に対する判決、当事者適格のない者の得た形成判決などがその例として挙げられている[1]。

(3) 確定判決の不当取得（騙取）

当事者が、相手方や裁判所を故意に欺いて確定判決を取得することを、確定判決の不当取得（騙取）という。このような場合に、再審を経ることなく、判決の無効として後訴での無効主張が認められるか、また不当取得した判決に基づく強制執行などによって損害を生じた場合に、不法行為に基づく損害賠償請求ないし不当利得返還請求が許されるか否か、という問題をめぐっては議論が多い。

多数説は、既判力による法的安定要求を強調して、既判力ある判決がなされた以上は、まずは再審あるいは上訴の追完（97条）によって判決の取消しを求めなければならず、判決の当然無効の主張は許すべきでないとする。これに対しては、①原告が被告の住所を不明であると偽って公示送達を得て被告の知らない間に勝訴の確定判決を得た場合や、②訴え取下げの合意をして被告不出頭の原因を原告自ら作っておきながら、合意に反して訴えを取り下げず、被告不出頭を奇貨として勝訴の確定判決を得た場合には、被告の裁判を受ける権利が実質的に保障されなかったことから、当然無効の主張を認めるべきとする見解も有力に唱えられている。この問題につき判例は、再審を経ることなく、後訴での無効主張を許し（①につき、最判昭和43・2・27民集22-2-316）、また損害賠償請求を認めている（②につき、最判昭和44・7・8民集23-8-1407〔百選86事件〕）。

E 既判力

[1] 既判力の性質・作用

(1) 意義

既判力とは、確定した終局判決の内容である判断についての通有性ないし拘束力をいい、実質的確定力とも呼ばれる。確定した終局判決において示された判断が簡単に変更されるようなことがあれば、民事裁判の紛争解決機能は損なわれ、また紛争の蒸し返しを招くことにもなりかねない。こ

のような事態を防ぐために既判力が認められている。
(2) 既判力の本質
　なぜ既判力を有する裁判があると後訴裁判所や両当事者はこれを無視することができなくなるのか、という問題を論じた旧来の議論として、既判力本質論というものがある。この議論はとりわけ、不当判決（真実の実体法状態に反する判決）の既判力をどのように説明すべきか、という形で展開されてきた。
　大別して、①実体法説（確定判決により実体法状態が変わる）と、②訴訟法説（既判力は公権的判断の統一要求という訴訟法上の効力）との対立がある。さらに実体法説のバリエーションとして、③権利実在説、④当事者意思説が、訴訟法説のバリエーションとして、⑤新訴訟法説なども唱えられている。しかしながら今日では、これらの議論は既判力の客観的範囲や主観的範囲といったより実践的かつ具体的な課題の解明には役立たなかったと評されており、むしろ近時の既判力論の関心は、既判力に関する実践的かつ具体的な解釈問題の指針となりうる既判力根拠論に向いているように思われる。
(3) 既判力の根拠
　裁判官や当事者が既判力という拘束力に服さなければならない根拠はどういった点に求められるのか、という問題をめぐって論じられているのが既判力根拠論であり、大別して3つの説が存在する。
　第1に、既判力は、紛争解決という民事訴訟の制度目的に不可欠な制度的効力であることから当事者は拘束されるとする説がある（制度的効力説）。第2に、制度的効力に加え、当事者には手続上の諸権能と機会が保障されており当事者はこれを行使することができたこと（十分な手続保障があったこと）の裏返しとして、当事者には自己責任が生じそれゆえ当事者は既判力に拘束されるとする説がある（二元説）。そして第3に、端的に当事者の手続保障・自己責任のみに既判力の根拠を求め、既判力は判決の効力ではなく当事者の提出責任効であるとする説がある（手続保障説）。
　このうち、制度的効力説に対しては、制度的効力のみで既判力の根拠を説明するのは解釈論の指針としてやや粗いといった批判がある。他方、手続保障説に対しては肝心の提出責任（行為責任）の内容の分析が未だ十分ではないといった批判がなされており、二元説のように考えるのが今日の通

説的見解といえる。

(4) 既判力の作用

　既判力は、実際には、後訴が出現した際に作用する。この作用には、既判力の生じた判断に反する主張・証拠申出を当事者に禁じ、裁判所も既判力の生じた判断に反する主張・証拠申出を排斥する（その点の審理に立ち入らない）、という形で作用する消極的作用と、既判力の生じた判断を前提にして後訴の裁判所は判決しなければならないという形で作用する積極的作用とがある。また既判力は、当事者の有利にも不利にも作用することがある（既判力の双面性）。例えば、建物の所有権確認で勝訴した前訴原告は、後訴において前訴被告から当該建物の収去・土地明渡しを請求された場合に、当該建物の所有者ではないと主張することはできない。

　既判力は、原則として判決主文の判断、すなわち訴訟物について生じる（114条1項）。このことから、既判力が作用するのは、前訴と後訴の訴訟物がどういう関係にある場合かが問題となってくる。これには以下の3つの場合がある。

　まず第1に、前訴と後訴の訴訟物が同一の場合（例えば、前訴において所有権確認訴訟で敗訴した原告が、後訴において同じ所有権確認の訴えを提起した場合）には、前訴の請求棄却判決の既判力により、基準時後の新事由がない限り、後訴も請求棄却となる。第2に、同一訴訟物ではないが後訴請求が前訴請求と矛盾関係に立つ場合（例えば、前訴の所有権確認訴訟で敗訴した被告が、後訴において同一目的物についての所有権確認の訴えを提起した場合）には、前訴の請求認容判決の既判力により、基準時後の新事由がない限り、後訴は請求棄却となる。そして第3に、前訴の訴訟物が後訴の訴訟物の先決問題となる場合（例えば、前訴で所有権確認判決を得た者が所有権に基づく引渡請求の後訴を提起した場合）には、前訴の既判力ある判断を前提として後訴の請求が審理される。

[2] 既判力をもつ裁判

　確定した本案の終局判決には既判力が生じる。

　訴訟判決に既判力が生じるかについては見解が分かれる。既判力本質論における実体法説の立場からは、実体法状態を判断していない訴訟判決について既判力を肯定するのは困難とされていたが、ある訴訟要件なしとし

て訴えが却下された後に同一状況の下でなされる再訴を封じるためには、訴訟判決にも既判力を肯定するのが便宜的であり、今日ではこれを肯定するのが一般的である。判例も、この立場に立っている（最判平成22・7・16民集64-5-1450）。もっとも、訴訟判決の既判力は、訴訟要件一般の不存在を確定するものではなく、却下の理由とされた訴訟要件の不存在を確定するにとどまる。したがって、訴え却下後も、当該訴え却下事由たる訴訟要件が基準時後に具備したことを主張立証していけば、再訴をすることは妨げられない。

決定・命令については、原則として既判力は生じないが、決定で完結すべき事件で実体関係につき終局的判断をする場合には既判力が生じる（例えば、訴訟費用に関する決定〔67条〕など）。なお、確定判決と同一の効力を有する調書類（放棄・認諾調書、和解調書〔267条〕、調停調書〔民調16条〕など）に既判力が生じるかについては、肯定説、否定説、制限的既判力説の対立がある。

[3] 既判力の時的限界
(1) 既判力の基準時

民事訴訟の対象となる権利・法律関係は、時間の経過とともに常に変動する可能性がある。したがって、既判力が生じる範囲についても、いつの時点での権利・法律関係についてのものかを明らかにしておく必要がある。この「いつの時点」を明らかにするために存在するのが、既判力の基準時（または標準時）である。当事者は事実審の最終口頭弁論終結時までは自由に訴訟資料を提出することができ、裁判所の判決もまたこの時点における訴訟資料に基づいて下されることから、既判力の基準時は事実審の最終口頭弁論終結時ということになる（民執35条2項参照）。

(2) 遮断効

当事者は、後訴において、基準時以前に存在した事由（例えば、錯誤による契約無効など）に基づいて前訴で確定した既判力ある判断を再度争うことは許されず、仮に当事者がこのような事由を提出したとしても、裁判所はその審理に入らずこれを排除しなければならない。これを既判力の遮断効という。このことは、基準時以前にその事由が存在していたことについて、当事者が知っていたか否か、知らなかったことに過失があったか否かに関

わらないとするのが通説的見解であるが、基準時前の事由であることを主張の期待可能性を基礎付ける要素として位置付け、基準時前の事由であっても例外的に主張の期待可能性に欠けるときは、既判力によって遮断されないとする見解も有力に唱えられている。

(3) 基準時後にする形成権の行使と遮断効

基準時以前に既に生じていた事由を後訴において主張することは前訴判決の既判力により遮断されるが、基準時後に発生した新たな事由を用いて前訴判決で確定された判断内容を争うことは既判力によって妨げられることはない。このことから、基準時後にする形成権行使の可否という問題が生じてくる。

すなわち、前訴の基準時よりも前に成立していた取消権や解除権といった形成権を、基準時後にはじめて行使して後訴において前訴判決の内容を争うことができるか、という問題であるが、そもそもこれが問題とされるのは、仮に基準時前に形成原因が発生していたとしても、形成権はこれを行使してはじめて新たな実体的法律関係の変動を生じるものであるという形成権の性質に起因する。

この問題について、今日の判例理論は、個々の形成権の制度目的やその発生原因と訴求請求権の発生原因との結びつきの有無などに応じて遮断の肯否を考える。すなわち、取消権、手形の白地補充権については、請求権自体に付着する瑕疵であるとして基準時後の行使を否定する（最判昭和55・10・23民集34-5-747〔百選77事件〕、最判昭和57・3・30民集36-3-501〔百選A26事件〕など）が、相殺権については、自己の債権を犠牲にして相手の債権の消滅を図るものである以上、前訴段階でこれを行使するか否かは相殺権者の自由であり、当然なすべき防御方法とはいえないという点で、取消権の場合とは異なるとして基準時後の行使を認めている（最判昭和40・4・2民集19-3-539）。また、建物買取請求権についても、請求権自体に付着する瑕疵ではないとして基準時後の行使を認めている（最判平成7・12・15民集49-10-3051〔百選78事件〕）。

学説においては、基準時後の形成権行使の効果の主張は既判力により妨げられないとする見解も有力ではある（もっとも、この見解も信義則により遮断効が肯定される場合があることを認める）。しかし、多くの見解は、既判力制度

が目的とする法的安定要求を強調して、基準時前に形成権が成立していた以上、前訴において形成権を行使し権利変動を主張しておくべきであり、後訴における形成権行使は既判力によって遮断されるという立場を基本としている。そのうえで、個々の形成権の種類ごとに個別的な解決を図ろうとするものの、その理論構成については諸説が唱えられている。

　例えば、提出責任説という考え方がある。これは、形成権の遮断を伝統的な既判力の時的限界論で解決するのではなく、当事者に提出責任があるかどうかにより形成権の遮断の有無を決すべきとするものである。当事者の提出責任の有無を決定する要因には、2つのグループがあり、①のグループは、形成権を基準時前に提出すべき責任を強化する方向に働く要因であり、②のグループは、形成権を基準時前に行使すべき責任を認めることに消極に作用する要因である。①としては、当事者に当事者権が保障され、あらゆる攻撃防御を展開する機会が与えられたことを条件として生じる法的安定要求を挙げることができる。②としては、形成権の行使の機会が手続上保障されていたとしても、具体的にその事由を訴訟上主張・立証することが、その者の実体法上認められている法的地位の訴訟法上の評価として客観的に期待できない場合には、たとえその事由が基準時前に存在していたとしても、後訴でその提出が許されるべきであるとの要請であり、これを実体関係的手続保障要求という。①の要求が②の要求より強い場合には、遮断効は肯定されるが、逆に②の要求が①の要求に優越する場合には、遮断効が否定されるとするものである[2]。

　また、形成権行使責任説という考え方は、既判力の遮断効を訴訟手続上当事者に要求された攻撃防御行為の懈怠による自己責任（形成権行使責任）に求めたうえで、形成権の遮断については、実体法において解除や取消権行使の催告権（民20条・547条）や、追認による取消権の消滅（民122条・125条）の規定があり、またこのような明文の規定がなくとも、これらの場合と同視できる事情があれば、形成権者に対して形成権行使責任を負わせてもよいとするものである[3]。

　さらに、形成権について一般的に遮断効を肯定する多数説の立場の中にも、前訴において形成権行使の効果を主張することが期待できない特別な事情がある場合には、既判力による遮断効も生じないとして、期待可能性

による調整を認める見解も存在する[4]。

コラム　隠れた再審

例えば、次のような事例を考えてみよう。

XはYを相手取って、売買代金支払請求訴訟（前訴）を提起し、同訴訟においてはXの請求認容判決が言い渡され確定したので、Xはこの確定判決を債務名義（民執22条1号）として強制執行手続を開始した。ところが、前訴係属中、Yは同訴訟で訴訟物とされた代金支払債務については既に弁済ずみであると認識していたにもかかわらず、Xから「弁済の事実を主張すれば、家族の身の安全は保障しかねる」といった脅しがかけられていたために、同訴訟係属中にはこれを主張しないままでいたとして、このような場合に、Yのとりうる救済策としてはどのようなものが考えられるか。

遮断効についての一般的な理解を前提とすると、基準時前に既に生じていた事実については基本的遮断効が働くことになるが、基準時前に存在していた事実であっても、それが脅迫といった刑事上罰すべき他人の行為によって提出することができないまま、判決が確定してしまった場合には、非常の救済手段としての再審の訴え（338条1項5号）によって前訴の既判力を破ることがまずは考えられる。しかし、民事訴訟法338条1項4〜7号を再審事由とする場合には、当該犯罪行為についての有罪の確定刑事判決が必要とされていることから（338条2項）、再審という救済策は当事者にとっては非常にハードルが高いともいえる。

そこで、学説の一部では、再審事由が存在するような場合であっても、再審によらずに別の訴訟、すなわち、不法行為に基づく損害賠償請求訴訟や不当利得返還請求訴訟、請求異議の訴え（民執35条）などを通じて実質的に当事者の救済を図ることを認めている。このような扱いは「再審のバイパス」「隠れた再審」などと呼ばれ、判例においてもそのような扱いを認めるものが存在する（最判昭和44・7・8民集23-8-1407〔百選86事件〕など）。

なお、期待可能性による調整論からは、脅迫といった刑事上罰すべき他人の行為があったがために、前訴の段階において弁済の主張をすることについての期待可能性はなかったと評価される場合には、既判力の遮断効

働かないことになる。そこで、再審によらず別の訴訟（先の例では、請求異議の訴え）によって救済を図ることになろう。

もっと知りたい方へ
- 高橋宏志『重点講義民事訴訟法（上）〔第2版補訂版〕』（有斐閣、2013）610注（27）
- 畑宏樹「演習民事訴訟法」法学教室370号137

[4] 既判力の客観的範囲
(1) 判決主文中の判断

　判決が確定した場合に、一体判決のどの部分に既判力が生じるのかという問題が生じる。これが既判力の客観的範囲の問題である。既判力の客観的範囲について、法は、原則としてこれを判決主文に示された権利・法律関係の存否の判断に限定している（114条1項）。このことは、逆にいえば、裁判所が下した判断であってもそれが判決理由中の判断にとどまる限り既判力は生じないことを意味する。

　これは、以下の3つの理由による。①当事者の争訟の処理としては当事者が申し立てた権利・法律関係の存否の判断である判決主文の記載で必要十分であること、②判決理由中の判断には拘束力を付与しないことによって、当事者としては当該訴訟物との関係においてある争点についての自由な処分（ある争点については深く争わない、証拠調べを適当なところで打ち切る、あるいは自白をするといったこと）が可能となり、機動的かつ迅速な訴訟活動を行うことができること、③裁判所としても実体法上の論理的順序にとらわれずに訴訟物についての判断を最も直截かつ迅速・廉価に得られるような訴訟指揮が可能となることである。

　逆に、もし判決理由中の判断にも既判力を認めるとすると、裁判所は実体法上の論理的順序に従った審理を常に強いられ、審理の硬直化を招くこととなる。また、当事者としても関連する紛争を考慮して事実主張には慎重にならざるを得ず、仮定的・予備的な主張を誘発しかねないといった弊害が生じてしまう。

(2) 一部請求後にする残額請求の可否

なお、既判力の客観的範囲との関連で、前訴において一部請求がなされこれについての判決が確定した後にする残額請求は可能か、という問題がある。全面肯定説によると、既判力は後訴の残額請求には及ばないことから残額請求は可能ということになるのに対して、全面否定説によると、前訴において債権全体が審判の対象とされたことになるため再訴は許されないということになる。この問題につき判例は、明示的一部請求肯定説に立ち、前訴で一部請求である旨が明示されているときは、訴訟物はその一部に限定され、既判力は後訴の残額請求には及ばず許されるとする（最判昭和37・8・10民集16-8-1720〔百選〔第4版〕81 ①事件〕）。とはいえ、近時の判例（最判平成10・6・12民集52-4-1147〔百選80事件〕）は、明示ある一部請求の前訴判決が請求棄却の場合には、信義則に基づき残額請求は許されないとする。逆に、前訴で一部請求である旨が明示されていないときは、残部も含んだ全部が訴訟物となり、既判力もその範囲について生じるので残額請求は許されないとする（最判昭和32・6・7民集11-6-948〔百選81事件〕）。

また、前訴で予測できなかった後発後遺障害による損害賠償の追加請求について、判例は一部請求の問題として処理する（最判昭和42・7・18民集21-6-1559〔百選82事件〕）が、後遺症の賠償請求はもともと前訴において請求しえないものであることから、一部請求後の残額請求とは別問題として処理されるべきである。

(3) 例外としての相殺の抗弁

相手の請求に対して相殺があったこと、あるいは相殺する旨を主張することを相殺の抗弁という。相殺の抗弁については、判決理由中の判断であっても既判力が生じる旨の例外が定められている（114条2項）。すなわち、被告が相殺の抗弁を提出し、裁判所が判決理由中でその効果について判断したときは、訴求債権を消滅させるのに必要な額の限りで反対債権の存否についても既判力が生じる。

これは以下の理由による。相殺の抗弁は、訴求債権に対して自己の債権（反対債権）を相殺に供することによって原告の請求に理由なしとしようとする防御方法でありながら、それ自体訴訟物ともなりうるものを持ち出す、いわば反訴的性格のものでもある。もし仮にこの判断に拘束力を認めない

とすると、相殺の抗弁を排斥して請求認容判決が下された場合にも、被告は後に反対債権を訴求することができ、紛争の蒸し返しが生じるといった不都合が生じてしまうためである。

もっとも、相殺の抗弁についての既判力の範囲については若干の議論がある。相殺の抗弁が排斥されたときに、反対債権の不存在について既判力が生じるという点では争いはない。逆に、相殺の抗弁が認められて原告の請求がその限度において棄却された場合において、請求債権と反対債権とがともに存在しかつ相殺によって両債権が消滅した、との判断に既判力が生じるとする見解も存在はするが、単に反対債権の不存在についてのみ既判力が生じるとする見解が通説的立場である。

(4) 判決理由中の判断への拘束力

このように、法が定める既判力の客観的範囲は、原則として判決主文中の判断に限定され、判決理由中の判断については相殺の抗弁の場合の例外を除き拘束力は生じない。

それでは、以下のような事例を想定してみよう。建物収去土地明渡請求訴訟（前訴）において被告の賃借権が賃貸借契約の解除により消滅したか否かが争われ、十分な審理の後に被告の賃借権の存在を肯定する判断がなされ、結局請求棄却判決が言い渡されこれが確定した後に、前訴原告が前訴被告に対して賃貸借契約に基づく賃料支払請求訴訟を提起したところ（後訴）、被告が賃貸借契約の存在を否認した、とする。この場合、前訴における賃貸借関係の存否についての判断は判決理由中の判断であることから、この部分には既判力は生じない。しかし、後訴における被告の陳述のように、前訴と矛盾する主張を許すことは、相手方の利益を不当に害した前訴の判断を無意味にし、ひいては一般の正義感覚と相容れないことにもなりかねない。

そこで、このような矛盾主張や紛争の蒸し返しがあるような場合には、これに対処すべく何らかの形で判決理由中の判断にも拘束力を及ぼすことができないか、ということが議論され、判決理由中の判断にも何らかの拘束力を認めるべく、①争点効理論（後述）、②既判力拡張説、③統一的請求権説などの考え方が提唱された。

②既判力拡張説は、後訴において主張された法的効果と前訴において既

判力をもって確定された法的効果との間に法秩序の面での目的論的な意味関連が存在し、それを保持する必要がある場合には、前訴判決の既判力を後訴にも及ぼす必要があるとする見解である。③統一的請求権説とは、訴訟物は固定的なものではなく、反訴、訴えの変更としての性格を兼ね備える抗弁、再抗弁の提出により変動するものであり、また先決的法律関係の確認も副次的請求として主たる紛争としての給付請求と複合的な訴訟物を構成すると解し、既判力の客観的範囲の拡張を試みる見解である。

(5) 争点効理論

ここでは、その１つの代表的な見解として提唱された争点効理論をとり上げる。争点効とは、前訴において当事者が主要な争点として争い、かつ裁判所がこれを審理して下した当該争点についての判断に生じる通用力であるとされる。同一の争点を主要な先決問題として異別の後訴請求の審理において、その判断に反する主張立証を許さず、これと矛盾する判断を禁止する効力をいう。関連紛争を可能な限り統一的に解決することを意図して提唱されたものであり、信義則(当事者間の公平)をその根拠とする。論者によると、争点効発生の要件は、①前訴請求と後訴請求の当否の判断過程において、主要な争点となった事項についての判断であること、②当事者が前訴において、その争点について主張立証を尽くしたこと、③裁判所がその争点について実質的な判断をしたこと、④前訴と後訴の係争利益がほぼ同等であるか、前訴の係争利益のほうが大きいこと、⑤後訴で当事者が援用することの５つである。争点効理論がその正当化根拠にすえた信義則の具体的内容としては、既判力の客観的範囲を判決主文に限定した趣旨を維持しつつ、判決による紛争解決機能の拡大を図ろうとする試みでもあり、当事者が相手方の主張を争う機会を実際に利用した以上、それを蒸し返すのは公平に反するというものである。

この理論に対する学説上の評価としては、実定法上の根拠を欠くにもかかわらず判決理由中の判断に拘束力を認めることについては問題があるとして、消極説も有力に主張されてはいるが、今日ではこれを支持する見解のほうが多いといえる。もっとも、争点効理論に好意的な学説も、争点効が判決効としての制度的効力である点を強調してその要件の定形化・具体化を追求する方向(適用要件説)と、信義則の具体的適用の問題である面を

重視して後訴における主張立証禁止の効果を捉えようとする方向（信義則説）とに分かれる。

判例は、争点効理論を明確に否定する（最判昭和44・6・24判時569-48〔百選84事件〕、最判昭和48・10・4判時724-33、最判昭和56・7・3判時1014-69）一方で、制度的効力としてではなく、信義則を媒介として判決効の及ぶ範囲を弾力化させ、訴訟の蒸し返しや矛盾主張を排斥する理論を打ち出し（最判昭和51・9・30民集30-8-799〔百選79事件〕）など）、その後の下級審判例もこのような処理に従うものが多く（例えば、東京地判昭和52・5・30下民28-5～8-566、東京地判昭和57・11・30判時1076-84など）、確固たる判例理論となっている。

理論構成にはさまざまなバリエーションがありえようが、いずれにせよ昨今の判例・学説の大勢は、矛盾主張や紛争の蒸し返しを防ぐべく何らかの形で判決理由中の判断にも拘束力を認め、訴訟物概念と既判力の範囲とを切り離しこれを相対化する方向にあるといえる。

[5] 既判力の主観的範囲
(1) 既判力の相対性の原則
既判力の主観的範囲については、原則として当事者間にのみその効力が及ぶとされている（115条1項1号：既判力の相対性の原則）。これは、民事訴訟が、訴訟に関与した当事者間の私的な権利関係に関する手続である以上、既判力もまた当該当事者間にのみ及ぼせば必要にして十分である。さらに、処分権主義・弁論主義の下では、自ら訴訟を追行した当事者だけがその判決に服すべきであって、訴訟に関与する機会の与えられなかった第三者にも判決に従うよう求めることは第三者の利益を不当に害することになる、といった理由による。

(2) 明文による既判力の主観的範囲の拡張
とはいえ、既判力の主観的範囲を当事者のみに限定してしまうと、判決による紛争解決機能はきわめて狭い範囲に限定されてしまい妥当でない場合も生じうる。そこで立法者は、紛争解決の実効性を高めるという政策的見地から、あるいは当事者と密接な関係にありその者の独自の手続保障を図る実質的利益がない者ないしは当事者によって手続保障が代替されているとみることができる者について、既判力の主観的範囲の拡張を認めた。

①訴訟担当の場合の本人

　民事訴訟法115条1項2号は、「当事者が他人のために原告又は被告となった場合のその他人」にも既判力が及ぶとしている。ここにいう「当事者」とは第三者による訴訟担当の場合を指し、「他人」とは本来の利益帰属主体を指す。このように訴訟担当の場合に本人にも既判力が及ぶとしている趣旨は、本来の利益帰属主体に判決効が及ばないとすると、相手方は本来の利益帰属主体からの再度の応訴の危険にさらされ訴訟担当者と相手方との間で行われた訴訟追行および判決が何ら紛争解決の実効性をもたらさないためである。もっとも、判決効の拡張を受ける本来の利益帰属主体の手続保障については配慮が必要であろうが、この点については訴訟担当者の訴訟追行により本来の利益帰属主体の手続保障も代替的に保障されていると説明することになる。

　このような説明は、本来の利益帰属主体の授権によって訴訟担当という状態が生じる任意的訴訟担当の場合にはそれなりに合理性を有するものといえる。しかし、本来の利益帰属主体の意思にかかわらず訴訟担当という状態が生じる法定訴訟担当の場合には若干問題がある。法定訴訟担当の代表例である債権者代位訴訟（民423条）を例に考えると、債権者（X）が債務者（Z）に代位して第三債務者（Y）を相手に債権者代位訴訟を提起したところ、Xの訴訟追行の稚拙さゆえに敗訴した場合に、Zは自らが訴訟追行したならば勝訴できたかもしれないにもかかわらず、X敗訴の判決の効力が拡張されてしまうという事態が生じうる。学説上では、代位債権者敗訴の場合には債務者への判決効の拡張はないとする見解（片面的拡張説）も唱えられているが、判例は訴訟担当者の受けた判決は勝訴・敗訴を問わず本来の利益帰属主体に及ぶとする（大判昭和15・3・15民集19-586）。

②口頭弁論終結後の承継人

　民事訴訟法115条1項3号にいう「口頭弁論終結後の承継人」とは、前訴における事実審の最終口頭弁論期日以後（すなわち基準時以後）における、当事者（および訴訟担当の場合の本来の利益帰属主体）からの承継人を指す。この者に対しても既判力が拡張されるのは、判決による紛争解決の実効性の維持のため（権利関係の安定のため）とされる。すなわち、仮に承継人に既判力が及ばないとすると、例えば、勝訴原告から目的物を譲り受けた者が被

告との間で再度訴訟をしなければならないことにもなりかねないが、それでは勝訴原告から目的物を譲り受ける者はまずいなくなるであろうし、逆に、敗訴した被告は係争権利関係自体を第三者に処分したり、係争物に関する占有を第三者に移転したりすることによって、既判力の拘束を回避でき、前訴確定判決を無に帰せしめることになるといった弊害が生じるところ、これを防ぐために承継人への既判力の拡張を認めたものである。とはいえ、一般に既判力の正当化根拠が手続保障に求められることから、既判力の拡張を受ける承継人、特に前訴が敗訴判決といった承継人に不利に拡張される場合の手続保障については必ずしも十分ではない。この点については、判決による権利関係の安定という政策的要請を重視した結果の「立法者の決断」との評もある。

　ここでいう承継人とは、まず訴訟物たる権利・法律関係を承継した者を意味することに争いはない。問題なのは、訴訟物たる権利・法律関係そのものではないが、確定判決の紛争解決の実効性の観点から承継人として既判力を拡張すべき場合があるが、そのような場合について承継の対象をどのように理論的に位置付けるかについては考え方が分かれる。

　承継の対象について、訴訟法上の地位に着目する考え方としては、当事者適格の承継と捉える見解（適格承継説）がかつては有力であった。しかし、前訴と後訴とで訴訟物が異なる場合の説明に窮することもあり、近時では前訴で解決された紛争およびそれから派生した紛争の主体たる地位を承継の対象と捉える見解が有力である。この立場によると、既判力の拡張を受ける承継人の手続保障は、前訴当事者の手続保障によって代替されているとする。他方、訴訟法上の地位ではなくむしろその基礎にある実体法上の権利関係を承継の対象として把握する立場（依存関係説）も存在し、この立場からは承継人の実体法上の地位が訴訟当事者（前主）に依存する関係にあることをもって既判力拡張の正当化根拠とされる。

　確定判決による紛争解決の実効性の要請から、前訴の基準時後の承継人にも既判力を拡張する必要があるとしても、承継人の法的地位が固有のものとして法律上保護されるような場合（例えば、民94条2項にいう善意の第三者）にも、一律に既判力の拡張を認めてもよいものであろうか。この点につき、後訴において承継人の善意が認定される場合には、民事訴訟法115

条1項3号にもかかわらず承継人を勝訴とすべきことに争いはない。問題は、その理論構成をめぐってである。口頭弁論終結後の承継人に当たる場合には一律に既判力の拡張を受けるが、それによって固有の法的地位の主張が遮断されるわけではないとする形式説と、固有の法的地位が認められるような者は民事訴訟法115条1項3号にいう承継人には当たらず、既判力の拡張は受けないとする実質説とが対立している。

学説上は形式説が多数説といえる。他方、判例（最判昭和48・6・21民集27-6-712〔百選87事件〕）は実質説に立っているとの評が一般にはなされているが、判例がいずれの立場によるものか判旨からは明らかではないとする評もある。

もっとも、実質説、形式説のいずれの立場によろうと、結論自体には大差はない。ただ、口頭弁論終結後の承継人に対する既判力の作用の仕方を、既判力理論との関係で整合的に説明できるという点において、形式説のほうに利点があるとされる。第1に、たとえ承継人に固有の法的地位が認められるとしても、前訴判決で確定された権利関係自体を争うことは前訴判決の既判力により許されない（既判力の積極的作用）が、固有の法的地位を主張すること自体は、基準時後の新事由として遮断されない（既判力の消極的作用）ことを明快に説明できる。第2に、実質説では、後訴当事者の主張に基づき固有の法的地位が認められるかどうかによって、既判力が拡張されるかどうか（115条1項3号の承継人に当たるか否か）が決まることになるが、これは既判力が職権調査事項であることと抵触しかねない。第3に、実質説によっても、前訴当事者が勝訴した場合にはこの者からの承継人への既判力の拡張を認めることになろうが、形式説によると、前訴当事者の勝訴・敗訴にかかわらず一律に既判力の拡張があることを一貫して説くことができる。

③請求の目的物の所持者

請求の目的物の所持者とは、例えば、マンションの管理人や寄託契約における受寄者（民657条）、当事者の同居人など、訴訟物が特定物の引渡請求において目的物たる動産・不動産の占有につき自己固有の利益をもたず、もっぱら当事者本人など既判力が及ぶ者のために目的物を所持する者をいう。目的物の所持者には、手続保障を必要とするだけの実質的利益を有し

ているわけではないことから、法は、目的物の所持者を実質的には当事者と同一であると解し、既判力が及ぶとしている（115条1項4号）。

(3) 判決の対世効

(1)でも述べたように、民事訴訟においては既判力の相対性の原則が採用されているが、この原則を貫くことにより、訴訟の対象となった法律関係の性質との関係で、かえって混乱や不安定を招来しかねないような事件類型も存在している。このような場合には、判決の効力を訴訟の当事者となっていなかった一般の第三者にも及ぼす必要性がある。このような一般第三者への判決効の拡張を判決の対世効という。

判決の対世効は、主として身分関係訴訟や団体関係訴訟といった事件類型において多く認められている（人訴24条1項、会社838条、一般法人273条など）。例えば、婚姻関係や親子関係の存否が人によってその判断が異なるようでは社会生活が成り立たないし、株主総会決議の効力が区々に判断されては会社の行為基準が定まらないなど、いずれも法律関係の画一的処理の必要ないしは確実性の要請が高いといった政策的配慮によるものである。ただし、これらの事件類型においてよくみられる形成判決としての効力と必ずしも論理必然的に結びつくものではない。

(4) 解釈による例外——反射効理論

既判力の相対性の原則の下では、債権者Xが主債務者Yを相手取って提起した金銭の支払請求訴訟において、Xが請求棄却判決を受けこれが確定したとしても、Yと保証人Zとの関係が民事訴訟法115条1項2号～4号に定められる例外に該当しない以上、この判決の効力はZに対しては及ばないのが原則である。それゆえ、Xは別途Zを相手取って保証債務の履行を求める後訴を起こすことも可能であり、紛争解決の相対性を前提とする以上、後訴においてXが勝訴判決を得る可能性もある。しかしながら、このような事態は、前訴において主債務の不存在が確定されておりながら、後訴では保証債務のみが存在するといった結果が、裁判を通じて産み出されたことを意味し、保証債務の附従性（民448条参照）を定める実体法との関係においては不可解な帰結といえる。このような問題を解決する1つの考え方として反射効理論というものが存在する。

反射効とは、第三者が直接に既判力の拘束力を受けるわけではないが、

第三者の法的地位が判決当時の一方当事者の法的地位に実体法上依存する関係にある場合に、当事者間に既判力の拘束力があることが、第三者に対しても反射的に利益または不利益な影響を及ぼすとする考え方である。この理論は、当初、既判力の本質論に関する実体法説を背景に、主債務者勝訴の確定判決により、存在していた主債務を消滅させる更改契約が成立したものとみなされ、主債務の消滅により保証債務も消滅することから、保証人に対する保証債務履行請求の後訴も棄却される、と説かれた。しかしながら、既判力の本質論に関し訴訟法説が一般的な理解となるにつれ、反射効は既判力とは異なる効力として、実体法上の依存関係（保証債務の附従性など）を梃子として、保証人は主債務者勝訴の確定判決を援用すれば保証債務履行請求の後訴を棄却に導きうる、と説かれるに至る。

　このように、今日では反射効は、既判力といった確定判決本来の内容上の効力ではなく、解釈論上導かれる付従的効力であり、既判力とは異なり職権調査事項ではなく、後訴当事者の援用を待って顧慮すれば足りるとされる。

　その後の学説の発展に伴い、反射効が認められる例としては、先に挙げた保証債務の附従性（民448条）を根拠とする主債務者・保証人間の場合以外にも、相殺の絶対効（民436条）を根拠として連帯債務者の１人が提出した相殺の抗弁を理由とする連帯債務履行請求棄却判決とほかの連帯債務者との間や、持分会社の無限責任社員の責任（会社580条１項１号）を根拠として持分会社に対する請求認容または棄却判決と社員との間などにも反射効が認められるとされている。いずれの例についても共通の基準とされるのは、当事者の一方と第三者との間に存するとされる「実体法上の依存関係」である。

　もっとも、反射効理論に対しては、その基準とするところの「実体法上の依存関係」が曖昧なうえに、それだけでは判決効が第三者に及ぶことの正当化根拠としては不十分といわざるを得ないという難点がある、といった指摘もある。かくして、反射効理論を支持する見解は次第に少なくなり、むしろ、反射効の実質は第三者に対する既判力の拡張と異ならないとして、批判的な見解も有力に唱えられるに至る。

　このような見解の中には、明文の規定のない既判力の拡張は認められる

べきではないとする反射効否定説や、反射効として論じられてきた効力を第三者への既判力の拡張として処理すべきとする既判力拡張説などが存在する。また、反射効か既判力かの性質決定は重要ではないとしつつ、第三者に不利な反射効については第三者の手続保障を、第三者に有利な反射効については敗訴当事者による紛争の蒸し返しの防止を考慮する見解も、反射効理論とは一線を画するものといえる。

なお、判例上は、反射効が問題となりそうな事例において、最高裁が反射効理論を正面から認めたものはない。最判昭和31・7・20民集10-8-965は、賃貸人の賃借人に対する請求認容判決が転借人の不利に反射的効果を及ぼすことを否定し、最判昭和53・3・23判時886-35〔百選89事件〕では、不真正連帯債務者の1人に対する相殺を理由としてなされた請求棄却判決の効力をほかの連帯債務者が自己に有利に援用することを否定している。もっとも、最判昭和51・10・21民集30-9-903〔百選90事件〕については、傍論ではあるが反射効につき肯定的な態度を示しているとの評もなされている。

F 判決のその他の効力

[1] 執行力

執行力には、広狭2義がある。広義では、強制執行以外の方法によって判決内容に適合した状態を実現しうる効力のことをいう。例えば、確定判決に基づく戸籍簿の記載・訂正（戸63条・77条・79条・116条）、登記の申請（不登63条1項）などである。狭義では、給付判決に掲げられた給付義務を、強制執行手続を用いて実現することができる効力をいう。通常執行力というときは、後者の意味のものを指す。確定した給付判決は、強制執行を発動させる効力を有する文書であるところの債務名義となる（民執22条1号）。また、裁判上の和解や請求の認諾の内容に給付義務が存するときは、和解調書や認諾調書の記載内容にも執行力は生じる（民執22条7号）。

なお、終局判決が未確定の場合であっても、その判決の取消しを解除条件に執行力が付与されることがある。いわゆる仮執行宣言と呼ばれるもので（259条）、これは敗訴者の上訴により判決の確定が遮断されてしまうこととの均衡上、勝訴者に早期の権利実現の道を認める趣旨のものである。

[2] 形成力

形成力とは、判決主文中で法律関係の変動の宣言を行い、その形成判決が確定することによって、その判決内容どおりに法律関係の発生・変更・消滅を生じさせる効力である。形成力は形成判決に特有の効力であり、その効力は通常当事者間のみならず広く第三者にも及ぶ場合が多い（対世効）。

[3] 付従的効力

確定判決の本来的効力のほかに、判決の確定という結果に付従して特別の法規定ないしは法理論によって認められる効力があり、これらを総称して付従的効力と呼ぶ。

法規定によって生じる付従的効力のうち、訴訟法が認めるものとして、補助参加によって生じる参加的効力（46条）、別訴禁止から生じる特別の失権効（人訴9条・26条参照）などがある。また、実体法が認めるもの（法律要件的効力という）として、中断した時効の再進行（民157条2項）、確定判決による短期消滅時効の長期化（民174条の2）、委託保証人の求償権の現実化（民459条1項）、供託物取戻権の消滅（民496条1項）などがある。

他方、解釈によって認められる付従的効力として議論されているものに、いわゆる反射効や争点効がある。

G 終局判決に付随する裁判

[1] 仮執行宣言

未確定の終局判決であっても、相手方の濫用的な上訴によって勝訴者の早期の満足が妨げられる危険がある場合などには、それが財産権上の請求に関する判決のときには、ただちに勝訴者の執行を可能にし、勝訴者の早期の権利実現の利益を保障する必要がある。かかる要請に応えるものが仮執行宣言である（259条1項）。これは、判決主文中において、一定の内容の実現をなしうる執行力を付与する形成的裁判である。

これに対し、敗訴した被告側には、担保の提供を条件として仮執行免脱宣言（同条3項）がなされることがある。また、仮執行がなされた後で、本案判決が変更されたときには、被告の申立てにより、原告は不当利得返還義務と無過失の損害賠償責任を負う（260条2項3項）。

[2] 訴訟費用の裁判

　民事訴訟費用等に関する法律（昭和46年法律第40号）によって定められた訴訟において生じた費用（訴訟費用）は、当事者がこれを負担しなければならない（61条以下）。訴訟費用には、裁判費用（申立手数料）と当事者費用（当事者の期日出席のための旅費など）の2種類がある（訴訟費用は、弁護士費用を含まない）。いずれの当事者がどのような割合で訴訟費用を負担するかについては、終局判決の主文において明らかにしておかなければならない。この訴訟費用の裁判は、職権でなされる（67条1項）。

　訴訟費用の負担については、敗訴の当事者がこれを負担するのが原則（61条：敗訴者負担の原則）であることから、例えば原告が全面勝訴した場合には訴訟費用は被告の負担となる。一部敗訴の場合には、訴訟費用の負担者および額は裁判所の裁量によって決まる（64条本文）。敗訴者が共同訴訟人のときは、共同訴訟人間で平等の割合での負担を命ずるのが原則である（65条1項本文）が、固有必要的共同訴訟の場合や、本案で連帯債務ないし不可分債務の支払いが命ぜられた場合などは、連帯して負担させることができる（同項ただし書）。

　訴訟費用の裁判によって、敗訴当事者に対する費用償還請求権が成立するが、その額は未だ定まっておらず、額の確定は訴訟費用確定手続（71条）によらなければならない。

注）

1) 新堂幸司『新民事訴訟法〔第5版〕』（弘文堂、2011）676 参照
2) 上田徹一郎『判決効の範囲—範囲決定の構造と構成』（有斐閣、1985）235 以下
3) 河野正憲『当事者行為の法的構造』（弘文堂、1988）121 以下
4) 新堂幸司『新民事訴訟法〔第5版〕』（弘文堂、2011）691、高橋宏志『重点講義民事訴訟法（上）〔第2版補訂版〕』（有斐閣、2013）608 以下

知識を確認しよう

問題

(1) 裁判によらない訴訟の終了が認められるのはなぜか。また、訴訟上の和解や請求の放棄・認諾において、その効力として既判力を認めるか否かが問題とされる理由について述べなさい。

(2) 既判力の基準時とは何か。また、基準時後に取消権などの形成権を行使することの可否について述べなさい。

(3) 原則として、判決主文で示された判断についてのみ既判力が生じるとされているのはなぜか。また、例外的に判決理由中で示される判断にも拘束力を及ぼすべきといった解釈論が展開されるのはなぜか。

(4) 既判力が及ぶ者の範囲につき、原則として当事者としつつ、一定の例外を法が認めている趣旨について述べなさい。

(5) 数量的に可分な債権につき、その一部のみを訴求する訴え（一部請求）について判決が言い渡され、これが確定した後にする残額請求を求める後訴の当否について述べなさい。

解答への手がかり

(1) 裁判によらない訴訟の終了は、私的自治の原則を根拠とする処分権主義に由来するものであるから、当事者の意思がその成否の決め手となる。そのため、真意に基づかない和解や放棄・認諾の意思表示については、既判力といった強力な拘束力を伴わせることの当否が問題とされる。

(2) 既判力の基準時の意味について理解したうえで、基準時後の形成権行使が認められる場合と認められない場合の理由について考えてみよう。

(3) 確定した終局判決で示された判断と相反する主張を簡単に認めることは紛争の蒸し返しを引き起こしかねないところ、さしあたりは当該裁判において問題とされた訴訟物の存否についての判断にさえ拘束力を認めておけば必要にして十分と考えられるが、訴訟物という枠組みはいかようにも変えることができるのもまた事実であり、実質的な紛争

の蒸し返しと思われる後訴については、判決理由中の判断にも拘束力を認めるべきではないかという問題意識が持たれている。
(4) 既判力の正当化根拠が当事者に対する手続保障に求められることからすると、既判力の及ぶ者の範囲を当事者とすることには合理性が見いだせるが、当事者以外の者についても一定の政策的必要性から既判力の主観的範囲の拡張を認める必要があるといえる。その際、既判力の拡張を受ける者についての手続保障をいかに考えるべきかがポイントとなってくる。
(5) 一部請求として提起された前訴における訴訟物と、残額請求を求める後訴における訴訟物との関係を念頭に置くことが肝要である。

第6章 複雑訴訟

本章のポイント

1. 本章では、同一原告・同一被告間で複数の請求が定立される場合（複数請求訴訟）、並びに複数の当事者が原告または被告の地位にある場合、および他人間で追行されている訴訟に第三者が関与する場合（両者あわせて多数当事者訴訟）を取り扱う。
2. これらの場合においては、当事者の訴訟行為や裁判所の訴訟指揮・訴訟運営に関する規律などが、1人の原告・1人の被告間で定立された1個の請求について審判する場合と比べ変容するところがある。

1 複数請求訴訟

A 請求の併合
[1] 併合形態

　請求の併合（訴えの併合、請求の客観的併合）とは、同一の原告が同一の被告に対し1つの訴えをもって複数の請求をなす場合をいう。

　1つの訴訟手続の中で同一当事者間の複数の請求について一括して審判することは、手続の重複を避けられるなど訴訟経済に適うことがあり、また同一のもしくは関連する争点などについて矛盾抵触する判断を避けうる利点がある。これらが、請求の併合が認められる理由である。

　請求の併合に該当するのか、複数の攻撃防御方法にすぎないのかは、いかなる訴訟物論を採用するのかによって異なる。

　請求の併合に当たり、原告は審判に関し一定の条件を付けることができる。請求の併合は、この条件の有無・条件の内容の観点から、さらに単純併合、予備的併合、選択的併合の3つの類型に分かれる。

(1) 単純併合

　単純併合とは、複数の請求を単純に並列してそのすべてについて審理・判決を要求する併合態様をいう。例えば、①賃料不払による賃貸借契約の解除に基づく賃貸目的物返還請求と、②未払賃料につき賃貸借契約に基づく賃料請求とを併合するのは単純併合である。

(2) 予備的併合

　予備的併合とは、（法律上両立しえない）複数の請求に順位を付し、先順位の請求が認容されることを解除条件として後順位の請求について審判を申し立てる併合態様をいう。併合される請求が2つの場合、先順位の請求を主位（的）請求または主たる請求、後順位の請求を予備（的）請求または副位（的）請求という。例えば、売買契約の有効な成立を前提として、①売買代金請求をするとともに、その売買契約が錯誤により無効（民95条）とされた場合に備え、②予備的に売買契約の無効に基づく不当利得返還請求としての目的物返還請求とを併合するのは予備的併合である。この場合、仮に①②の請求を単純併合すれば、原告は同一訴訟手続の中で契約の錯誤無効

をめぐって、請求①についてはこれを否定し、請求②についてはこれを肯定するという相互に矛盾した一貫性のない主張をせざるを得なくなる。他方、原告には、請求①②を別訴で訴求する途もある。しかし、その結果、請求①については売買契約の無効を理由に、請求②については売買契約の有効を理由に、それぞれ原告の請求が棄却される危険を負う。こうした事態を避けるための併合形態が、予備的併合である。

(3) 選択的併合

選択的併合とは、(同一の目的を有し法律上両立しうる) 数個の請求の1つが認容されることを解除条件として、数個の請求の審判を求める併合形態をいう。例えば、自己の所有物を賃貸した原告が賃貸借契約終了後、それを返還しない被告に対し、①所有権に基づく物権的返還請求権としての目的物引渡請求と、②賃貸借契約の終了に基づく目的物返還請求とを併合して訴えを起こすのは選択的併合である。

[2] 併合要件

請求の併合の要件は、①複数の請求が同種の訴訟手続によって審判されるものであること (136条)、②各請求について受訴裁判所が管轄権を有すること、③特に請求の併合が禁止されていないことである。

[3] 併合訴訟の審判

裁判所は、併合要件の具備を職権で調査する。併合要件を具備しない場合、それが単純併合であるときは、原則として各請求につきそれぞれ別個に訴えの提起があったものとして取り扱う。したがって、例えば受訴裁判所に管轄権がない請求については、管轄裁判所に移送する (16条)。

訴えの併合の要件が満たされると、併合された請求は1つの訴訟手続で審理される。したがって、争点整理、弁論および証拠調べは、すべての請求に共通のものとして行われる。

単純併合の場合、裁判所は弁論を分離 (152条1項) することができるが、選択的併合や予備的併合の場合には弁論を分離できない。

単純併合の場合、裁判所はすべての請求について審判しなければならない。予備的併合の場合、裁判所は、当事者の指定した順序に従って審判し

なければならない。したがって、裁判所は主位的請求を認容すれば次順位以下の請求について審判する必要はないが、主位的請求を却下または棄却するときは、次順位以下のものについて順次審理判断する。選択的併合の場合、裁判所は1つの請求を認容する判決をすれば、他の請求について判決をすることができない。

B 訴えの変更
[1] 意義
　訴えの変更とは、同一原告が訴訟係属中に同一被告との関係で新たな請求を審判対象とすること（143条）をいう。

　原告が当初提示した請求（のみ）では、訴えを提起した目的が十分に達成できない場合がある。例えば、不動産の所有権確認の訴えの係属中に、被告がその不動産につき所有権移転登記を具備したとする。この場合、仮に所有権確認の訴えについて原告が勝訴したとしても、この勝訴判決では被告の具備した登記を抹消できないから、このままでは原告の意図した不動産所有権に関する紛争の解決が達成できたとはいい難い。このような場合に、原告が係属中の訴えの中で請求をより適切なものに修正することが許されれば、従前の審理が無駄にならず訴訟経済に適う。そこで、訴えの変更という制度が認められている。

　訴えの変更には、旧請求を維持しつつ新請求を加える追加的変更と、旧請求と交換して新請求を提起する交換的変更の2種類があるとするのが通説である。これに対して、判例（最判昭和32・2・28民集11-2-374〔百選33事件〕）は、訴えの変更としては追加的変更のみを認め、交換的変更は新訴提起と旧訴取下げが組み合わされたものにすぎないとする。ともあれ、追加的変更がなされると、請求が複数になるから、それは請求の併合になる。

[2] 要件
　訴えの変更の要件は、①請求の基礎に変更がないこと（143条1項本文）、②事実審の口頭弁論終結前であること（143条1項本文）、③訴えの変更により著しく訴訟手続を遅滞させないこと（143条1項ただし書）である。

(1) 請求の基礎に変更がないこと

請求の基礎の概念については諸説あり、有力な見解は、請求を特定の権利主張として構成するために、請求原因を拾い出した地盤となる状態に還元し拡大して眺めた前法律的な利益紛争関係[1]であると説く。しかし、いずれの見解によっても、具体的な事案への適用結果には大差がないとされる。ともあれ、請求の基礎の概念は、原告が実体的にもまた従前の審理の経緯とも旧請求と無関係な新請求に変更することで、被告が不利益を受けないよう保護する機能を有し、この観点から「請求の基礎に変更がない」か、合目的的に判断すれば足りる。また、この要件は被告を保護するための要件であるから、被告が同意するか、または異議を述べなければ、請求の基礎に変更がある訴えの変更も適法である（最判昭和29・6・8民集8-6-1037など、通説）。

(2) 事実審の口頭弁論終結前であること

訴えの変更は、事実審の口頭弁論終結前であれば、することができる。したがって、控訴審においても訴えの変更は可能である。控訴審において訴えが変更されても、請求の基礎に関する部分について既に第1審の審理がなされている点で事実上第1審があったのと同様であり、被告の審級の利益を不当に害することにならないからである（最判昭和29・2・26民集8-2-630）。

(3) 訴えの変更により著しく訴訟手続を遅滞させないこと

原告が訴えを変更することで、新たな争点が浮上し、証拠調べをする必要が生じることがあり、その結果、訴訟が遅延することがある。そこで、迅速な裁判という公益の観点から、訴えの変更により著しく訴訟手続を遅滞させないことが要請される。従前の訴訟資料・証拠資料が新請求の審理のためにまったく利用できず、かつ旧請求の審理が終結に近い場合や、弁論準備手続を経て既に結審している場合がこれに当たる[2]。

[3] 手続

訴えの変更は、書面でしなければならない（143条2項）。新請求の定立が訴えの提起に準じるため、訴え提起の方式にならわせる趣旨である。訴え変更の書面は、相手方に送達される（143条3項）。

訴えの変更がその要件を欠き不適法であるときは、裁判所は相手方の申立てによりまたは職権で、訴えの変更を許さない旨の決定をしなければならない（143条4項）。この決定は、旧請求からみて中間的裁判であるから、これに対する独立の不服申立てはできず、終局判決に対する上訴において上訴審の判断を受けるにとどまる（大判大正4・3・15民録21-322など、通説）。なお、訴えの変更の結果、新請求につき裁判所が管轄権を有しないときは、裁判所は新請求を管轄裁判所に移送する（最判平成5・2・18民集47-2-632）。

訴えの変更が適法にされると、交換的変更の場合は新請求について、追加的変更の場合は新旧両請求について、審判がなされる。また、従前の訴訟資料は原則として新請求の審判に利用される。

C 反訴

[1] 意義

反訴とは、係属中の訴訟（本訴）手続内で、被告が原告に対して提起する訴え（146条）をいう。

反訴の制度が認められるのは、次のような考慮に基づく。第1に、請求の併合や訴えの変更をすることができる原告との公平を図るためである。第2に、本訴請求と反訴請求とが関連する場合に、審理の重複による訴訟不経済や、事実上・法律上の判断の不統一を避けるためである。

[2] 要件

反訴は、被告の側からなされるとはいえ、請求の併合の一態様であるから、その一般的要件を満たす必要がある。このことから、反訴の要件のうち、①反訴請求が本訴請求と同種の訴訟手続によって審判されるものであること（136条）、②反訴が禁止されていないことが導き出される。また、③反訴請求が他の裁判所の専属管轄に属しないこと（146条1項1号）も要件となる。これらに加えて、④反訴提起時に本訴が事実審に係属し、かつ事実審の口頭弁論終結前であること（146条1項柱書、後述(1)）、⑤反訴請求が本訴請求またはこれに対する防御方法と関連するものであること（146条1項柱書、後述(2)）、⑥反訴の提起により著しく訴訟手続を遅滞させないこと（146条1項2号、後述(3)）が反訴の要件である。

(1) 反訴提起時に本訴が事実審に係属し、かつ事実審の口頭弁論終結前であること

反訴は、本訴が事実審に係属し、かつ事実審の口頭弁論終結前であれば、提起することができる。控訴審でも反訴を提起できるが、原告の審級の利益に配慮し、控訴審における反訴の提起には、原告が同意するかまたは異議を述べず応訴することを要する (300条1項2項)。

(2) 反訴請求が本訴請求またはこれに対する防御方法と関連するものであること

反訴請求が本訴請求と関連するとは、本訴請求とその権利関係の内容または発生原因の点で共通性が認められることを指す。例えば、原告の所有権確認の訴えに対し、反訴原告が同一目的物につき自己の所有権確認の反訴を提起する場合がこれに当たる。また、反訴請求が本訴請求に対する防御方法と関連するとは、抗弁事由とその内容または発生原因において共通性が認められることを指す。例えば、原告の被告に対する200万円の貸金返還の本訴において、被告が被告の原告に対する500万円の売買代金債権で相殺する旨の抗弁を提出し、さらにその残部300万円について給付を求める反訴を提起する場合がこれに当たる。

この要件は、訴えの変更の要件である「請求の基礎」の概念に対応し(「請求の基礎」よりも広い概念とされる)、これと同様の機能を有する。したがって、この要件の具備は職権調査事項ではなく、相手方が異議を述べなければ、この要件を欠く反訴であっても不適法却下しなくてよい (最判昭和30・4・21裁判集民18-359)。

(3) 反訴の提起により著しく訴訟手続を遅滞させないこと

反訴の提起により著しく訴訟手続が遅滞するとき、反訴は不適法として却下される。本訴について早期に判決を受ける原告の利益に配慮するとともに、迅速な裁判という公益を確保する趣旨である。

[3] 手続

反訴の方式については、訴えに関する規定による (146条4項)。したがって、反訴の提起は反訴状を裁判所に提出して行うのが原則であり (133条1項)、反訴状の記載事項についても、訴状のそれに準じる (133条2項)。

反訴がその要件を欠く場合の処理については、争いがある。判例（最判昭和41・11・10民集20-9-1733）は、反訴は訴訟係属中の新訴の提起であり、その併合要件は同時に反訴提起の訴訟要件であるから、この要件を欠く反訴は不適法であり、終局判決をもって却下すべきであると説く。これに対して、要件を欠く不適法な反訴であっても、それが独立の訴えとしての要件を具備する限り、それを本訴と分離して独立の訴えとして審判すべきであるとの見解が近時の多数説である。反訴原告が求めているのが反訴という形での併合審理であることを重視するか（したがって、併合審理されないのであれば不適法却下されてよい）、併合要件を欠く請求の併合の場合の措置との権衡・不適法却下判決により反訴の実体法上の効果を失う反訴原告の不利益への配慮を重視するかが、議論の分かれ目であろう。
　反訴が適法であれば、反訴は原則として本訴と併合して審判される。もっとも、適法な反訴であっても、裁判所は本訴と反訴とを分離して審判する余地がある（152条）。

D　中間確認の訴え
[1]　意義
　中間確認の訴えとは、係属中の訴訟で争いとなっている法律関係について請求を拡張し、その訴訟手続において確認判決を求める訴えをいう（145条）。
　確定判決の既判力は、「主文に包含するものに限り」生ずる（114条1項）のが原則である。裁判所が判決理由中で示した、判決主文を導く前提となった法律関係（先決的法律関係）について既判力は生じない。このため、先決的法律関係について紛争が再燃し、これを訴訟上の請求とする後訴が提起されることがある。この点について再び審理がなされた結果、前訴と後訴で実質的に矛盾した判断が示されることもありうる。例えば、所有権に基づく物の引渡請求訴訟において、既判力はその存否の点についてのみ生ずる。たとえ、それが請求認容判決であったとしても、先決的法律関係である所有権の帰属の点について既判力は生じない。そこで、前訴被告が同一目的物につき、所有権確認の後訴を提起することは妨げられず、後訴裁判所も所有権の帰属に関して、前訴判決と実質的に矛盾する判断を示すこと

も起こりうる（もちろん、既判力の時的限界を考慮すれば、矛盾しないのではあるが）。中間確認の訴えの狙いは、係属中の請求で争いとなっている先決的法律関係について、将来紛争が再燃し、前訴と後訴との間で実質的に矛盾抵触する判決がされることのないよう、これに既判力を付与することにある。

[2] 要件

　中間確認の訴えは、原告が提起する場合には請求の追加的併合としての性質を有し、被告が提起する場合には反訴としての性質を有することからその要件の一部が導き出される。ただし、中間確認の訴えは、係属中の訴訟で既に争いとなっている法律関係についての請求の追加であることから、請求の基礎（143条1項本文）、本訴請求と反訴請求との関連性（146条1項柱書）、著しい訴訟手続の遅滞（143条1項ただし書、146条1項2号）に関しては問題にする余地がない。中間確認の訴えの要件は、①係属中の請求に対する判決が中間確認の対象となる法律関係（先決的法律関係）の存在または不存在に係ること（先決性）、②先決的法律関係について当事者間に争いがあること（係争性）、③先決的法律関係について当事者が請求を拡張してその確認を求める旨の申立てをすること（以上につき、145条1項本文）、④事実審の口頭弁論終結前であること、⑤中間確認の請求が係属中の請求と同種の訴訟手続によって審判されるものであること、⑥中間確認の請求が他の裁判所の専属管轄に属しないこと（145条1項ただし書）である。

[3] 手続

　中間確認の訴えは、訴えの追加的併合または反訴としての性質を有するから、その手続もこれらに類似する。したがって、中間確認の訴えは、書面でするのが原則であり（145条4項・143条2項）、その書面は相手方に送達される（145条4項・143条3項）。

　既に係属中の請求と、中間確認の訴えによって定立された請求は、請求の単純併合の関係に立つ。そこで、裁判所はこれらすべての請求について審判しなければならない。しかし、通常の単純併合の場合とは異なり、弁論の分離は許されない。中間確認の訴えによって定立された請求は先に係属した請求の前提となる法律関係に関するものであるところ、両請求につ

いて弁論が分離されれば、互いに矛盾抵触する判断がされるおそれがあり、中間確認の訴えがその機能を十分に果たさないことになるからである。

2　多数当事者訴訟

A　共同訴訟
[1]　意義

　共同訴訟とは、1つの訴訟手続における原告または被告のいずれか一方または双方が複数人によって構成される訴訟形態をいう。共同訴訟において共同関係に立つ当事者を共同訴訟人といい、それが複数の原告である場合を共同原告、複数の被告である場合を共同被告という。

　複数人に関連し、争点ないし利益を共通にする紛争が存在する。これを1人の原告・1人の被告の間の訴訟（二当事者訴訟）に分解して複数の訴訟手続で審判をする場合と、共同訴訟として同一の訴訟手続で審判をする場合とを比較すると、共同訴訟には次のような長所がある。すなわち、前者の場合には、共通する争点などについて個別の訴訟ごとに同様の主張・立証が繰り返されうる。また、前者の場合には、共通する争点などについての裁判所の判断がまちまちとなりうるため、紛争の法律上または事実上の統一的処理が図られず、かえって事後処理の問題を生じさせかねない。これに対して、共同訴訟として共通する争点などについて同一の手続で審理すれば、主張・立証の重複ないし繰り返しが避けられうる。この点で、共同訴訟を利用する方が、当事者・裁判所の双方にとって時間・労力・費用の節減につながる。また、共通する争点などについて同一の裁判所が統一された訴訟資料・共同の証拠資料に基づき判断すれば、その限度で関連する紛争を法律上または事実上、同時に一挙に統一的に解決できる。民事訴訟法は、共同訴訟を認め、関連する規定を整備している。

　共同訴訟は、合一確定（40条1項）の必要の有無の観点から、その必要のない通常共同訴訟と、その必要のある必要的共同訴訟とに区分される。合一確定とは、訴訟上の請求について共同訴訟人の全員に対して同時に同一

内容の判決をすることをいう。必要的共同訴訟は、さらに訴訟共同の必要の有無の観点から、その必要のある固有必要的共同訴訟と、その必要のない類似必要的共同訴訟とに区分される。訴訟共同とは、一定範囲の全員が共同訴訟人として訴訟を追行することをいう。固有必要的共同訴訟の場合、一定範囲の全員を共同訴訟人として当事者としなければ、当事者適格を欠くことになり、訴えは不適法として却下される。

> **コラム** 多数当事者訴訟に対する学説・実務のスタンスの違い
>
> 　共同訴訟や訴訟参加のように、多数人が当事者その他の訴訟関係人として訴訟手続に関与する訴訟形態を多数当事者訴訟という。多数当事者訴訟は、複数人に関連する紛争について、それを二当事者訴訟に分解して処理するのではなく、関係者を当事者その他の訴訟関係人の地位につかせて、1つの訴訟手続でその処理を図ろうとするものである。学説は、紛争の同時的・一回的・統一的解決を図ることができる共同訴訟に好意的であり、その積極的な活用を好む傾向がある。しかし、多数当事者訴訟では、1つの訴訟手続に3名以上の当事者その他の関係者が関与するため、特に裁判所にとっては、二当事者訴訟の場合に比べ、複雑な訴訟運営を強いられるところがあり、また裁判所側の事務負担も重くなる。そこで、裁判実務は多数当事者訴訟に好意的でないところがある。両者のスタンスの違いが、解釈論にも影響を与えるところがあり、この点に注意が必要である。
>
> **もっと知りたい方へ**
> - 伊藤眞ほか『民事訴訟法の論争』（有斐閣、2007）
> - 高橋宏志『重点講義民事訴訟法（下）〔第2版補訂版〕』（有斐閣、2014）

[2] 通常共同訴訟
(1) 意義・要件
　通常共同訴訟は、各共同訴訟人につき合一確定の必要もなく、また訴訟共同の必要もない共同訴訟である。したがって、各共同訴訟人が個別に訴えを提起し、または個別に訴えが提起され、各自訴訟を追行してよく、判

決がまちまちになっても差し支えない。この点で、通常共同訴訟は、いわば二当事者訴訟を1つの手続に束ねたものである。

しかし、相手方の一方または双方を共通にするという理由のみで共同訴訟とすることは妥当でない。本来別々の二当事者訴訟を無理に1つの訴訟手続にまとめて審理をすれば、かえって当事者の訴訟追行や裁判所の訴訟運営を複雑にしかねない。民事訴訟法38条は、共同訴訟が許容される場合として、次の①から③までの場合を挙げる（主観的併合要件）。

①訴訟の目的である権利または義務が数人について共通である場合。例えば、原告が複数人を共同被告として同一目的物につき自己の所有権確認を求める場合（権利共通）や、債権者が複数の連帯保証人を共同被告として債務の履行を求める場合（義務共通）はこれに当たる。

②訴訟の目的である権利または義務が数人について同一の事実上および法律上の原因に基づく場合。例えば、同一の交通事故によって損害を被った複数の被害者が共同原告となり、加害者に対し損害賠償を請求する場合はこれに当たる。

③訴訟の目的である権利または義務が数人について同種であって事実上および法律上同種の原因に基づく場合。例えば、売主が複数の買主を共同被告として、同種の商品の売買契約に基づきその売買代金を請求する場合はこれに当たる。

これらは、併合審理を強いられる被告の利益を保護する趣旨のものである。裁判所には、弁論の分離（152条1項）の途がある。そこで、被告に異議がなければ、これを欠いてもよい。

また、共同訴訟においても、複数の請求が併合されているから、請求の併合の要件も満たさなければならない。このうち、受訴裁判所の管轄権に関して、③の場合（38条後段）には併合請求の裁判籍が認められない（7条ただし書）ことに注意が必要である。

(2) 通常共同訴訟の審判

通常共同訴訟は、いわば二当事者訴訟を1つの手続に束ねたものである。二当事者訴訟であれば、各共同訴訟人は独自に訴訟を追行することができたのであるから、それが共同訴訟になったことで制約を受けるいわれはない。また、裁判所も二当事者訴訟として別々に審理・判断できたものを通

常共同訴訟として審判するのであるから、共同訴訟人ごとに審判がまちまちになっても差し支えない。

当事者の訴訟追行の観点からいえば、通常共同訴訟において、各共同訴訟人は他の共同訴訟人に制約されることなく、それぞれ独立して訴訟を追行する。これが、共同訴訟人独立の原則である。すなわち、共同訴訟人の1人の訴訟行為、共同訴訟人の1人に対する相手方の訴訟行為、および共同訴訟人の1人について生じた事項は、他の共同訴訟人に影響を及ぼさない (39条)。例えば、共同訴訟人の1人のした、またはその1人に対する事実主張は、その共同訴訟人と相手方との関係で訴訟資料になる。自白についても同様である。その結果、通常共同訴訟の場合、同一訴訟手続内で訴訟資料が共同訴訟人ごとにまちまちになることがあり、判決内容の合一も確保されない。また、各共同訴訟人はそれぞれ独立して、請求の放棄・認諾、和解、訴えの取下げ、上訴、上訴の取下げなどをすることができる。このため、例えば共同訴訟人間で上訴への対応がまちまちになると、判決の確定時期が異なるばかりか、確定判決の内容が相互に矛盾・抵触することもありうる。さらに、共同訴訟人の1人について訴訟の中断・中止の事由が生じても、他の共同訴訟人には影響を与えず、訴訟は進行する。

裁判所の訴訟運営の観点からいえば、通常共同訴訟の場合、裁判所は一部の共同訴訟人について、裁量で弁論を分離 (152条1項) して一部判決をすることができる (243条2項)。もともと審判の統一が必要でないのが通常共同訴訟であるから、弁論の分離も差し支えない。

このように、通常共同訴訟の場合、判決内容の統一は法律上保障されていない。しかし、弁論および証拠調べが共通の期日に行われ、同一の裁判所が統一された訴訟資料・共同の証拠資料に基づき判断すれば、同一の心証に基づく統一的な判決が期待され、かくて判決内容の統一が事実上もたらされうる。通常共同訴訟の狙いは、少なくともこの程度での事実上の統一的紛争処理にある。

とはいえ、共同訴訟人独立の原則を徹底的に貫くことは、かえって共同訴訟を認める趣旨ないし実益を損なうところがある。そこで、学説上、共同訴訟人独立の原則の緩和を図ろうとする理論が提唱される。この点、証拠資料のレベルで共同訴訟人独立の原則を緩和するのが、共同訴訟人間の

証拠共通の原則である。これは、共同訴訟人の1人が提出した証拠またはこれに対して提出された証拠は、他の共同訴訟人との関係でも証拠として裁判所の事実認定の資料とすることができるとする建前である。判例・通説もこれを認める。当該証拠を提出しない共同訴訟人による援用の有無を問わない。もっとも、その根拠については諸説ある。まず、証拠共通の原則を認めないと、裁判所の自由心証に制約を課すことになるのを問題視するものがある。すなわち、同一の事実について一の期日で証拠調べがなされたにもかかわらず、その結果として得られた証拠資料を共同訴訟人の1人についてのみ用い、他の共同訴訟人には用いないよう裁判官に命じることは、裁判官にその確信に反する事実認定を強いることになるが[3]、これは自由心証主義に対する制約となるから、証拠共通の原則を認めるべきであると説く。また、併合審理を行いながら同一事実についての認定がまちまちになる不自然さを避けたいという実践的欲求に加え、証拠を提出しなかった共同訴訟人にも証拠調べ手続に関与する機会が与えられていたことに[4]、証拠共通の原則の根拠を求めるものがある。これによれば、手続保障を欠くような場合には、証拠共通は働かないとする。さらに、弁論主義の不意打ち防止機能確保との関係で、釈明や他の共同訴訟人の援用がある場合または他の共同訴訟人に不意打ちとならない場合に限定して、証拠共通を認めるべきとする見解[5]もある。

　さらに進んで、主張レベルでも共同訴訟人独立の原則を緩和しようとする見解もある。この点、共同訴訟人間に補助参加の利害関係が認められる場合には、明示の参加申出がなくとも、その間に当然の補助参加の関係を認めるべきであるとする理論がある。これによれば、補助参加の利害関係のある共同訴訟人間では、その1人のした訴訟行為は、同時に他の者の訴訟についてもその補助参加人としてしたものと扱われる。そこで、共同訴訟人の1人の提出した訴訟資料は、他の共同訴訟人の抵触行為がない限り訴訟資料となる。もっとも、判例（最判昭和43・9・12民集22-9-1896〔百選95事件〕）はこれを否定する。また、共同訴訟人間の主張共通の原則を認める見解もある。共同訴訟人の1人がした主張について、その主張が他の共同訴訟人に有利なものであれば、他の共同訴訟人がこれと抵触する訴訟行為を積極的にしないときは、他の共同訴訟人にも及ぶと説く。

[3] 必要的共同訴訟
(1) 意義
「訴訟の目的が共同訴訟人の全員について合一にのみ確定」(40条1項)しなければならない共同訴訟、すなわち合一確定の必要のある共同訴訟が必要的共同訴訟である。合一確定とは、訴訟上の請求について共同訴訟人の全員に対して同時に同一内容の判決をすることをいう。

いかなる場合に合一確定の必要があるのかについて、通説は共同訴訟人ごとに判決がまちまちになることが法律上許されない場合に合一確定の必要があると説く。すべての共同訴訟人が共同して権利を行使することが要求される場合、および共同訴訟人間に判決効が拡張される場合には、共同訴訟人ごとに判決がまちまちになることが法律上許されない。

実体法の観点からみて共同訴訟人間で判決の内容がまちまちになるのが奇妙な場合であっても、共同訴訟人の1人の受けた判決が他の共同訴訟人に拡張されないときは、必要的共同訴訟ではなく、通常共同訴訟にとどまる。例えば、主たる債務者と連帯保証人とを共同被告とする訴えについて、主たる債務者に対する請求が棄却され、連帯保証人に対する請求が認容されるのは、連帯保証債務の付従性からすれば実体法上は奇妙である。しかし、主たる債務者に対する判決効が連帯保証人に拡張される関係にない(その逆も同様)から、主たる債務者と連帯保証人とを共同被告とする訴えは必要的共同訴訟ではない(最判昭和27・12・25民集6-12-1255)。

(2) 固有必要的共同訴訟
訴訟共同の必要のある必要的共同訴訟、すなわち一定範囲の全員を共同訴訟人として当事者としなければ当事者適格を欠き、訴えは不適法とされる共同訴訟が固有必要的共同訴訟である。

ある訴訟が固有必要的共同訴訟に当たるかどうかについて、伝統的な考え方によれば、訴訟物である権利関係についての実体法上の管理処分権の性質または訴えの目的が一般的な基準になると解されており、大別すれば、他人間の権利関係の変動を生じさせる形成の訴え(またはこれと同視すべき確認の訴え)と、実体法上数人が共同して管理処分しなければならない財産に関する訴えとが固有必要的共同訴訟になると解されている[6]。現在でも、当事者適格の基礎となる管理処分権または法律上の利益の帰属形態によっ

て決定される[7]との見解は有力である。しかし、訴訟物たる権利の性質、紛争解決の実効性、原告・被告間の利害の調節、当事者と当事者にならない利害関係人の間の利害の調節、当該手続の進行状況など、実体法的観点と訴訟法的観点との両方から考量して判定していく必要があるとする見解[8]も有力であるほか、学説は多岐にわたる。

ともあれ、ここでは次の3つの類型に分けて、いくつかの主要な判例を紹介するにとどめざるを得ない。

(3) 固有必要的共同訴訟の類型①——他人間の権利・法律関係に変動を生じさせる訴訟の場合

人事に関する訴えで、その訴えに係る身分関係の当事者以外の第三者が提起するものの場合、その訴えに係る身分関係の当事者の双方を共同被告としなければならないのが原則である（人訴12条2項）。例えば、第三者の提起する婚姻の無効・取消しの訴えについては、その夫婦を共同被告としなければならない。この場合、第三者が夫婦の一方のみを被告とすれば、身分関係を対世的に形成・確認することを予定する人事訴訟において、他方に対する手続保障を著しく欠くことになる。また、株式会社の役員の解任の訴え（会社854条）は、会社と役員との間の会社法上の法律関係の解消を目的とする形成の訴えであり、当該会社・当該役員の双方を共同被告としなければならない（会社855条）。この訴えにおいて争われる内容（会社854条1項柱書）からすれば、当該役員に対する手続保障にも配慮しなければならないからである（なお、最判平成10・3・27民集52-2-661）。

(4) 固有必要的共同訴訟の類型②——数人共同の管理処分・職務執行が法律上要求される訴訟の場合

破産管財人が数人あるときの破産財団に属する財産に関する訴訟（破76条1項）、管財人が数人あるときの更生会社の財産関係の訴訟（会更69条1項）、受託者が2人以上の信託における信託財産に関する訴訟（信託79条）などがこれに該当する。管理処分権者・職務執行者を複数人としたというのは、互いに牽制させて管理処分を適正にさせようということであるから、訴訟共同も必要というのがその趣旨に適うからである[9]。共同所有関係の訴訟は、この類型に属することもあろうが、独立の類型として説明する。

(5) 固有必要的共同訴訟の類型③――共同所有関係の訴訟の場合
①入会権確認の訴え

　入会権は団体的色彩の濃い権利であり、入会権者全員に総有的に帰属する。したがって、第三者との関係で入会権の確認を求める訴えは、入会団体自らが当事者能力・当事者適格を有する場合（最判平成 6・5・31 民集 48-4-1065〔百選 11 事件〕）を除き、入会権者全員を原告とする固有必要的共同訴訟となる（最判昭和 41・11・25 民集 20-9-1921）。もっとも、訴えの提起に同調しない入会権者がいるときは、その者を被告に加え、入会団体の構成員全員が訴訟当事者となる形式で、入会権確認の訴えを提起することが許される（最判平成 20・7・17 民集 62-7-1994〔百選 97 事件〕）。

　他方、入会権者は各自単独で、自己の使用収益権の確認または使用収益権行使の妨害排除を請求することができる（最判昭和 57・7・1 民集 36-6-891）。入会権の内容である使用収益権能は、入会団体の構成員としての資格に基づいて個別的に認められるものだからである。また、入会団体の構成員であると主張する者が提起した、入会団体の構成員としての地位またはこれに基づく入会権の内容である使用収益権を有することの確認を求める趣旨の入会権確認の訴えも、固有必要的共同訴訟ではない（最判昭和 58・2・8 判時 1092-62）。

②共有者相互間の訴訟

　共有物分割の訴え（民 258 条）は、共有者全員を当事者とする固有必要的共同訴訟である。ある財産が現に共同相続人による遺産分割前の共有関係にあることの確認を求める訴えである遺産確認の訴えは、共同相続人全員が当事者として関与すべき固有必要的共同訴訟である（最判平成元・3・28 民集 43-3-167〔百選 100 事件〕）。遺産確認の訴えは、当該財産が遺産分割の対象財産であることを既判力をもって確定することで、これに続く遺産分割審判の手続などにおいて当該財産の遺産帰属性を争うことを許さないとすることを狙いとするからである。共同相続人が他の共同相続人に対し、その者が相続人の地位を有しないことの確認を求める訴え（相続人の地位不存在確認の訴え）も、固有必要的共同訴訟である（最判平成 16・7・6 民集 58-5-1319）。この訴えの趣旨・目的が相続人の地位を有するか否かを既判力をもって確定することで、これに続く遺産分割審判の手続などにおいて紛議が発生す

るのを防ぐことにあるからである。
③共有者が原告として第三者に対し訴えを提起する場合（能働訴訟）

　共有権（数人が共同して有する1個の所有権）確認の訴えや、共有権に基づき共有者全員への所有権移転登記手続を求める訴えは、共有者全員が共同原告となるべき固有必要的共同訴訟である（最判昭和46・10・7民集25-7-885〔百選A31事件〕）。これらの場合、共有者全員の有する1個の所有権そのものが紛争の対象となり、共有者全員が共同して訴訟追行権を有し、その判決も全員に矛盾なくされることが要請されるからである。

　これに対して、共有者は各自単独で、自己の共有持分権の確認を求める訴えを提起することができる（最判昭和40・5・20民集19-4-859）。また、共有者は各自単独で、共同所有権に基づき共有物全部の引渡し・明渡しを求める訴えを提起することができる（最判昭和42・8・25民集21-7-1740）。共有物の引渡・明渡請求権が不可分給付だからである。さらに、共有者は各自単独で、共有持分権に基づき抹消登記手続を求める訴えを提起することができる（最判昭和31・5・10民集10-5-487〔百選［第4版］99事件〕）。この訴えが妨害排除請求であって保存行為に属するものだからである。

　なお、隣接する土地の一方または双方が共有地である場合の境界確定の訴えは、共有者全員が共同してのみ訴えまたは訴えられることを要する固有必要的共同訴訟である（最判昭和46・12・9民集25-9-1457）。土地の境界が土地の所有権と密接な関係を有し、かつ隣接する土地の所有者・共有者全員に対して判決の効力を及ぼすべきものだからである。もっとも、境界確定の訴えを提起することに同調しない共有者がいるときであっても、その余の共有者は隣接する土地の所有者と共に、訴え提起に同調しない者を被告にして境界確定の訴えを提起することができる（最判平成11・11・9民集53-8-1421）。境界確定の訴えの特性からすれば、共有者の全員が原告または被告のいずれかの立場で当事者として訴訟に関与していれば足りるからである。
④共有者を被告として第三者が訴えを提起する場合（受働訴訟）

　建物の共有名義人を被告とする所有権確認の訴えは、必要的共同訴訟ではない（最判昭和34・7・3民集13-7-898）。請求がそれぞれ独立しており、合一確定の必要がないからである。また、賃借人が賃貸人の共同相続人に対し提起した賃借権確認の訴えも、必要的共同訴訟ではない（最判昭和45・5・22

民集 24-5-415)。賃貸目的物を使用収益させる債務を、相続人が各自不可分に負担するからである。この場合、賃借人は共同相続人のうち賃借人の賃借権を争う者のみを被告とすれば足りる。さらに、土地の所有者がその所有権に基づき、地上の建物の所有者である共同相続人を被告として提起した建物収去土地明渡請求訴訟も、固有必要的共同訴訟ではない（最判昭和43・3・15 民集 22-3-607〔百選 99 事件〕）。その理由は、共同相続人らの義務が不可分債務であり、各自係争物件の全部についてその侵害行為の全部を除去すべき義務を負うこと、このため土地所有者は共同相続人ら各自に対し、順次その義務の履行を訴求でき、必ずしも全員に対して同時に訴えを提起して、同時に判決を得ることを要しないことにある。

これに対して、所有権移転登記の共有名義人を被告として当該登記の抹消登記手続を求める訴えは固有必要的共同訴訟である（最判昭和 38・3・12 民集 17-2-310)。

コラム　固有必要的共同訴訟において訴え提起に同調しない者がいる場合

原告側の固有必要的共同訴訟の場合に、本来共同原告となるべき者の中に訴え提起に同調しない者が 1 人でもいるときは、残りの者は訴えを提起することができない。このままでは、当事者適格を欠くからである。しかし、このような帰結は、実質的には一部の者の訴権ないし権利行使を否定することになる。

そこで、現行民事訴訟法制定の際に検討されたのが、参加命令の制度である。これは、原告側の固有必要的共同訴訟の場合に、共同原告となるべき者のうち一部の者が訴えの提起を拒んだときは、その者に対し裁判所が参加命令を発することにより、その余の者が原告となって訴えを提起することができるとする内容の制度である。しかし、参加命令を出すことによって、なぜ訴えを提起する意思のある者だけが実体法上の処分権を有することになるのかという疑問があったことから、立法化には至らなかった。

この問題について、現行民事訴訟法制定後、2 つの最高裁判決が登場した。境界確定の訴えの場合に関する最判平成 11・11・9（前掲）と、入会権

確認の訴えの場合に関する最判平成20・7・17（前掲）である。いずれも、訴えの提起に同調しない者を被告に加えることで、訴え提起の入り口の問題を解決しようとするものである。しかし、両判決の射程がどこまで及びうるのかは明確ではなく、また、残された課題もある。

最近では、原告として訴えを提起する意思のある者の申立てにより、この者を担当者とし訴え提起に同調しない者を被担当者とする訴訟担当を認める内容の授権決定の制度を設けることが、立法論として提案されている。今後の解釈論・立法（論）の展開が注目される分野の1つである。

もっと知りたい方へ
- 伊藤眞ほか『民事訴訟法の論争』（有斐閣、2007）
- 長谷部由起子ほか編『基礎演習民事訴訟法〔第2版〕』（弘文堂、2013）

(6) 類似必要的共同訴訟

訴訟共同の必要のない必要的共同訴訟、すなわち一定範囲の全員が共同訴訟人として訴訟を追行する必要はないが、共同訴訟とされた以上は合一確定の必要のある共同訴訟が類似必要的共同訴訟である。共同訴訟人の1人が受けた判決の効力が他の共同訴訟人にも拡張されるため、判決内容がまちまちになることが許されない場合がこれに当たる。数人の提起する会社設立無効の訴え（会社828条1項1号）、会社合併無効の訴え（会社828条1項7号8号）、株主総会決議不存在・無効確認の訴え（会社830条）、株主総会決議取消しの訴え（会社831条）のような会社関係訴訟のほか、数人の提起する婚姻の無効・取消しの訴え（人訴2条1項）も類似必要的共同訴訟に属する。数人の債権者の提起する債権者代位訴訟（民423条）も、債務者への判決効の拡張（115条1項2号）を介して債権者相互間にも判決効が及びうるから、類似必要的共同訴訟となると解するのが通説である。

(7) 必要的共同訴訟の審判

必要的共同訴訟においては、合一確定の必要から、訴訟資料・手続進行の統一を図ることが要請される。そこで、民事訴訟法40条は合一確定に必要な限りで、共同訴訟人独立の原則（39条）を制限ないし修正する。

①共同訴訟人の訴訟行為

　必要的共同訴訟においても、各共同訴訟人はそれぞれ独自の判断で訴訟行為をする。しかし、これでは裁判資料の統一を図ることができないおそれがある。そこで、裁判資料の統一を図るため、共同訴訟人に有利な訴訟行為は1人がすれば全員のために効力を生ずる（40条1項）が、不利な訴訟行為は全員が一致してしない限りその効力を生じないとされた。したがって、例えば共同訴訟人の1人が相手方の主張事実を争えば、全員がそれをしたと扱われる。これに対して、請求の放棄・認諾や自白は共同訴訟人の1人がしても効力を生じず、全員がすれば効力を生じる。

②共同訴訟人に対する訴訟行為

　共同訴訟人の1人に対する相手方の訴訟行為は、全員に対してその効力を生ずる（40条2項）。これは、主として相手方の便宜を図るためである。したがって、例えば共同訴訟人の1人でも期日に出頭していれば、準備書面に記載していない事実も主張できると解される。

③訴訟の進行

　共同訴訟人の1人について訴訟手続の中断または中止の原因があるときは、その中断または中止は全員についてその効力を生ずる（40条3項）。手続の進行が共同訴訟人の全員について一律になるようにするためである。また、弁論の分離や一部判決をすることは許されない。

④上訴

　共同訴訟人の1人でも上訴すれば、上訴は有利な訴訟行為であるから、共同訴訟人全員との関係で確定を遮断する効果および移審の効果が生じる（40条1項）と解するのが通説である。もっとも、上訴しなかった共同訴訟人がいかなる地位に就くかについては、争いがある。全員が上訴人となると解するのが通説である。しかし、判例は類似必要的共同訴訟である住民訴訟（最判平成9・4・2民集51-4-1673）および株主代表訴訟（最判平成12・7・7民集54-6-1767〔百選101事件〕）において、自ら上訴をしなかった共同訴訟人は上訴人にはならないとする。既に訴訟を追行する意思を失った者に対し、その意思に反してまで上訴人の地位に就くことを求めることは相当でないこと、また提訴後に共同訴訟人の数が減少しても、その審判の範囲、審理の態様、判決の効力などには影響がないことを理由とする。

[4] 特殊な併合形態
(1) 同時審判申出共同訴訟

　原告の申出によって、共同被告に対する請求について、その弁論および裁判を分離しないで行う形態の共同訴訟を同時審判申出共同訴訟（41条）という。現行民事訴訟法制定の際に、新たに導入された制度である。

　複数人に対する請求が実体法上併存しえない場合がある。例えば、XがY_1の代理人であると主張するY_2との間で契約を締結したとき、それが有権代理であることを前提にXがY_1に対してその履行を請求し、他方でそれが無権代理であることを前提にXが無権代理人Y_2に対して損害賠償を請求する（民117条1項）場合である。Xの主張を前提とすれば、この場合、XのY_1に対する請求とY_2に対する請求は実体法上両立しえないが、いずれか一方の請求は認容されるべきはずである。しかし、両請求を別々に審判すると、XはY_1に対する請求については無権代理を理由に、Y_2に対する請求については有権代理を理由に、いずれの請求についても棄却される危険を負う。そこで、原告の申出に基づき共同被告に対する請求を同一手続で審判することを強制し、事実上統一的な判断を受ける機会を確保し、もって原告の両負けになる事態をできる限り防ぐための共同訴訟の形態が同時審判申出共同訴訟（41条）である。

　同時審判の申出の要件は、①共同被告の一方に対する訴訟の目的である権利と共同被告の他方に対する訴訟の目的である権利とが法律上併存しえない関係にあること（41条1項）、②原告の申出があること（41条1項）である。法律上併存しえない場合とは、一方の被告に対する請求原因事実が他方の被告に対する請求では抗弁事実になるというように、主張レベルで法律上請求が両立しえない場合を指す[10]。複数の被告に対する請求が事実上併存しえない場合（例えば、契約の相手方や不法行為の加害者が共同被告とされた者のいずれかであると主張される場合）は含まない。また、同時審判の申出は、控訴審の口頭弁論の終結の時までにしなければならない（41条2項）。その時点までであれば、同時審判の申出をいつでも撤回できる（規19条1項）。

　同時審判申出共同訴訟は、原告が共同被告に対する請求のすべてにつき審判を求める点で単純併合であり、また共同被告の1人に対する請求の判決効が他の共同被告の請求に拡張される関係にないから、通常共同訴訟で

ある。したがって、弁論および裁判の分離が禁止される（41条1項）点を除けば、通常共同訴訟に関する審判の規律が妥当する。共同訴訟人独立の原則も妥当する。その結果、訴訟資料が統一されず、原告の両負けになることもあるし、逆に原告の両勝ちになることもある。

第1審で同時審判申出共同訴訟であった場合でも、上訴については共同訴訟人独立の原則が働く。そこで、各共同被告に対する請求について各別に控訴がされるときは、これらが同一の控訴裁判所に別々に係属することになる。このような場合、同時審判の申出は控訴審を拘束し、控訴審は弁論および裁判を併合してしなければならない（41条3項）。

(2) 主観的予備的併合

当事者を異にする請求の予備的併合の形態が、主観的予備的併合である。すなわち、主観的予備的併合とは、各共同訴訟人と相手方との間の各請求が両立しえない関係にある場合に、その複数の請求に順位をつけて、主位原告のまたは主位被告に対する請求につきまず審理を求め、それが認容されない場合に予備的原告のまたは予備的被告に対する請求につき、1個の訴訟での審判を求める併合形態をいう[11]。例えば、XがY$_1$の代理人であると主張するY$_2$との間で契約を締結したとき、主位的にXがY$_1$に対してその履行の請求を、これが棄却された場合に備え予備的に無権代理人Y$_2$に対する損害賠償の請求（民117条1項）を併合提起しておく場合がこれに当たる。この併合形態は、特に原告からすれば、複数の被告に対する請求を順位付けることができ、また主位被告に対する請求と予備的被告に対する請求が別々に審判を受け、双方につき敗訴の危険を負うという事態を回避できる点でメリットが大きい。

主観的予備的併合の適法性については、第1に予備的被告が不安定な地位に立たされること、第2に上訴との関係で審判の統一が必ずしも保障されていないことから議論がある。すなわち、第1の点についてみると、主観的予備的併合は主位請求が認容されることを解除条件として予備的請求について審判を求めるものである。予備的被告は、主位的請求の審理中は何もできない立場でありながらその訴訟の展開に注意しなければならず、主位被告に対する請求が認容されれば予備的被告に対する請求について判決がされない点で、不利益・不安定な地位に置かれる。また、第2の点に

ついてみると、主観的予備的併合が認められれば、第1審では裁判の不統一は避けられよう。しかし、これを通常共同訴訟であると捉える限り、共同訴訟人独立の原則が働く。そこで、上訴について共同訴訟人独立の原則が働くと、上訴審では手続がまちまちになり、両負けを防ぐという意味での裁判の不統一を回避できないこともある。旧法下の判例（最判昭和43・3・8民集22-3-551〔百選A30事件〕）は、主観的予備的併合を否定する（現行法下については本章コラム参照）。

||| コラム ||| 現行法下における主観的予備的併合の適法性

　現行民事訴訟法の制定に当たり、当初は主観的予備的併合の立法化も検討された。しかし、結局、立法化は見送られ、新たな併合形態として同時審判申出共同訴訟が設けられた。これは、主観的予備的併合を肯定する学説の問題意識、すなわち事実関係が明確でない事案で、複数の被告に対する実体法上の関係をそのまま訴訟に反映することができ、別訴によるよりは原告にとって便宜であり、矛盾のない統一的な判断が期待できるということをできる限り吸収しつつ、被告にも不利益にならないような方向を検討した結果、認められたものである。そこで、このような立法の経緯や、主観的予備的併合の抱える問題点などを勘案して、現行法下ではもはや主観的予備的併合の適法性を主張する余地はないとの見解もある。

　たしかに、同時審判申出共同訴訟の新設によって、主観的予備的併合に対するニーズの大部分が解消されたかもしれない。しかし、現行法下でも、主観的予備的併合の必要性は残っており、解釈論として認められると考えてよいのではないかと説く有力な学説もある。例えば、前述の本人 Y_1 に対する履行請求と、無権代理人 Y_2 に対する損害賠償の請求（民117条1項）につき、同時審判の申出がされたとする。審理の結果、第1審では Y_2 に Y_1 を代理する権限がないことを理由に、Y_1 に対する請求は棄却され、Y_2 に対する請求は認容されたとする。このとき、Y_2 のみが控訴をすれば、Y_2 に対する請求のみが控訴審に移審する。ところが、控訴審では審理の結果、Y_2 に Y_1 を代理する権限があることを理由に、Xの Y_2 に対する請求も棄却されることがある。要するに、同時審判申出共同訴訟を利用しても、両

負けを完全に防ぐことはできない。このような結果は、通常共同訴訟に関する規律が基本的には妥当し、上訴不可分の原則の働かない同時審判申出共同訴訟では、やむをえないことかもしれない。そこで、主観的追加的併合を認め、その規律には民事訴訟法40条が準用されると解釈すれば、Y_2 のみの控訴であっても両請求ともに控訴審に移審することになり、控訴審でも裁判の統一が期待できる。そうだとすれば、現行法下でも主観的予備的併合を認める実益がある。今後も議論の余地がありそうである。

もっと知りたい方へ
- 伊藤眞『民事訴訟法〔第4版補訂版〕』(有斐閣、2014)
- 髙橋宏志『重点講義民事訴訟法(下)〔第2版補訂版〕』(有斐閣、2014)
- 竹下守夫ほか編『研究会新民事訴訟法――立法・解釈・運用』(有斐閣、1999)

B 訴訟参加

[1] 意義

　訴訟参加とは、係属している他人間の訴訟に、その訴訟の成り行きいかんに一定の利害関係を有する第三者が新たに当事者またはこれに準じる地位で加入する現象を指す。

　他人間に係属している訴訟が第三者の利害に関係し、第三者に影響を与えることがある。このような場合に、第三者が自己の利益を守るため当該訴訟に介入するのを適当とすることもある。そこで、民事訴訟法は訴訟参加の制度を設けている。

　訴訟参加は、他人間に係属する訴訟に加入する参加人が取得する訴訟上の地位に着目して、当事者参加と補助参加とに大別される。当事者参加は、参加人が当事者の地位を取得するものである。これには、独立当事者参加と共同訴訟参加とがある。他方、補助参加は参加人が当事者の地位ではなく、補助参加人の地位を取得するものである。補助参加人に共同訴訟人に準じる地位を与える、共同訴訟的補助参加もある。ともあれ、訴訟参加の2つの中心をなすのが第三者が本訴の原告・被告から独立した当事者として参加する独立当事者参加と、第三者が当事者の一方を補助するため参加

する補助参加である。補助参加は、当事者から第三者への訴訟係属の事実の通知をきっかけにされることがある。この通知が訴訟告知である。

[2] 当事者参加
(1) 独立当事者参加の意義
　独立当事者参加とは、第三者（独立当事者参加人、単に参加人ともいう）が新たに独立の当事者として自己の請求を定立して係属中の訴訟法律関係に加入する行為・制度である（47条）。旧法下の判例・通説（三面訴訟説）は、独立当事者参加の訴訟構造につき、「原被告および参加人の三者が互に相争う紛争を一の訴訟手続によって、一挙に矛盾なく解決しようとする訴訟形態であって、右三者を互にてい立、牽制しあう関係に置き、一の判決により訴訟の目的を全員につき合一にのみ確定することを目的とするもの」（最大判昭和42・9・27民集21-7-1925）と把握した。

(2) 独立当事者参加の要件
　独立当事者参加をすることができるのは、次の①または②の場合に限られる。もっとも、参加の要件を欠く独立当事者参加の申出は、別訴の提起として扱われる（最判平成6・9・27判時1513-111〔百選105事件〕）。
　①訴訟の結果によって権利が害されることを第三者が主張する場合であること（47条1項前段）。この場合の訴訟参加を講学上、詐害防止参加という。
　いかなる場合に詐害防止参加が許されるのかについては、争いがある。この点、多数説（詐害意思説）は詐害防止参加の制定の趣旨・沿革を重視して、次のように説く。すなわち、詐害防止参加は当事者の通謀・馴れ合いにより第三者を詐害する判決がなされようとするときに、第三者に自己を詐害する判決を防止する方法を提供する目的で制定されたという沿革を有する。このような制度の沿革から、詐害防止参加ができるのは、当事者がその訴訟を通じ参加人を害する意思をもつと客観的に認められる場合に限られる。詐害意思が客観的に認められるとは、詐害意思が当事者の具体的訴訟行為、例えば主張・立証の懈怠、期日の欠席、合理的理由のない自白、請求の放棄・認諾などの形で現れていることを要する趣旨である[12]。もっとも、詐害意思があれば誰でも詐害防止参加をすることができるということではな

い。争いはあるものの、少なくとも、第三者が当事者の一方または双方に対して自己の請求を定立できる程度の利害関係は必要となる。ともあれ、例えば債権者の保証人に対する訴訟で馴れ合いが生じているとき、主債務者は詐害防止参加をすることができる。

②訴訟の目的の全部または一部が自己の権利であることを第三者が主張する場合であること（47条1項後段）。これは、参加人の請求が本訴の請求と論理的に両立しえない関係にある場合を指す[13]。例えば、原告の被告に対する所有権確認請求訴訟の係属中に、第三者がその訴訟の目的物件が自己に帰属すると主張して、原告・被告双方に所有権確認請求を定立して独立当事者参加をする場合がこれに当たる。この場合の訴訟参加を講学上、権利主張参加という。

なお、債務者は、係属中の債権者代位訴訟に、原告が債権者ではないと主張して独立当事者参加をすることができる（重複起訴の禁止に抵触しない）。もっとも、審理の結果、債権者の代位権行使が適法であれば、債務者は訴訟追行権を有しないから、債務者の第三債務者に対する請求は不適法となる反面、債権者が訴訟追行権を有しないことが判明したときは、債務者は訴訟追行権を失っていないから、債権者の第三債務者に対する請求が不適法となる（最判昭和48・4・24民集27-3-596〔百選108事件〕）。

(3) 独立当事者参加の参加申出の方式

参加人は、本訴訟の当事者の双方または一方に対する自らの請求を提示し、それについて審判を求め本訴に参加する。したがって、独立当事者参加は訴えの提起としての性質を有し、参加の申出は請求の趣旨・原因を記載した書面でしなければならない（47条2項）。この書面は、当事者双方に送達され（47条3項）、それによって参加人の請求につき訴訟係属が生じる。

(4) 独立当事者参加の審判

独立当事者参加の審判については、必要的共同訴訟に関する民事訴訟法40条1項から3項までの規定が準用される（47条4項）。原告および参加人の請求について、矛盾のない判断をするためである。しかし、参加人は本訴の当事者から独立した当事者として参加するのであって、本訴の当事者と参加人との間に本来的な意味での共同関係は存在しない。にもかかわらず、独立当事者参加の規律に民事訴訟法40条1項から3項までの規定が

準用されるのは、共同訴訟人間の足並みを揃えるためというよりは、むしろ当事者および参加人が相互に牽制しあってそれぞれの請求について矛盾のない判決を求めるという独立当事者参加の趣旨[14]からである。

　そこで、①原告・被告・参加人のうちの1人がした訴訟行為で、他の者に有利なものは全員のために効力を生ずるが、他の者に不利なものはその効力を生じない（47条4項・40条1項）。例えば、被告が原告に対する請求との関係で、相手方の主張事実を否認すれば、それは参加人のためにも効力を生じるが、自白や請求の放棄をしても、その効力を生じない。②原告・被告・参加人の1人に対する訴訟行為は、全員に対してその効力を生ずる（47条4項・40条2項）。③原告・被告・参加人の1人について訴訟手続の中断または中止の原因があるときは、その中断または中止は全員についてその効力を生ずる（47条4項・40条3項）。弁論の分離や一部判決をすることは許されない。④原告・被告・参加人のうち、敗訴した2人の中の1人のみが上訴した場合の取扱いについては、争いがある。敗訴した1人の上訴によって、判決全体の確定が防止され、上訴しなかった当事者の請求も含め、すべての請求が上訴審に移審すると解するのが通説である（最判昭和50・3・13民集29-3-233ほか）。しかし、敗訴した参加人が上訴しないときは、統一的な判決を望んだ参加人が、もはやそれを望まなくなったことを理由に、参加人の請求は移審せず、上訴審の当事者とならないとする有力な見解もある。また、通説の立場によったとしても、上訴しなかった敗訴者が民事訴訟法40条1項の準用によって上訴人になるのか、民事訴訟法40条2項の準用によって被上訴人になるのかについては争いがある。この点、判例（前掲最判昭和50・3・13）は、上訴しなかった敗訴者は民事訴訟法40条2項の準用によって被上訴人になるとする。また、判例（最判昭和48・7・20民集27-7-863〔百選106事件〕）は、上訴審において、被上訴人である原審敗訴者に利益に原判決を変更することは、その者による附帯控訴がなくとも、合一確定のために必要な限度ですることができると判示する。

(5) 二当事者訴訟への還元
①原告による訴えの取下げまたは参加人による参加申出の取下げ

　独立当事者参加がなされた後であっても、原告は訴えを取り下げることができる。原告が訴えを取り下げるには、被告の同意（261条2項）のほか、

参加人の同意も要する（最判昭和60・3・15判時1168-66、通説）。参加人が被告に対してのみ請求を定立して片面的参加をした場合も、同様に解すべきであろう[15]とされる。訴えの取下げにより、参加人の当事者双方または一方に対する請求のみが残存するが、当事者双方に対する請求が残存する場合、これは通常共同訴訟になる。

参加人も、参加の申出を取下げることができる。この場合、独立当事者参加の申出が訴え提起の性質を有することから、その取下げの要件も、訴えの取下げの要件に準じる。参加の取下げにより、本訴訟のみが残存する。

②訴訟脱退

自己の権利を主張するため独立当事者参加がなされた場合に、本訴訟の原告または被告が相手方の承諾を得て訴訟から脱退することを認める（48条前段）制度を訴訟脱退という。

独立当事者参加がなされることによって、本訴訟の原告または被告が、もはや当事者として訴訟を追行する必要性を感じなくなることがある。例えば、金銭債権の給付訴訟の係属中に、本訴原告から当該債権を譲り受けたと主張する参加人が本訴被告に対する給付請求を定立して独立当事者参加をした場合に、本訴被告としてはいずれが債権者であるかを決めてもらえればそれに従う意向を有するときである。この場合に、脱退の意向を有する原告または被告を訴訟追行の負担から解放するとともに、訴訟から脱退した当事者に対して残存当事者間の判決効を及ぼすのが、訴訟脱退の制度（48条）である。

訴訟脱退の要件は、自己の権利を主張するため独立当事者参加がされたこと、および脱退につき相手方の承諾を得ることである（48条前段）。

訴訟脱退により、脱退者は訴訟追行から外れ、訴訟は参加人と残存当事者間の二当事者対立構造に還元される。

脱退後の手続でなされた判決は、脱退した当事者に対してもその効力を有する（48条後段）。しかし、その意味内容をめぐっては、訴訟脱退の性質とも関連して争いがあり、学説は多岐にわたる。

(6) 共同訴訟参加

共同訴訟参加とは、第三者（参加人）が係属中の訴訟の当事者の一方の共同訴訟人として、その訴訟に参加する行為・制度である（52条）。参加人は、

本訴と同一内容の請求を定立しまたはその請求棄却を主張して、共同訴訟参加をする。

共同訴訟参加の要件は、①訴訟が係属中であること、②訴訟の目的が当事者の一方と参加人について合一にのみ確定すべき場合であること（52条1項）、③参加人が当事者適格を有することである。

訴訟追行権自体は、被参加人たる当事者と参加人たる第三者がそれぞれ独立に行使しうることが前提であり、かつ合一確定が求められるものであるから、参加後の共同訴訟の形態としては、類似必要的共同訴訟に属するのが原則である[16]。もっとも、固有必要的共同訴訟で共同訴訟人となるべき者の一部が欠けているときに、その瑕疵を治癒する手段として共同訴訟参加が用いられることもある。

共同訴訟参加の申出には、民事訴訟法43条・47条2項3項が準用される（52条2項）。

[3] 補助参加
(1) 意義

補助参加とは、訴訟の結果について利害関係を有する第三者が当事者の一方を補助するため、その訴訟に参加することをいう（42条）。例えば、債権者の保証人に対する給付請求に、主債務者が保証人側に補助参加するのがその典型である。補助参加をする第三者を補助参加人（単に参加人ともいう）、補助される当事者を被参加人または主たる当事者、被参加人の相手方当事者を単に相手方という。

補助参加人は、自ら請求を定立して訴訟に参加するのではない。補助参加人は、被参加人を勝訴させることを目的として訴訟活動を展開する。しかし、補助参加人は被参加人の単なる「助っ人」ではない。補助参加人は、被参加人を勝訴させることで補助参加人自身の利益を守るために、自己の名と費用で訴訟に参加する。このような補助参加の特質が、補助参加人の訴訟追行上の地位の二面性（従属性と独立性）をもたらす。

(2) 補助参加の要件——補助参加の利益

補助参加の要件は、被参加人・相手方間に訴訟が係属していること、および補助参加人が訴訟の結果について利害関係を有すること（42条）であ

る。後者の要件を補助参加の利益という。その判断枠組みは、①いかなる「利害関係」が問題となるか、②その利害関係の対象が「訴訟の結果」であるか、③訴訟の結果と利害関係の間にいかなる因果関係（影響）があるかという事項に分節して理解されている[17]（ただし、判断枠組みそのものについても見解は分かれる）。

まず、①「利害関係」（42条）は、法律上の利害関係でなければならない。親友として被参加人を助けたいといった感情的利益や、被参加人の勝訴によりその責任財産の増大が見込まれるといった経済的利益はこれに含まない。法律上の利害関係であれば、財産法上のものに限らず、身分法上のものでもよく、私法上のものでも公法上のものでもよい。

次に、②「訴訟の結果」（42条）が何を意味するのかについては、争いがある。従前の通説は、「訴訟の結果」は判決の結論を意味すると解する。すなわち、補助参加が許されるのは、判決主文における訴訟物自体に関する判断の結果が、補助参加人の法律上の地位や権利に関する判断に影響を及ぼす場合でなければならず、判決理由中の判断によって補助参加人の地位が影響を受けるのでは足りないとする[18]。これに対して、近時の有力説は、訴訟の判決が直接参加人に及ぶ場合でなくとも、参加人の法的地位を判断する上で本訴訟の主要な争点についての判断が論理的に前提となる場合であればよいと説く[19]。もっとも、そもそも従前の通説自体、厳密には判決主文の判断に限定していなかったのではなかろうかとの指摘もある[20]。いずれの見解によっても、例えば債権者の主債務者に対する給付請求に、保証人が主債務者側に補助参加することは認めるようである。

さらに、③訴訟の結果と利害関係の間の因果関係（影響）については、訴訟の判決の効力が直接参加人に及び、参加人がこれに拘束される関係にあることまで要求されるのではない。「訴訟の結果」についての判断が、補助参加人に対する第2の訴訟で論理的に前提となる場合であればよいとされる。その意味で、「訴訟の結果」についての判断が第2の訴訟で事実上の影響力を及ぼせば足りる。

補助参加の利益の有無について、当事者が積極的に異議を述べない限り、裁判所が職権で調査する必要はない。当事者が異議を述べなければ、補助参加の利益がなくとも補助参加をすることができる。当事者が異議を述べ

れば、裁判所は補助参加の許否について、決定で裁判をする (44条1項前段)。
(3) **補助参加の手続**

　補助参加の申出は、書面または口頭で（規1条）参加の趣旨および理由を明らかにして、参加後に訴訟行為をするべき裁判所にしなければならない（43条1項）。補助参加の申出は、上訴の提起など、補助参加人としてすることができる訴訟行為とともにすることができる（43条2項）。

　当事者が補助参加について異議を述べたときは、参加申出のなされた裁判所は補助参加の許否について、決定で裁判をする（44条1項前段）。異議が述べられた場合、補助参加人は参加の理由を疎明しなければならない（44条1項後段）。他方、当事者が参加の申出を知りながら異議を述べないで弁論をし、または弁論準備手続において申述をした後は異議権を失う（44条2項）。参加を許す決定に対しては、異議を述べた者または異議を述べることができる当事者が、参加を許さない決定に対しては、被参加人または補助参加の申出をした者が、それぞれ即時抗告をすることができる（44条3項）。補助参加の許否についての裁判が確定するには相当の時間を要するところ、それまでの間、本訴訟の進行を停止するわけにはいかない。そこで、補助参加について異議があった場合であっても、補助参加人は補助参加を許さない裁判が確定するまでの間、訴訟行為をすることができる（45条3項）。参加不許の決定が確定すれば、それまでになされた補助参加人の訴訟行為は効力を失うが、当事者がその訴訟行為を援用すれば、その効力を有する（45条4項）。

(4) **補助参加人の訴訟追行上の地位**

①独立性と従属性

　補助参加人は、参加した訴訟で攻撃または防御の方法の提出、異議の申立て、上訴の提起、再審の訴えの提起その他被参加人を勝訴に導くために必要な一切の訴訟行為をすることができる（45条1項）。補助参加人の有するこの権能は、補助参加人自身の利益を守るために認められた当事者に由来しない補助参加人に独自の訴訟追行権である。これを保障するため、補助参加人に対する期日の呼出しや訴訟書類の送達は、当事者と別にされなければならない。

　他方、補助参加人は自ら請求を定立して訴訟に参加するのではなく、参

加した訴訟で判決の名宛人になるのではない。補助参加人は、あくまで他人間に係属する訴訟に付随して、被参加人の勝訴を目指して訴訟を追行するにすぎない。この意味で、補助参加人は当事者ではなく、その地位・権限は当事者に従属する。補助参加人は当事者ではないから、証人や鑑定人になることもできる。

②参加人の訴訟行為の制限

補助参加人が当事者に従属する地位にあることから、参加人のすることができる訴訟行為には、次のような制限がかかる。

第1に、補助参加人は参加の時点における訴訟状態に拘束され、補助参加の時において被参加人がすることのできない訴訟行為を補助参加人がすることはできない（45条1項ただし書）。例えば、被参加人が時機に後れたと評価され提出することができなくなった攻撃防御方法（157条1項）を補助参加人が提出することはできない。

第2に、補助参加人は被参加人の訴訟行為と抵触する訴訟行為をすることはできず、補助参加人の訴訟行為で被参加人の訴訟行為と矛盾抵触するものは、その効力を有しない（45条2項）。補助参加人と被参加人との間で訴訟戦術について意見の相違がある場合には、被参加人の判断を優先させる趣旨である[21]。例えば、被参加人が自白した事実につき、補助参加人が否認することはできない。

第3に、補助参加人は訴訟そのものを処分・消滅・変更する訴訟行為をすることはできない。例えば、訴えの取下げ、訴えの変更、反訴の提起、請求の放棄・認諾などの訴訟行為がこれに該当する。補助参加人は、他人間に係属する訴訟を前提としてこれに参加する者であるところ、その前提を覆すような訴訟行為をすることはできない。

第4に、補助参加人は被参加人に不利な訴訟行為をすることはできない。補助参加人は、被参加人の勝訴を目指して訴訟追行すべきだからである。例えば、請求の放棄・認諾、訴訟上の和解などの訴訟行為がこれに該当する（これらは、訴訟を消滅へと導く訴訟行為でもある）。自白については争いがあるが、相互に同格な必要的共同訴訟人もできない以上（40条1項）、主従の関係で訴訟を追行する参加人は当然できないとするのが通説である[22]。

(5) 補助参加人に対する効力

　補助参加に係る訴訟の裁判は、民事訴訟法46条各号に掲げる例外を除き、補助参加人に対してもその効力を有する（46条柱書）。この補助参加人に対する効力は、参加的効力であるとするのが通説である（最判昭和45・10・22民集24-11-1583〔百選103事件〕）。

　参加的効力とは、「判決の確定後補助参加人が被参加人に対してその判決が不当であると主張することを禁ずる効力」（前掲最判昭和45・10・22）である。参加的効力は、補助参加人が被参加人と協力して追行した訴訟で、被参加人が敗訴の確定判決を受けるに至った場合に、敗訴の責任につき補助参加人にも分担させるのが衡平に適うとの理念に基づくものである。

　参加的効力も、後訴において作用するという点では、既判力と共通する。しかし、参加的効力は、次の点で既判力と異なる。第1に、既判力は勝訴敗訴を問わず生じるのに対し、参加的効力は被参加人が敗訴した場合に限り生じる。第2に、主観的範囲につき、既判力が当事者など民事訴訟法115条1項各号に掲げられた者に対して及ぶのに対し、参加的効力は被参加人・補助参加人間にのみ生じる。第3に、客観的範囲につき、既判力が判決主文に包含するものに限り生ずる（114条1項）のに対し、参加的効力は判決主文に包含された訴訟物たる権利関係の存否についての判断だけでなく、判決理由中でなされた事実の認定や先決的権利関係の存否についての判断などにも及ぶ。ただし、判決の主文を導き出すために必要な主要事実に係る認定および法律判断などに限る（最判平成14・1・22判時1776-67〔百選104事件〕）。参加人と被参加人との間の訴訟において、前訴で敗訴の理由となった事実や権利関係の存在について、前訴におけるのと異なった認定判断がされることによる危険を防止するという補助参加の趣旨からすれば、こうした範囲で効力を肯定することが不可欠であること、また参加人と被参加人とが訴訟追行をともにして、その完全を期すべきであったことからすればこうした効力を肯定することも正当化できることに由来する[23]。第4に、既判力が蒸し返しを禁じる制度的効力であるのに対し、衡平の理念に基づく参加的効力については、その効力の及ばない民事訴訟法46条各号所定の例外が定められている。第5に、既判力が職権調査事項であるのに対して、参加的効力は職権調査事項ではなく、当事者の援用をまって顧

慮すれば足りる。

補助参加人に参加的効力の及ばない例外的場合は、次の4つである。第1に、補助参加の時における訴訟の程度に従い（45条1項ただし書）補助参加人が訴訟行為をすることができなかったときである（46条1号）。第2に、補助参加人の訴訟行為が被参加人の訴訟行為と抵触するため補助参加人の訴訟行為が効力を有しなかったときである（46条2号）。第3に、被参加人が補助参加人の訴訟行為を妨げたときである（46条3号）。第4に、被参加人が補助参加人のすることができない訴訟行為を故意または過失によってしなかったときである（46条4号）。

[4] 共同訴訟的補助参加

被参加人と相手方との本訴訟の判決の効力が相手方と第三者との間にも及ぶ場合に、この第三者がする補助参加を共同訴訟的補助参加という。例えば、株主総会決議取消しの訴え（会社831条）に株主が被告会社側に補助参加する場合がこれに当たる。この場合、株主は独立の被告適格を有せず、共同訴訟参加（52条）をすることはできないが、判決の効力の及ぶ関係にある。そこで、判決の効力の及ぶこのような第三者については、通常の補助参加人の場合に比べその地位を強化された共同訴訟的補助参加人として扱うことが、解釈論上認められている。なお、補助参加を共同訴訟的補助参加と認めるか否かは、裁判所が法令の解釈によって決める（最判昭和40・6・24民集19-4-1001）。

共同訴訟的補助参加人の地位について、学説は概ね次の3つを承認する。第1に、共同訴訟的補助参加人は被参加人の行為と抵触する行為をすることができる。共同訴訟的補助参加人と被参加人の行為が矛盾抵触する場合、有利な訴訟行為がその効力を生ずる[24]。第2に、争いはあるが、共同訴訟的補助参加人に訴訟手続の中断・中止の事由が生じた場合、本訴訟の手続は停止する。第3に、共同訴訟的補助参加人の上訴期間は被参加人とは独立して起算される。

[5] 訴訟告知
(1) 訴訟告知の意義
　訴訟告知とは、訴訟の係属中、当事者から第三者に対して、訴訟係属の事実を法定の方式によって通知することをいう (53条)。

　訴訟告知の制度の機能ないし目的は、訴訟告知を受ける者 (被告知者) にとっては、訴訟告知を受けることで、係属中の訴訟に参加して自己の利益を擁護する機会が与えられることにある。他方、訴訟告知をする者(告知者)にとっては、訴訟告知をすることで、被告知者の訴訟参加を期待できるとともに、被告知者に対して参加的効力を及ぼしうる (53条4項) ことにある。

(2) 訴訟告知の要件・方式
　訴訟告知は、訴訟の係属中にすることができる (53条1項)。訴訟告知をすることができる者は、係属中の訴訟の当事者 (53条1項) および補助参加人である。訴訟告知を受けた第三者も、さらに訴訟告知をすることができる (53条2項)。訴訟告知を受けることができる者は、その訴訟に参加することのできる第三者 (53条1項) である。参加の形態が補助参加であるか当事者参加であるかを問わない。

　訴訟告知は、告知の理由および訴訟の進行段階の程度を記載した書面を裁判所に提出して行う (53条3項)。訴訟告知の書面は、被告知者および相手方に対して送達される (規22条)。

(3) 訴訟告知の効果
　訴訟告知は、被告知者に対し、訴訟に参加するべき義務を負わせるものではない。訴訟に参加するか否かは、被告知者の自由である。

　もっとも、訴訟告知が補助参加の利益を有する第三者に対してされた場合、その者が現実に補助参加をしなかったときであっても、その者は訴訟告知を受けて参加をすることができた時に補助参加したものとみなされ、参加的効力が被告知者にも及ぶ (53条4項)。

C　当事者の交替
[1] 訴訟承継
(1) 訴訟の承継
　訴訟係属中に従前の当事者から訴訟外の第三者へと紛争主体の実体的変

更が生じた結果[25]、第三者が従前の当事者と入れ替わって新たな当事者の地位につき、その訴訟上の地位を引き継ぐことを訴訟承継という。

訴訟の係属中に、当事者が死亡したり、係争物につき譲渡その他の処分がされたりすることがある。死者を当事者とする訴訟を続行させる意味はなく、また従前の当事者間で訴訟を続行しても、この訴訟の判決効は係争物の譲受人などの第三者に対して当然に及ぶとは限らず（115条1項3号参照）、紛争解決に資するとは限らない。他方で、相続人や係争物の譲受人などとの間で新たに別訴を提起することは、従前の当事者間での訴訟追行の結果を無視する点で訴訟経済に反するし、当事者の既得的地位を侵害する点で公平でない。そこで、当事者を交替させるとともに、基本的にはそれまでになされた訴訟追行の結果を引き継ぐ形で、訴訟は続行するものとされた。これが、訴訟承継の制度である。

訴訟承継には、承継人が法律上当然に当事者となって従前の当事者の地位を引き継ぐ場合である当然承継と、承継人となるべき者または従前の当事者の申立てによって当事者の地位を引き継ぐ場合である参加承継・引受承継とがある。

(2) 当然承継

いかなる場合に当然承継が生じるのかについては、訴訟手続の中断・受継について定めた規定から推知される。

民事訴訟法上の当然承継の原因は、次の通りである。第1に、当事者の死亡であり、相続人などが承継人となる（124条1項1号）。第2に、法人の合併による消滅であり、合併により設立された法人・合併後存続する法人が承継人となる（124条1項2号）。第3に、受託者などの信託の任務終了であり、新たな受託者などが承継人となる（124条1項4号イ〜ハ）。第4に、当事者の資格喪失であり、同一の資格を有する者が承継人となる（124条1項5号）。第5に、選定当事者全員の資格喪失であり、選定者の全員または新選定当事者が承継人となる（124条1項6号）。

(3) 参加承継・引受承継

参加承継は、訴訟の係属中、その訴訟の目的である権利を譲り受けたと主張する第三者、またはその訴訟の目的である義務を承継したと主張する第三者自らが、訴訟参加の申立てをすることによって、当事者の地位の承

継が行われる場合である（49条・51条）。他方、引受承継は訴訟の係属中、第三者がその訴訟の目的である権利または義務を承継したときに、従前の当事者が訴訟引受の申立てをすることによって、当事者の地位の承継が行われる場合である（50条1項・51条）。

参加承継・引受承継の原因は、訴訟の目的である権利の譲受け・義務の承継である（49条・50条1項・51条）。ここでいう訴訟の目的は、訴訟物である権利義務に限定されず、紛争の基礎となる実体関係も含みうる。したがって、例えば訴訟係属中に債権譲渡がされた場合のみならず、所有権に基づく建物収去土地明渡請求訴訟の係属中に建物所有権を譲り受けた場合（建物収去土地明渡請求権そのものの譲渡・承継ではない）も参加承継・引受承継の原因となる。

(4) 参加承継・引受承継の手続・審理

参加承継の場合、承継人は、権利主張参加（47条1項）の申出をすることで訴訟参加をする（49条・51条）。承継人の訴訟参加後、被承継人は、民事訴訟法48条により訴訟から脱退することができる。

参加承継は、独立当事者参加の方式で行われるので、その審理は民事訴訟法47条4項によって準用される必要的共同訴訟の規律（40条1項～3項）による（49条・51条）。承継人は、参加前の訴訟状態に拘束され、前主の訴訟追行の結果を有利・不利を問わず引き継ぐ。

引受承継の場合、従前の当事者は承継人（と目される第三者）に対する訴訟引受の申立てをする。訴訟引受の申立てを受けた裁判所は、当事者および承継人（と目される第三者）を審尋の上（50条2項）、引受申立て許否の決定（50条1項）をする。引受を認める決定がされると、承継人も訴訟の当事者となる。その後、被承継人は訴訟から脱退することができる（50条3項・48条）。

引受承継の場合、被承継人が訴訟から脱退しない限り、被承継人と承継人との共同訴訟が成立するところ、その審理は同時審判申出共同訴訟の規律による（50条3項・51条）。承継人は、参加前の訴訟状態に拘束され、前主の訴訟追行の結果を有利・不利を問わず引き継ぐ。

[2] 任意的当事者変更

当然承継や参加承継・引受承継は、法律の規定に基づき当事者の交替が

生ずる場合である（法定当事者変更）。これに対して、任意的当事者変更は、特別の規定によらずに当事者の交替が行われる場合である。紛争主体の実体的変更はなく、単に当事者を誤っていたとして正当な当事者に変更する場合[26]などを想定して、任意的当事者変更の許否や従前の手続の効力などについて議論がされている。

　この点、通説は任意的当事者変更を新当事者に対するまたは新当事者による新訴の提起と、旧当事者に対するまたは旧当事者による旧訴の取下げが組み合わされたものと構成する。通説によれば、任意的当事者変更は、新訴の提起と旧訴の取下げの要件を具備するときに許容され、また従前の手続は新当事者に対して当然に影響を及ぼすものではないとされる。これに対して、任意的当事者変更を当事者の交替を生じさせることを目的とする特殊な訴訟行為であると捉え、その要件・効果も個別に定めようとする見解もある。

注）

1) 兼子一『新修民事訴訟法体系〔増訂版〕』（酒井書店、1965）372
2) 賀集唱ほか編『基本法コンメンタール民事訴訟法2〔第3版追補版〕』（日本評論社、2012）45〔谷口安平〕
3) 伊藤眞『民事訴訟法〔第4版補訂版〕』（有斐閣、2014）618
4) 中野貞一郎ほか編『新民事訴訟法講義〔第2版補訂2版〕』（有斐閣、2008）541〔井上治典〔補訂・松浦馨〕〕
5) 上田徹一郎『民事訴訟法〔第7版〕』（法学書院、2011）542
6) 上田徹一郎＝井上治典編『注釈民事訴訟法2』（有斐閣、1992）82〔徳田和幸〕
7) 伊藤・前掲注3) 624
8) 新堂幸司『新民事訴訟法〔第5版〕』（弘文堂、2011）773
9) 高橋宏志『重点講義民事訴訟法（下）〔第2版補訂版〕』（有斐閣、2014）329
10) 秋山幹男ほか『コンメンタール民事訴訟法Ⅰ〔第2版追補版〕』（日本評論社、2014）418
11) 上田＝井上編・前掲注6) 17〔上田〕
12) 伊藤・前掲注3) 656
13) 高橋・前掲注9) 504
14) 伊藤・前掲注3) 655
15) 賀集ほか編・前掲注2) 139〔上野泰男〕
16) 伊藤・前掲注3) 665
17) 長谷部由起子ほか編『基礎演習民事訴訟法〔第2版〕』（弘文堂、2013）258〔山本和彦〕

18) 秋山ほか・前掲注10) 426
19) 新堂・前掲注8) 805
20) 高橋・前掲注9) 438
21) 兼子一ほか『条解民事訴訟法〔第2版〕』（弘文堂、2011）239〔新堂幸司＝高橋宏志＝高田裕成〕
22) 賀集唱ほか編『基本法コンメンタール民事訴訟法1〔第3版追補版〕』（日本評論社、2012）126〔井上治典＝上野泰男〕
23) 兼子ほか・前掲注21) 246〔新堂＝高橋＝高田〕
24) 兼子ほか・前掲注21) 246〔新堂＝高橋＝高田〕
25) 上田＝井上編・前掲注6) 240〔池田辰夫〕
26) 上田＝井上編・前掲注6) 240〔池田〕

知識を確認しよう

問題

(1) 共同訴訟には、どのような類型が存在するか。それぞれの特徴について説明しなさい。
(2) 他人間に係属する訴訟に第三者が加入する制度として、どのようなものがあるのか説明しなさい。
(3) 参加承継・引受承継の異同について整理しなさい。

解答への手がかり

(1) 共同訴訟は、合一確定の必要の有無の観点と、訴訟共同の必要の有無の観点から区別される。合一確定の必要の有無は、共同訴訟人の訴訟行為や訴訟の進行にも影響を与える。
(2) 第三者は、当事者として訴訟に参加する場合と、補助参加人として訴訟に参加する場合がある。また、訴訟に参加する第三者の目的ないしその地位・権限も多様である。
(3) 両制度はいかなる場合を想定したものか。両制度の手続・審理の規律に違いはあるか。

第 7 章 上訴と再審

本章のポイント

1. 民事訴訟法は、当事者の救済、法令解釈の統一を目的として上訴制度を設けている。上訴は、対象となる裁判によって、いくつかの種類に分けられる。終局判決に対する上訴には控訴・上告があり、決定・命令に対する上訴には抗告がある。
2. 終局判決に対する上訴のうち、控訴審は続審制を採用している。上告審は法律審であり、高等裁判所と最高裁判所に対する上告がある。このうち、最高裁に対する上告に関しては、上告と上告受理申立制度の2つが併存している点に特徴がある。
3. 再審は、確定した判決に対する非常の不服申立制度である。一定の事由がある場合に認められ、その審理については、再審事由が存在するかどうかの審理および前訴で審理・裁判された事件についての審理・裁判という2段階構造が採用されている。

1 上訴

A 上訴制度
[1] 上訴の意義と目的
　裁判所が事件を慎重に審理して導いた結論であっても、そこに誤りがある可能性は否定できない。そのような誤判から当事者を救済する必要がある。他方、事件が1審限りで終結してしまう制度の下では、全国各地にある裁判所で異なる法の適用や解釈が示された場合、その統一を図ることは難しくなる。そこで、法は、不当な裁判からの当事者の救済および法令の解釈・適用の統一を図るために、上訴制度を設けている。上訴とは、裁判が確定する前に、上級裁判所に対して、その裁判の取消しまたは変更を求める不服申立てである。

　ところで、民事訴訟法は、手形・小切手訴訟や少額訴訟において終局判決に対する異議（357条、367条2項、378条）を認めている。しかし、異議は、終局判決を行った裁判所に対して審理・裁判の続行を求めるものであり、上級審に対する不服申立てである上訴とは異なる。また、再審（338条以下）は、確定判決の取消し・変更を求める点で上訴と区別される。

　上訴が提起されると、確定遮断効（116条2項）と移審効が生じる。すなわち、上訴期間が経過しても原判決は確定せず、事件は上級審へと移ることになる。なお、上告受理申立て（318条）は、申立てにより確定を遮断する効果をもつが（116条2項参照）、移審効は生じない。移審の効果は、上告が受理された時点で発生する。

[2] 上訴の種類
　上訴は、不服申立ての対象となる裁判の種類に応じて分類することができる（図7-1）。

　まず、終局判決に対する上訴として、控訴・上告・上告受理申立てがある。控訴は、第1審裁判所の終局判決に対する不服申立てであり、上告および上告受理申立ては、控訴審裁判所の終局判決に対する不服申立てである。上告受理申立制度（318条）は、最高裁判所（以下、最高裁という）に対す

る不服申立ての1つである。これは、最高裁の負担を軽減する趣旨で現行法（平成8年法律第109号）において導入された[1]。改正の結果、旧法（大正15年法律第61号）下において上告理由とされていた原判決の法令違反については、現行法では上告受理申立理由となった。最高裁は、当該事件を審理するにふさわしいと判断した場合に限り、上告を受理することができる。最高裁が事件を受理するかどうかを判断するため、裁量上告制度とも呼ばれる。

次に、文書提出命令に対する裁判（223条参照）など、裁判所が行った決定や命令に対する上訴として、抗告・再抗告・許可抗告がある。抗告・再抗告は、終局判決に対する控訴・上告に当たるものである。他方、許可抗告（337条）とは、高等裁判所（以下、高裁という）の決定および命令に対して、その高裁が許可した場合に最高裁に対する抗告を認める制度である。これは、決定および命令に関する重要な法律問題について、最高裁の負担過重に配慮しながら、高裁の判断がまちまちになることを避け、法令解釈の統一を図る趣旨で現行法において設けられた制度である。

なお、後述するように、法は、特別上訴（違憲上訴ともいう。327条、336条）と呼ばれる制度を設けている。しかし、これらは、最高裁の法令審査権（憲81条）を保障するために設けられている制度であって、通常の上訴とは異なるものである。

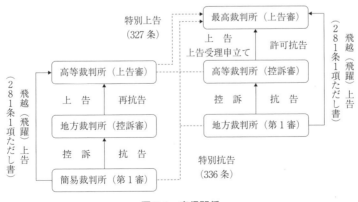

図7-1　審級関係

[3] 上訴の要件

　上訴の要件とは、上訴が適法であるための要件であり、その存否は、上訴審の審理の終結時点で判断される。上訴の要件として、一般に以下の5つが挙げられる。

①原裁判が不服申立ての許される裁判で、かつ、その裁判に適合した上訴が提起されること。例えば、少額訴訟の終局判決に対しては、控訴が禁止されているため（377条）、これに対して控訴を提起しても不適法である。なお、裁判所がするべき裁判の種類を誤ってした裁判を違式の裁判という（例えば、判決事項について決定や命令で裁判をした場合など）。

②上訴提起行為が所定の方式に従い、かつ有効であること。

③上訴期間に上訴がなされたこと。判決正本の送達日から2週間の不変期間内に上訴を提起する必要がある（285条・313条参照）。

④不上訴の合意や上訴権の放棄（284条参照）がないこと。当事者双方が上告する権利を留保して控訴しない旨の合意は、特に飛越（飛躍）上告の合意と呼ばれる（281条1項ただし書）。なお、不控訴の合意に当たり、一方のみが控訴しない旨の合意は無効である（大判昭和9・2・26民集13-271）。

⑤上訴の利益があること。どのような場合に上訴の利益があるといえるかについては争いがある。古くは、原判決よりも実質的に有利な判決が控訴審で得られる可能性があれば控訴の利益を認めるとする旧実体的不服説が唱えられ、また、最近では、不服の有無を判決の効力によって決定し、当該判決を取り消しておかないと判決効が不利に作用してくる場合に上訴の利益を肯定する新実体的不服説が主張されている。しかし、現在の通説である形式的不服説は、当事者の申立てと裁判とを比較し、後者が前者よりも小であるときに上訴の利益を肯定する。その帰結として、貸金1000万円の支払いを求める訴訟において、全部認容の判決を得た原告や全部棄却の判決を得た被告は、上訴の利益を有しないし、判決理由中の判断に不服があっても控訴の利益はないとされる（最判昭和31・4・3民集10-4-297〔百選110事件〕）。ただし、通説も、離婚訴訟において請求棄却判決を得た被告（判決が確定すると自ら離婚の訴えを提起することができなくなる。人訴25条2項参照）や予備的相殺の抗弁が認められて請求棄却判決を得た被告（判決が確定すると被告の反対債権の不存在に既判力が生じる）など

については、上訴の利益を肯定している。

B 控訴

[1] 控訴の意義

控訴とは、地方裁判所（以下、地裁という）または簡易裁判所（以下、簡裁という）の第1審終局判決に対する第2の事実審裁判所への上訴である（281条1項本文）。第1審が簡裁の場合には地裁が、第1審裁判所が地裁の場合には高裁が控訴裁判所となる。また、控訴の対象となる裁判は、終局判決であるから、審級を終了させない中間判決（245条）に対して控訴を行うことはできない。中間判決、受継についての裁判（128条）など中間的裁判に対しては終局判決に対する控訴申立てにおいて不服を主張することができる（283条本文）。控訴を提起した者を控訴人、その相手方を被控訴人と呼ぶ。

現行法は、ドイツ民事訴訟法のように不服の価額が一定額よりも低い場合に控訴を認めないなどの控訴制限を一般的に採用していない（なお、手形・小切手訴訟や少額訴訟では控訴が認められない。356条・367条2項・377条参照）。したがって、第1審でした申立てが全部または一部排斥されるなどして不服が存在する場合には、それだけで控訴の利益が認められる。実際に通常民事第1審判決（地裁）に対する控訴率（判決で終局した事件のうち控訴がされた事件の割合）は、平成18（2006）年16.8％、平成20（2008）年15.5％、平成22（2010）

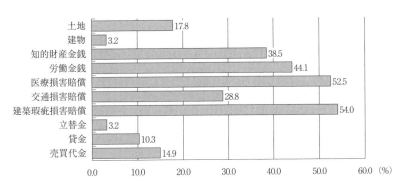

出典）最高裁判所事務総局「裁判の迅速化に係る検証に関する報告書（概況編）」（2013）を参考に筆者作成。

図7-2　主な事件類型ごとの控訴率（2012）

年15.9%、平成24 (2012) 年19.9%となっており、近時は10%台後半で推移している。ただ、控訴率は事件類型によって顕著な差がある（図7-2）。

[2] 控訴の提起
(1) 控訴の提起

控訴の提起は、控訴期間内に控訴状を第1審裁判所に提出して行う（286条1項）。控訴期間は、判決正本の送達日（いわゆる調書判決については調書送達日）から2週間の不変期間である（285条）。控訴状には、当事者（および法定代理人）と、原判決およびこれに対し控訴を申し立てる旨を記載しなければならない（286条2項）。なお、民事訴訟規則182条は、控訴状に不服の理由を記載しなかった場合に、第1審判決の取消しまたは変更を求める事由を具体的に記載した書面を提出することを要求している。これは控訴審における争点を明確化し、集中審理を可能とするためのものである。しかし、その書面の提出がなかった場合でも、控訴が不適法になるわけではない（その点で、上告理由書の不提出の場合と異なる。315条参照）。

控訴状の提出を受けた第1審裁判所は、控訴期間（285条）が遵守されているか、中間的裁判（245条など）に対する控訴に当たらないかなど、控訴の適法性を審査する権限を有する。仮に控訴が不適法でその不備を補正することができないことが明らかであるときは、決定で控訴を却下する（287条1項）。控訴却下の決定がなされないときは、事件は控訴裁判所に送付される。事件の送付を受けた控訴裁判所の裁判長は、控訴状の審査を行う（288条）。控訴状に必要的記載事項の記載がない場合、または、控訴提起の手数料の納付がない場合（控訴手数料は、訴額に応じて算出した手数料の1.5倍に当たる。民訴費3条別表第1第2項参照）には、裁判長は補正を命じる。補正がなされなければ、裁判長は、命令で、控訴状を却下する（288条・137条2項）。また、控訴期間経過後に提起された控訴、少額訴訟における判決に対する控訴など、控訴が不適法でその不備を補正できないことが明らかな場合には、控訴裁判所は、口頭弁論を経ずに控訴を不適法として却下する判決をすることができる（290条）。

(2) 控訴不可分の原則

適法な控訴の提起がなされると、第1審判決の確定が遮断され（116条2

項)、事件は控訴審へと移される。

　例えば、貸金300万円の返還を求める訴えでなされた原告全面勝訴の判決に対し、被告が控訴すれば、その全部につき確定が遮断されることに疑問はないが、第1審裁判所が200万円についてだけ請求を認容する判決をしたところ、原告のみが控訴した場合、確定遮断および移審の効果が生じるのはどの部分になるのか。原告のみが控訴を提起していることから、第1審判決で認められなかった100万円の部分だけの確定が遮断され、事件が控訴審に移る、というわけではない。この場合、被告が不服を申し立てなかった200万円の部分についても確定が遮断され、控訴審に移ることになる（しかし、控訴の審判の対象にならない状態に置かれる。296条1項参照）。このように、請求の一部についてのみ控訴がなされた場合にも、請求全体の確定が遮断され、控訴審に移ることを、控訴不可分の原則と呼んでいる。また、原告が被告に対し、訴えを併合、すなわち、1つの訴えで複数の請求をしている場合（例えば、原告が被告に対し、甲地の所有権確認と甲地の明渡しを求めているような場合）に、両請求ともに1つの判決で認容する判決が下され、被告がそのうち1つの請求について控訴を提起した場合も、全部の請求について確定遮断および移審の効果が生じることになる。他方で、原告または被告、あるいは双方が複数になっている共同訴訟の場合、共同訴訟人独立の原則（39条）が妥当する通常共同訴訟については、共同訴訟人の1人が控訴しても、他の者の請求につき、確定遮断、移審の効果は生じない。

(3) 控訴の取下げ

　控訴人は、控訴審の終局判決が下されるまで、控訴を取り下げることができる（292条1項）。取下げの方式、効果などについては、訴えの取下げに関する規定が準用される（同条2項）。したがって、控訴の取下げは書面で行う必要がある（261条3項参照）。取下げがなされれば、控訴の提起ははじめからなかったことになる（控訴の遡及的消滅）。しかし、遡及的に消滅するのは控訴だけであり、これにより第1審判決が影響を受けることはない（控訴の取下げにより、結果的に第1審判決が確定する）。それゆえ、控訴の取下げは、被控訴人に対して不利にならないため、被控訴人の同意は不要である（292条2項は261条2項を準用していない）。なお、第1審判決に対して相手方も控訴していれば、審理は終了せず、当然判決も確定しないが、相手方がなし

た附帯控訴（293条1項）は、控訴人の控訴があることを前提とするものであるから、控訴の取下げによって効力を失う（同条2項本文）。

(4) 附帯控訴

訴訟実務上よく用いられるものに、附帯控訴（293条）がある。例えば、売買代金500万円の支払いを求める訴訟において、第1審裁判所が400万円を認容する判決を言い渡した場合、原告・被告ともに第1審判決に対して控訴の利益を有する。この場合、原告としては、被告が控訴してくれば、認められなかった100万円の部分につき控訴して引き続き全部認容判決を求めるが、被告が控訴してこないのであれば、自らは控訴せず、第1審裁判所が認めた400万円の認容判決で満足することが考えられる。しかし、実際に被告が控訴したかどうかは即座に明らかにならない（第1審裁判所による適法性審査、控訴状の審査、送達などに時間がかかる）。そのため、原告が、被告の控訴の提起を知った時点ですでに控訴期間（285条参照）が満了しており、原告が控訴できる可能性が消滅していることがある。そうすると、原告としては被告が控訴してくる事態を想定して自らも控訴を提起しておく必要があるが、逆に、被告が控訴してこなければ、原告が提起した控訴は、結果的に無用な控訴であったということになってしまう。

そこで、無用な控訴を減らすという観点から、相手方が控訴してきた場合に、控訴期間満了後でも、自らの不服部分について控訴審の審判範囲を拡張できる制度が存在する。これが附帯控訴である（293条1項）。附帯控訴には、控訴に関する規定が準用される（同条3項）。しかし、控訴とは大きく異なる点も存在する。例えば、附帯控訴は、控訴審の口頭弁論が終結するまですることができ（同条1項）、また、相手方の控訴に附帯して行われるため、控訴が取り下げられた場合もしくは控訴が不適法として却下された場合には効力を失う（同条2項本文。附帯控訴の附従性）。このような特徴から、附帯控訴は概念上は控訴ではなく、不利益変更禁止の原則（304条）を打破するための特殊の攻撃方法と理解されている[2]。なお、第1審において全部認容の判決を得た当事者であっても、相手方が控訴してきたときは、附帯控訴をして請求を拡張することができるとするのが判例である（最判昭和32・12・13民集11-13-2143〔百選A38事件〕）。

[3] 控訴審の審理・裁判
(1) 控訴審の審理

控訴審の審理の直接の対象は、控訴の適否と主張された不服の当否である（296条1項）。

控訴審は、その審理につき、続審主義を採用している。第1審でされた訴訟行為は控訴審においても効力を有する（298条1項）。ただ、直接主義の要請から、第1審の資料を控訴審の資料とするためには弁論の更新が必要となる（296条2項）。そして、第1審の手続規定は、原則として控訴審の手続に準用される（297条）。したがって、当事者は、控訴審において新たな攻撃防御方法を提出することもできる。これを弁論の更新権と呼ぶ。もちろん、提出が時機に後れているとして却下される可能性はあり（157条の準用）、その判断は第1審と第2審を通じてなされる（控訴審の第一回口頭弁論に提出された攻撃防御方法が却下された例として、大判昭和8・2・7民集12-159がある）。このように、控訴審は第1審資料に、控訴審で提出された資料を加えて不服の当否を判断することになる。

コラム　控訴審の審理構造

三審制の下、控訴審をどのように制度上位置付けるかについては、いくつかの考え方がある。まず、覆審制という考え方がある。これは、控訴審が1審とは無関係に、事件を新たに審理し、判決する考え方である。わが国では、旧刑事訴訟法（大正11年法律第75号）が覆審制を採用していた。控訴審では、第1審と無関係に審判が行われるので、第1審と同じ結論に達したり、異なる結論に至ったとしても、控訴を棄却したり、第1審判決を取り消したりはせず、控訴審が審理した結果に基づき、判決を下す。このようなことから、覆審は、「2度目の第1審」と呼ばれていた。

次に、事後審制という考え方がある。これは、第1審で提出された資料を前提として、第1審判決が下した判決が妥当であるかどうかを審理する制度である。現行刑事訴訟法（昭和23年法律第131号）は事後審制を採用しており、外国では、オーストリア民事訴訟法が採用している。第1審で提出された資料を前提として第1審判決の当否を判断するので、新たな訴訟

資料の提出は認められない。ただ、現行刑事訴訟法もオーストリア民事訴訟法も、例外的に新たな資料の提出を認めているとされている。

これに対し現行民事訴訟法は、続審制に立っているため、裁判官は、第1審資料に控訴審における新資料を加えて心証を形成している。しかし、近時、ドイツでは、控訴審における資料の提出を制限する立法がなされ、また、日本でも「続審制の事後審的運営」（控訴人の不服の結論を導く要件事実の認定判断に絞って控訴審の審理を集中する審理方式）が提唱されており、新たな動きが見られる。

もっと知りたい方へ
- 勅使川原和彦「控訴審の審理のあり方」伊藤眞＝山本和彦編『民事訴訟法の争点』（有斐閣、2009）258 以下
- 髙橋宏志『重点講義 民事訴訟法（下）〔第2版補訂版〕』（有斐閣、2014）
- 雛形要松ほか著、司法研修所編「民事控訴審における審理の充実に関する研究」司法研究報告書56輯1号（2004）

(2) 口頭弁論

控訴審においても、必要的口頭弁論の原則（87条1項）が妥当するので、控訴が不適法でその不備を補正できないときを除き（290条参照）、必ず口頭弁論を開かなければならない。その際、口頭弁論は、当事者が第1審判決の変更を求める限度で行われる（296条1項）。控訴審の手続には、特別の定めがある場合を除き、第1審手続の規定が準用される（297条）。例えば、陳述擬制（158条の準用。最判昭和25・10・31民集4-10-516）や擬制自白（159条1項3項の準用）も成立する。

(3) 控訴審の終局判決

控訴審における終局判決には、①控訴却下、②控訴棄却、③控訴認容の判決がある。

まず、控訴が不適法であることが明らかとなり、その不備が補正できないときは、裁判所は不服の当否を審理せずに、控訴を不適法として却下する判決をする（控訴却下）。この場合、口頭弁論を経る必要はない（290条）。

次に、審理の結果、控訴または附帯控訴によって申し立てられた不服に

理由がなく、第1審判決を相当とする場合には、控訴または附帯控訴を棄却する判決をする（302条1項・293条3項：控訴棄却）。なお、控訴の提起が訴訟の完結を遅延させることのみを目的としたものと認められる場合（控訴権の濫用）、控訴裁判所は、控訴人に対して控訴手数料の10倍以下の金銭の納付を命じることができる（303条1項）。

　控訴人によって申し立てられた不服に理由があり、第1審判決を不当とするとき（305条）、第1審の判決の手続が法律に違反したとき（306条）は、第1審判決を取り消す（控訴認容）。取消しの結果として、訴えに対する応答を改めて行う必要が生じるから、控訴裁判所が第1審裁判所に代わって裁判（自判）するのが一般的である。しかし、訴えを不適法として却下した第1審判決を取り消す場合には、本案についての審級の利益を保障するために事件を第1審裁判所に差し戻す必要がある（307条本文）。ただし、事件について更に弁論をする必要がない場合は自判できる（同条ただし書。最判昭和58・3・31判時1075-119）。また、手続違背を理由に取り消した場合も、裁判所の裁量で差し戻されることがある（308条1項）。差戻しを命じる判決も終局判決であるから、これに対して上告することが可能である（最判昭和26・10・16民集5-11-583）。差戻判決が確定した場合には、第1審判決が続行されることになる。この差戻判決には拘束力（裁4条）が認められるため、第1審裁判所は、控訴裁判所が取消しの理由とした法律上および事実上の判断に拘束される。

　なお、控訴裁判所が金銭支払請求を認容する判決をする場合、迅速な権利の実現という観点から、債権者の申立てがあるときは、原則として無担保で仮執行宣言（259条）を付さなければならない（310条本文）。

(4) 不利益変更禁止の原則

　控訴裁判所が第1審判決を取消しおよび変更する場合、特に不利益変更禁止の原則が重要である（304条）。例えば、原告が売買代金500万円の支払いを求めた事案において、第1審裁判所が400万円の支払いを命じる判決をしたため、その判決に対し被告のみが控訴したとする。事件の送付を受けた控訴裁判所が審理を行った結果、原告が有する債権の額は、450万円であるとの確信をもった場合、裁判所は最終的にどのような判決をするべきであろうか。このような場合に、裁判所は第1審判決を取り消して、

「被告は原告に対し、金450万円を支払え」との判決をすることは許されない。これは不利益変更禁止の原則と呼ばれる（控訴した者を基準に考えるため、その者に不利益な変更はなされないという意味でそのように呼ばれている）。なぜなら、第1審判決に対して原告は控訴せず、そのため原告は第1審よりも多くの判決を望んでいないと考えられるからである。このように、不利益変更禁止の原則は、控訴審における当事者自治、つまり処分権主義の表れであると理解されている。ただ、上記の例で、原告も控訴していた場合には、裁判所が450万円支払えとの判決をすることは許される。また、原告が附帯控訴（293条）を申し立てた場合も同様である。

　不利益変更禁止の原則に関しては、予備的相殺の抗弁との関係で問題がある。原告が金銭の支払いを求める訴えを提起したところ、被告が予備的相殺の抗弁を提出し、第1審裁判所がその抗弁を認めて原告の請求を棄却した。この判決に対して、原告のみが控訴し、審理の結果、原告の訴求債権はそもそも存在しないとの結論に至った場合、控訴裁判所はどのような判決をするべきか。この点判例は第1審判決を取り消して原告の請求を棄却せずに、単に原告の控訴を棄却するにとどめると判示した（最判昭和61・9・4判時1215-47〔百選112事件〕）。第1審を取り消して訴求債権不存在との理由で請求を棄却すれば、被告が相殺に供した債権の不存在に生じる既判力がなくなる分、原告に不利（被告に有利）な判決になってしまうからである。

C　上告

[1] 上告の意義

　上告とは、控訴審の終局判決に対する法律審への上訴をいう。高裁が、第2審または第1審としてした終局判決に対しては最高裁が、地裁が第2審としてした終局判決に対しては高裁が上告裁判所となる（311条）。最高裁に対する上告と高裁に対する上告は、同じ上告審に対する上訴であるが、後述するように、その内容に異なる点があるので注意が必要である。

　上告制度の目的をどう捉えるか、という点については争いがある。法令解釈統一説は、上告制度は裁判所における法解釈を統一するために認められたものであるとするのに対し、当事者救済説は、上告制度は具体的事件

において法令解釈の誤りを正し、当事者の救済を目的として設けられたものとする。しかし、近時は、上告制度は、法令解釈の統一と当事者の救済の両方を目的とすると理解する考えが多くの支持を集めている。

　現行民事訴訟法の特徴は、最高裁の負担軽減を図るため、最高裁に対する上告を制限したことにある。立法過程では、より徹底した負担軽減を図るために、上告制限の方法として高裁が上告を認めるかどうかを判断する許可上告制度を採用する案も出されていたが、現行法は、最終的に裁量上告制度を採用した。すなわち、新たに上告受理申立制度（318条）を採用し、判決に影響を及ぼす法令違反は、上告受理申立理由にしかならないとした上で、当該事件を審理するに値するかどうかを最高裁自身が判断して、上告を受理するかを決めることができる制度である。この上告制限の合憲性につき、判例は、いかなる事由により上告を許容するかは審級制度の問題であって、憲法81条（「最高裁判所は、一切の法律、命令、規則又は処分が憲法に適合するかしないかを決定する権限を有する終審裁判所である」）を除いてはすべて立法の適宜に定めるところに委ねられているという理由で、「何人も、裁判所において裁判を受ける権利を奪われない」という憲法32条に違反することはないとしている（最判平成13・2・13判時1745-94）。

　ここ15年間の上告と上告受理申立ての件数を見ると、上告は、例年2,100～2,700件前後で推移しており、変動の幅は大きくない。これに対して、上告受理申立件数は、15年前に比べて増加しており、ここ数年は3,000件を越えている（図7-3）。終局区分では、上告事件における破棄率はごくわずかであり、上告受理申立事件に対する破棄率は約1％となっている（図7-4）。

[2] 上告の提起
(1) 上告提起の方式

　上告の提起は、上告状を原裁判所に提出して行う（314条1項）。上告状には上告理由を記載しなければならない。ただ、上告理由が記載されていない上告状が提出されたとしても、直ちに不適法になるわけではない。2週間の上告期間内に詳細な上告理由を付して上告状を提出するのは困難と考えられるからである。上告理由のない上告状が提出された場合、上告人は、

出典）最高裁判所事務総局『平成26年司法統計年報　1民事・行政編』（2014）

図7-3　上告と上告受理申立件数の推移

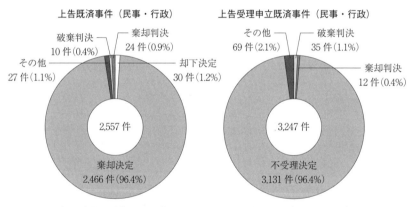

出典）最高裁判所事務総局『平成26年司法統計年報　1民事・行政編』（2015）

図7-4　平成26年度の上告および上告受理申立事件の終局区分

上告人が原裁判所から上告提起通知書の送達を受けた日から50日以内に上告理由を記載した書面を提出しなければならない（315条1項・規194条：上告理由書提出強制）。

上告が、上告期間満了後になされているなど、上告が不適法でその不備を補正できない場合、あるいは、上告状に理由が記載されておらず、一定

期間内に上告理由書が提出されなかったような場合などには、原裁判所は、決定で上告を却下する（316条1項）。この却下決定に対しては、即時抗告をすることができる（同条2項）。上告の提起に関する規定は、上告受理申立てについても準用される（318条5項。316条2項は準用されていない）。なお、当事者は、上告申立てと上告受理申立てを1通の書面で行うことが可能であり（規188条参照）、実際にも、そのように並行申立てがなされることが多い[3]。

(2) 上告理由

上告理由は、最高裁に対する上告と高裁に対する上告の場合で異なる。このうち、前者に対する上告の理由は、憲法違反（312条1項）と重大な手続上の過誤（同条2項各号）に限られる。

法令違反は、結論に影響を及ぼすことが明らかである場合に上告理由になるのが原則である。しかし、手続上の過誤が結論に影響を及ぼしたかどうかの因果関係を証明することは非常に困難である。そのため、312条2項各号に該当する重大な手続上の過誤は、それが結論に影響を及ぼしたかどうかを問うことなく上告理由とされている。これらの事項は絶対的上告理由と呼ばれる。具体的には、以下の事由である。

①法律に従って判決裁判所を構成しなかったこと（1号）。例えば、判決をした裁判官に直接主義違反（249条参照）があった場合などが該当する。
②法律により判決に関与することができない裁判官が判決に関与したこと（2号）。除斥原因のある裁判官（23条参照）が判決に関与した場合などが該当する。
③日本の裁判所の管轄権の専属に関する規定に違反したこと（2号の2）。平成23（2011）年の民事訴訟法改正で明文化された日本の裁判所の裁判権（3条の2以下）に関する専属管轄の規定に対する違反があった場合である。
④専属管轄に関する規定に違反したこと（3号）。
⑤法定代理権、訴訟代理権または代理人が訴訟行為をするのに必要な授権を欠いたこと（4号）。
⑥口頭弁論の公開の規定に違反したこと（5号）。
⑦判決に理由を付せず、または理由に食違いがあること（6号）。

なお、従来、判例上、上告理由になるものとして認められてきたものに、審理不尽と再審事由（338条1項参照）がある。
　審理不尽とは、法令適用の前提となる事実関係の解明が不十分であることをいう。多くの場合、釈明義務違反や理由不備とともに用いられているが、学説上は、これを独自の上告理由として認めることに否定的な見解が多数を占めている[4]。なお、仮に審理不尽が原判決を破棄する理由になると考える場合でも、審理不尽そのものは最高裁への上告権を基礎付けないとされる[5]。
　次に、再審事由に該当する事由も上告理由として用いることができる。その際、絶対的上告理由と重ならない再審事由（例えば、338条1項8号など）が、絶対的上告理由（312条1項2項）になるのか、それとも上告受理申立理由（318条）になるのかが問題となるが、判例は後者に当たると判示している（最判平成15・10・31判時1841-143）。なお、再審事由が存在することを理由に上告して、結果的に上告が容れられなかった場合は、その事由を主張して再審を提起することはできない（338条1項ただし書）。
　経験則違背が上告理由（312条2項）あるいは上告受理申立理由（318条）になるかどうかについては争いがある。経験則は、経験から帰納された事物に関する知識や法則であり、純粋な法律問題とは考えられないからである。しかし、学説は一般に経験則違背も上告などの対象となりうることについて肯定しており[6]、判例もこれを肯定したものがある（最判昭和36・8・8民集15-7-2005〔百選114事件〕）。

(3) 上告受理申立て

　旧法において、上告理由とされていた判決に影響を及ぼすことが明らかな法令違反は、現行法下では、最高裁に対する上告権を基礎付けないとされた（ただし、高裁にする上告においては、上告理由となる。312条3項）。現行法は、最高裁の負担軽減の観点から、新たに上告受理申立制度を導入したため、上記法令違反は上告受理申立理由として扱われる。
　上告受理申立ての理由は、原判決に最高裁の判例と相反する判断がある事件その他法令の解釈に関する重要な事項を含む場合である（318条1項）。規定上、最高裁の判例違反が例示されているが、それ以外に上告受理申立理由に当たるものとして、これまで最高裁判例がない法令の解釈について

最高裁の判断を示す必要がある場合や従前の最高裁（大審院）の判断を変更すべき場合などが含まれる[7]。

前述したように、上告受理申立ての方法は上告提起の方式を準用している（318条5項）。そのため、上告受理申立書には、その理由を記載した上で、原裁判所に提出する。原裁判所は、上告受理申立てが明らかに不適法でその不備を補正できないような場合には、決定で上告受理申立てを却下しなければならない（316条1項）。この原審却下に対しては、上告の場合と異なり、即時抗告を申し立てることができない（316条2項の不準用）。

[3] 上告審の審理・裁判
(1) 書面審理

上告審の審理は、多くの場合、書面審理で行われるが、その結果によって裁判の方式が異なってくる（表7-1）。まず、上告人の提出した上告状や上告理由書などの内容から上告が不適法でその不備を補正することができない場合や上告理由書の記載内容が適式でない場合には、上告裁判所は決定で上告を却下することができる（317条1項）。ただ、上告状の提出を受けた原裁判所も同様の対応ができるため（316条1項参照）、上告裁判所自身が却下決定をすることは限定的である。次に、最高裁が上告裁判所の場合には、上告人の提出した書類の内容から、上告の理由が明らかに憲法違反や絶対的上告理由に該当しないときは、決定で上告を棄却できる（317条2項）。そして、却下決定や棄却決定がされないときは、上告裁判所は被上告人の提出する答弁書（規201条参照）を加えて、書面審理を行い、原判決の当否を

表7-1　書面審理とその裁判

条　文	内　容	裁　判	
317条1項	●上告が不適法で不備が補正できない。 ●上告理由書が提出されていない。 ●上告理由書の記載内容が適式でない。	決　定 （口頭弁論不要。 87条1項 ただし書）	却　下
317条2項	●上告理由が明らかに312条1項および2項の事由に該当しない。		棄　却
319条	●書面審理の結果、上告に理由がない。	判　決 （口頭弁論不要）	棄　却

判断する。その結果、上告を理由がないと認めるときは、口頭弁論を経ないで上告を棄却する判決をすることができる（319条）。

(2) 口頭弁論

書面審理の結果、上告却下または上告棄却ができない場合には、上告裁判所は口頭弁論を開いて審理を行う。また、上告を認容する判決をする場合には、民事訴訟法319条のような規定がないため、必ず口頭弁論を開く必要がある（87条1項3号参照）。

上告裁判所は、上告の理由に基づき、不服の申立てがあった限度においてのみ調査を行うとされ（320条）、また、その口頭弁論は、当事者が原判決の変更を求める限度においてのみ行われる（313条による296条1項の準用）。したがって、2個の請求が客観的に併合されていた場合に、両方の請求とも棄却された原告が、一方の請求についてのみ破棄を求めて上告した場合には、他方の請求については審判の対象とならない。

上告審は法律審であるから、上告裁判所は事実認定権を有しておらず、原判決が適法に確定した事実に拘束されることになる（321条1項）。ただし、次の2点には注意が必要である。第1に、裁判権の有無や当事者能力の有無など、職権で調査すべきとされる事項については、当事者の主張がなくとも取り上げることができ、原審の事実認定に拘束されない（322条）。第2に、実体法規の適用の誤りなど判断上の過誤については、上告裁判所は当事者の主張に拘束されず、調査判断すべきであると解される[8]。これは、法の適用が上告裁判所の職責であることを重視することに基づく。

(3) 終局判決

口頭弁論後の終局判決は、大きく分けると、上告に理由なしとして上告を棄却する判決をする場合と、絶対的上告理由（312条2項各号）や原判決に影響を及ぼすことが明らかな法令違反などがあるときに、原判決を破棄する場合とがある。さらに、原判決を破棄する場合には、①破棄差戻し、②破棄移送、③破棄自判に分けられる。

上告審は、法律審であるから自ら事実認定をすることはできない（321条1項参照）。したがって、原判決を破棄した結果、さらに事実審理を必要とする場合には、事件を原裁判所（場合によっては、第1審裁判所）に差し戻すか、原裁判所と同等の他の裁判所に移送する必要がある（325条1項2項）。

破棄差戻しを受けた裁判所における審理は、おおむね次のように行われる。まず、差戻しまたは移送を受けた裁判所は、新たな口頭弁論を開く必要がある（同条3項本文）。ただ、破棄された判決に関与した裁判官は、差戻審の裁判に関与することはできないから（同条4項）、新たな裁判所の下で弁論の更新手続が必要となる（249条2項・296条2項の準用）。また、新たな口頭弁論は、従前の口頭弁論の再開続行であると解されるため、当事者は新たに攻撃防御方法を提出することができる（ただ、時機に後れた攻撃防御方法として却下される可能性はある。157条参照）。

　差戻しまたは移送を受けた裁判所は、上告裁判所が破棄の理由とした事実上および法律上の判断に拘束される（325条3項：破棄差戻判決の拘束力）。このような拘束力が認められるのは、仮に差戻しを受けた裁判所が、取消しの対象となった判断に固執できるとすると、事件が破棄・上告を無限に繰り返す可能性があり、審級制度が無意味になってしまうからである。

　次に、その拘束力の内容が問題となる。まず、拘束力を生じる事実上の判断とは、上告審が自ら事実認定できる事柄について行った事実認定を指し、本案についての事実上の判断を含まない（最判昭和36・11・28民集15-10-2593）。実際、上告審ができるのは、職権調査事項を判断する前提となる事実認定である。他方、拘束力を生じる法律上の判断とは、破棄の理由となった否定的判断を指す。したがって、土地の二重譲渡の事例で、破棄の理由が、原判決が確定した一定の事実関係の下で、土地の譲受人は背信的悪意者に当たるとしたことが違法であるという場合には、同一事実関係の下で、土地の譲受人が背信的悪意者に当たるとすることは許されないことになる。しかし、差戻しを受けた裁判所が審理の結果、差戻前の原判決とは異なる事実認定を行い、土地の譲受人は背信的悪意者であると判断することは可能である。また、差戻前の原判決と同一の認定事実を前提としても、別個の法律的見解が成り立つ場合には、差戻しを受けた裁判所がその見解に立って、原判決と同一の結論を導くことも許される（最判昭和43・3・19民集22-3-648〔百選115事件〕）。

　上告審が原判決を破棄する場合でも、原審が適法に確定した事実（321条1項）、上告審自身が認定した事実（322条）に基づいて裁判することができるときは、上告裁判所が自ら裁判をしなければならない（326条：破棄自判）。

D 抗告

[1] 抗告の意義

　忌避の申立て（24条）や証拠保全の申立て（234条）など、訴訟手続に関する事項については、裁判所は決定という形で裁判を行う。このような裁判にも誤りがないとはいえないから、それを是正する機会が与えられる必要がある。その場合、手続安定のためには、できるだけ迅速に問題を処理することが望ましい。そこで、法は、終局判決に対する上訴（控訴・上告）とは別に、独立した上訴として裁判所の決定および命令に対する不服申立てを認めている。これは、抗告と呼ばれる。

　抗告は、以下のように法律が認めた決定および命令に対してすることができる。

①口頭弁論を経ないで訴訟手続に関する申立てを却下した決定または命令（328条1項）。例えば、期日指定申立て（93条1項）を却下する決定がこれに当たる。

②決定または命令により裁判することができない事項につきなされた決定または命令（328条2項：違式の決定・命令）。

③法律が個別に認めている場合、例えば、忌避申立てを却下する決定（25条5項）、補助参加に対する異議についての決定（44条3項）、文書提出命令の申立てについての決定（223条7項）など。

　ただし、裁判所が行った決定または命令であっても、法が不服申立てを禁止している場合（25条4項・214条3項・238条など）、最高裁および高裁の裁判（裁7条・16条2号参照）などについては、抗告が認められない。

　抗告は、いくつかの分類が可能である。まず、抗告期間の定めの有無によって、即時抗告と通常抗告に分けられる。即時抗告（例えば、文書提出命令の申立てについての決定に対する即時抗告。223条7項参照）は、問題となった事項を迅速に確定するために認められた抗告である。そのため、抗告の提起は、裁判の告知を受けた日から1週間の不変期間内にしなければならない（332条）。即時抗告には、執行停止の効果が与えられる（334条1項）。他方、通常抗告は、抗告の利益がある限りはいつでも提起することができ、抗告期間の定めはない。また、執行停止の効力も与えられていない。

　次に、最初の抗告と再抗告という分類がある。決定・命令に対して最初

にされる抗告を最初の抗告と呼ぶ (328条)。そして、最初の抗告についての裁判に対し、憲法違反または決定に影響を及ぼすことが明らかな法令違反を主張してなされる法律審への抗告を再抗告という (330条)。

　許可抗告 (337条) は、決定事項に関する裁判所の法令解釈の統一という観点から認められた制度であり、高裁の決定および命令に対して、当該高裁が抗告を許可した場合に認められるものである。

[2] 抗告の提起

　最初の抗告については、控訴の規定が準用される (331条)。そのため、抗告は、原裁判所に抗告状を提出して行う (286条1項)。抗告状の記載事項も控訴状に準じる。原裁判所に抗告状を提出するのは、手続を明確にし、抗告期間の遵守の判断などを迅速に行うためである。

　抗告状の提出を受けた原裁判所は、抗告が適法であるかどうかを審査し、抗告が不適法でその不備を補正することができないことが明らかであるときは、抗告却下の決定を行う (287条1項)。この決定に対しては、即時抗告をすることができる (同条2項参照)。

　抗告が適法で、かつ、原裁判所 (命令の場合はその命令をした裁判長) が抗告を理由があると認めるときは、その裁判を更正しなければならない (333条)。これは、再度の考案と呼ばれ、簡易迅速に抗告事件を処理するためのものである。再度の考案の結果、抗告を理由がないと認めるときは、原裁判所は、意見を付して事件を抗告裁判所に送付する (規206条)。

[3] 抗告審の審理・裁判

　抗告審は決定手続である。したがって、審理は書面によることが多く、口頭弁論を開くかどうかは、抗告裁判所が事件の重要性などを考慮した上で判断する (87条1項ただし書参照)。なお、口頭弁論を開かない場合であっても、抗告裁判所は、抗告人その他の利害関係人を審尋することができる (335条)。

　抗告審の裁判は、①抗告却下、②抗告棄却、③抗告認容に分かれる。抗告を認容する場合の対応は、さらにいくつかに分かれる。例えば、証人に過料の制裁を科す原決定に対する即時抗告 (192条2項) において原決定を

全面的に取り消す場合には、「原決定を取り消す」だけで足りるが、それだけでは足りずに、さらに裁判を要する場合（前述の例で過料の額を変更する場合）には、自判するか、原裁判所に差し戻さなければならない。

[4] 再抗告

再抗告とは、最初の抗告に対する裁判に対し、憲法違反または決定に影響を及ぼすことが明らかな法令違反を主張してされる法律審への抗告のことである（330条）。抗告裁判所が地裁の場合には、再抗告を申し立てることができるが（裁16条2号）、高裁が抗告審としてした決定に対しては、再抗告はできず、許可抗告（337条）のみが認められる。

[5] 許可抗告

旧法下では、抗告裁判所が高裁の場合、最高裁への抗告は特別抗告に限定されていた。そのため、内容が重要な決定・命令事項であっても（例えば、民事執行や民事保全の手続などに関する事項など）、法令解釈の統一がなされず、高裁の判断が分かれたままになるという事態が生じた。そこで、現行法は、法令解釈の統一を可能とするため、最高裁への許可抗告の制度を新設した（337条）。

許可抗告は、問題となる決定・命令をした高裁が許可した場合に、最高裁への抗告を認める制度である。上告受理申立ての場合とは異なり、抗告の許可・不許可の決定を高裁が行うこととされたのは、最高裁がその判断を行うと負担過重になり、最高裁の負担を軽減するために導入された上告受理申立制度の趣旨が没却されるおそれがあるからである[9]。最決平成10・7・13判時1651-54は、抗告を許可するかどうかの判断を高裁に委ねる民事訴訟法337条の規定は、適正手続を定めた憲法31条および裁判を受ける権利を保障した憲法32条に違反しないとする。

なお、高裁がした決定・命令が、仮に地裁がした裁判であるとした場合に抗告することができないときは、許可抗告は認められない（337条1項ただし書）。例えば、申立てを認容する決定で、即時抗告をすることができる旨の規定がないものがこれに当たる。この規定の趣旨は、たまたまその裁判が高裁で行われたからといって許可抗告を認めることは不相当であると

考えられたからである。この点に関して、高裁がした保全抗告に対する決定については、再抗告を禁止する規定が存在するため（民保41条3項）、許可抗告が許されないようにも思われる。しかし、最決平成11・3・12民集53-3-505 は、許可抗告の制度が法令解釈の統一のために採用された制度であることを理由に、民事訴訟法337条1項ただし書は、高裁のした保全抗告についての決定を許可抗告の対象から除外する趣旨ではないと解するのが相当であるとした。

　許可抗告を申し立てる場合、裁判の告知を受けた日から5日以内に、抗告理由を記載した抗告状を当該高裁に提出する必要があり、抗告理由の記載がなければ、その旨を記載した理由書を提出する必要がある（337条6項による315条の準用）。抗告許可の理由は、高裁の決定および命令が最高裁の判例と相反する判断がある場合や、その他法令の解釈に関する重要事項を含むと認められる場合である（337条2項）。なお、高裁の裁判に憲法違反がある場合については、許可抗告ではなく特別抗告の制度（336条）による。

　申立てを受けた高裁は、申立ての適法性を審査し、適法であると認める場合は、許可理由の有無を審査する。許可理由があると認めるときは、許可決定を行い、許可理由がないときは、不許可の決定をしなければならない（337条2項）。抗告が許可された場合には、最高裁への抗告があったものとみなされる（同条4項）。

E　特別上訴

[1] 特別上訴の意義

　特別上訴とは、審級制度上、最高裁に上訴を申し立てることができない事件があるため、最高裁の最終的な法令審査権（憲81条）を保障する観点から、別途認められた特別の不服申立てである。違憲上訴ともいう。特別上訴は通常の上訴とは異なり、判決の確定を遮断する効果（116条2項）は認められない。

[2] 特別上告

　訴額が140万円以下で簡裁が第1審裁判所になるような事件では、高裁が上告裁判所になる。このように高裁が上告審としてした終局判決、並び

に、少額訴訟の終局判決に対する異議審における終局判決に対する特別上訴は、特別上告と呼ばれる（327条・380条2項）。特別上告の理由は、高裁が上告審として下した判決の憲法違反である。訴訟手続には、その性質に反しない限り、上告およびその上告審の規定が準用される（327条2項）。

[3] 特別抗告

地裁および簡裁の決定および命令で不服を申し立てることができないもの並びに高裁の決定および命令に対する特別上訴は、特別抗告と呼ばれる（336条）。特別抗告は、裁判の告知を受けた日から5日の不変期間内にする必要があり（同条2項）、訴訟手続にはその性質に反しない限り、特別上告の規定が準用される（同条3項）。

2　再審

A　再審の意義

再審とは、確定した終局判決に対する非常の不服申立てである（338条以下）。ひとたび確定した判決であっても、その手続に見過ごし難い手続上の瑕疵や裁判の基礎となった資料に重大な瑕疵があった場合に、その是正を認めないことは、裁判の適正という観点から問題であるし、ひいては国民の司法に対する信頼を失わせることにもなる。このようなことから、法は、一定の事由が存在する場合に限り、確定した裁判を取り消して、審理のやり直しを認める制度を設けている。

B　再審事由

再審は、どのような場合に認められるのか。再審は確定した終局判決に対する非常不服申立てであるから、上告理由（312条参照）よりも狭い範囲で認められる（338条1項）。一般に再審事由は制限列挙と解されてきた。しかし、民事訴訟法338条1項3号の適用事案などにおいて、判例・通説も一定の範囲で解釈の余地を認めている。民事訴訟法は、具体的には、338

条1項各号において以下の事由を規定している。

①法律に従って判決裁判所を構成しなかったこと（1号）。
②法律により判決に関与することができない裁判官が判決に関与したこと（2号）。
③法定代理権、訴訟代理権または代理人が訴訟行為をするのに必要な授権を欠いたこと（3号）。実際に再審事由として主張されることが多いのが本号である。最判平成4・9・10民集46-6-553〔百選116事件〕は、訴状の補充送達は無効であるが、判決正本の送達は有効になされた事案で、当事者が再審事由を現実に了知することができなかったことを理由に再審の訴えを許容した。
④判決に関与した裁判官が事件について職務に関する罪を犯したこと（4号）。これには収賄などの行為が該当する。
⑤刑事上罰すべき他人の行為により、自白をするに至ったことまたは判決に影響を及ぼすべき攻撃もしくは防御の方法を提出することを妨げられたこと（5号）。
⑥判決の証拠となった文書その他の物件が偽造または変造されたものであったこと（6号）。
⑦証人などの虚偽の陳述が判決の証拠となったこと（7号）。
⑧判決の基礎となった民事もしくは刑事判決その他の裁判または行政処分が後の裁判または行政処分により変更されたこと（8号）。
⑨判決に影響を及ぼすべき重要な事項について判断の遺脱があったこと（9号）。
⑩不服の申立てに係る判決が前に確定した判決と抵触すること（10号）。

再審の訴えは、非常の不服申立てであるから、通常の上訴で再審事由を主張して排斥された場合、または、再審事由があることを知りながら主張しなかった場合には認められない（338条1項ただし書）。これは再審の補充性と呼ばれている。

C 再審訴訟の手続

再審の訴えは、不服申立てに係る判決をした裁判所の専属管轄である（340条1項）。再審の訴えを提起する当事者は、判決確定後再審事由の存在

を知った日から30日の不変期間内に当該裁判所に訴えを提起する必要がある（342条1項）。また、判決確定日から5年を経過すると訴えを提起できなくなる（同条2項）。これらは法的安定性を考慮したことに基づく規定である。なお、代理権欠缺の場合（338条1項3号前段）および確定判決の抵触の場合（同項10号）には、不変期間並びに除斥期間についての制限はない（342条3項）。

再審の訴状には、当事者および法定代理人、不服申立てに係る判決の表示およびその判決に対して再審を求める旨、並びに不服の理由を記載しなければならない（343条）。当事者には一般承継人も含まれる点に争いはないが、判例は特定承継人についても原告適格を肯定している（最判昭和46・6・3判時634-37〔百選117事件〕）。上記の事項は必要的記載事項であるから、その記載がないときは、訴状却下の対象となる（341条参照）。

D　再審訴訟の審理・裁判

現行法は、再審の訴えにつき、刑事訴訟法と同様に、2段階構造を採用した。その趣旨は、再審事由が存在するとして本案の審理裁判をした後に、上訴審で再審事由の存在が否定されて、本案の審理が無駄に終わることを回避しようとしたことにある。現在は、第1段階として再審事由の存否について審理が行われ、再審開始決定が確定した後に、第2段階として前訴で審理・裁判された事件について審判がなされる（348条1項）。

まず、第1段階として裁判所は再審事由の存否を審理する。その裁判は決定事項であり（345条・346条参照）、口頭弁論を必ず開く必要はない。審理の結果、再審事由が存在しなければ、裁判所は再審の請求を決定で棄却する必要がある（345条2項）。この裁判が確定すると、同一の事由を不服の理由としてさらに再審の訴えを提起することはできなくなる（同条3項）。他方、再審事由がある場合には、相手方を審尋した上で（346条2項）、再審開始の決定をする（同条1項）。再審開始決定がなされれば、確定判決が変更される可能性があるため、相手方にも意見表明の機会を与えるためである。なお、再審事由の存否の裁判に対しては、即時抗告ができるが（347条）、再審裁判所が高裁の場合には即時抗告はできないから（裁7条2号参照）、許可抗告または特別抗告によることになる。

次に、裁判所が再審開始決定をしたときは、不服申立ての限度で、本案の審理および裁判を行う（348条1項）。審理は従前の審級と同じ審級として行われ（341条参照）、従前の手続の再開続行である。例えば、除斥事由がある裁判官が裁判に関与していたとして再審が認められた場合は、新しい裁判所が構成されるから弁論の更新が必要になる（249条2項）。再審事件が事実審に係属する場合には、当事者は新たな証拠の提出や事実主張も可能である（もちろん、157条の適用はありうる）。

審理の結果、確定判決の結論と異なる結論に達した場合には、判決を取り消した上で、新たな判決を言い渡す（348条3項）。本案についての判決に対しては、その判決に対して上訴が許される限り、その審級に応じた上訴を提起することができる。

E 準再審

準再審とは、確定した決定・命令について認められた再審のことである（349条）。条文上、準再審の対象となる裁判は「即時抗告をもって不服を申し立てることができる決定又は命令」とされている。しかし、判例は、終局的裁判の性質を有する決定または命令についても、準再審の申立てを認めている（最大判昭和30・7・20民集9-9-1139）。準再審の申立てについては、再審の訴えについての規定が準用される（同条2項）。

注）
1) 法務省民事局参事官室編『一問一答 新民事訴訟法』（商事法務研究会、1996）341
2) 上田徹一郎『民事訴訟法〔第7版〕』（法学書院、2011）602
3) 宮坂昌利「最高裁判所における上告受理と許可抗告」伊藤眞＝山本和彦編『民事訴訟法の争点』（有斐閣、2009）263
4) 小室直人『上訴制度の研究』（有斐閣、1961）209 ほか
5) 松本博之＝上野泰男『民事訴訟法〔第8版〕』（弘文堂、2015）856 注）27〔上野泰男〕
6) 三ケ月章『民事訴訟法〔第3版〕』（弘文堂、1992）423 ほか
7) 法務省民事局参事官室・前掲注1）354
8) 松本＝上野・前掲注5）854・866〔上野〕
9) 法務省民事局参事官室・前掲注1）374

知識を確認しよう

問題

(1) 上訴の種類と上訴の要件について説明しなさい。
(2) 原告は売買代金500万円の支払いを求める訴えを提起した。第1審裁判所が、300万円について原告の請求を認容したところ、被告のみが控訴し、原告は控訴も附帯控訴もしなかった。審理の結果、控訴審裁判所は、原告の売買代金債権が400万円存在すると確信した。この場合、裁判所は、どのような判決をするべきか。
(3) 最高裁判所に対する上告と高等裁判所に対する上告の相違について説明しなさい。
(4) 最高裁判所が審理した結果、上告に理由があると判断した場合、どのような判決をするべきか。

解答への手がかり

(1) 上訴には、どのような種類があるか把握したうえで、上訴が適法であるための要件、特に上訴の利益に関する判例・学説の立場について考えてみよう。
(2) 本問の場合、原告・被告ともに控訴の利益を有しているが、被告のみが控訴し、原告は控訴も附帯控訴もしていない。この場合、控訴審がどのような裁判をすることができるかを考えるに当たっては、不利益変更禁止の原則（304条）を考慮する必要がある。
(3) 最高裁判所に対する上告制度は、高等裁判所が上告審になる場合と内容が大きく異なる。とくに、本問では、最高裁判所が上告審になる場合に上告と上告受理申立制度（裁量上告制度）が存在していること、上告権を基礎付ける上告理由の範囲が両者で異なることなどを重点的に説明する必要がある。
(4) 上告に理由がある場合、裁判所は原判決を破棄して、事件を差戻すか、自ら裁判する。どちらの措置をとるかは、上告審が法律審であることが手がかりになる。

第8章 略式訴訟手続

本章のポイント

1. 簡易裁判所は、市民に最も身近な裁判所である。設置数は地方裁判所よりも多く、取扱い事件数も地方裁判所より多い。簡易裁判所は、その設立趣旨から、通常の訴訟手続に対する特則を置いている。
2. 平成10（1998）年に導入された少額訴訟制度は、60万円以下の金銭請求が対象である。事件を迅速に終了させるため、審理は原則1回で終結し、終局判決に対して控訴が許されないなど、通常の訴訟と異なる手続が数多く存在している。
3. 督促手続は、訴えを提起せずに、低廉かつ迅速に金銭債権などを実現する手続である。支払督促は簡易裁判所の書記官が発する。債権者は、最初の支払督促が発せられてから一定期間が経過すると、仮執行宣言を付すことを求めることができる。他方、債務者には督促異議が認められている。

1 簡易裁判所の手続

A 訴訟手続の特則

　簡易裁判所（以下、簡裁という）は、従前の区裁判所に代わる裁判所として昭和22（1947）年に発足した。設置に際しては、アメリカの少額訴訟裁判所（Small Claims Court）やイギリスの治安判事（Justice of the Peace）が参考とされ、市民に最も身近な裁判所として、当事者が代理人を付けることなく訴訟追行することが想定された。そのような観点から、簡裁については、民事訴訟法270条以下に特則が置かれ、通常の手続に比べて、手続が簡素化されている。しかし、地方裁判所（以下、地裁という）における審理と内容的に大きく異なるような手続は設けられなかった。なお、現行民事訴訟法（平成8年法律第109号）では、少額訴訟手続（368条以下参照）が規定されたため、簡裁における手続が、大きく2つに分かれていることには注意が必要である。

　簡裁の手続の特則は、次のような点である。①口頭により訴えを提起することができること（271条）、②訴えの提起に際し、請求の原因に代えて、紛争の要点を明らかにすれば足りること（272条）、③準備書面により口頭弁論を準備する必要がないこと（276条）、④続行期日においても陳述擬制がなされること（277条による158条の準用）、⑤証人などの尋問に代わり、書面の提出が認められる場合があること（278条）、そして、⑥一定の場合に、司法委員が審理に立ち会うこと（279条）などである。

B 訴え提起前の和解

　当事者は、訴えを提起する前に、相手方の普通裁判籍所在地を管轄する簡裁に和解を申し立てることができる（275条1項）。これは訴え提起前の和解（起訴前和解、即決和解）と呼ばれている。訴訟係属を前提としない点で訴訟上の和解と異なるが、和解が調い、調書が作成されれば、確定判決と同一の効力を有する点では同じである（267条）。他方、対象が金銭の支払いなどに限定されている執行証書（民執22条5号）と異なり、和解の対象となる事項には制限がない点で、より広範囲の請求について債務名義を獲得できる点にメリットがある。実際には、裁判所外で当事者間に和解が成立

しており、それに執行力を付与するために訴え提起前の和解が申し立てられることが多いといわれている[1]。

2　少額訴訟手続

A　手続の概要

　少額訴訟手続は、平成10 (1998) 年施行の現行民事訴訟法において導入された手続であり、60万円以下の金銭請求を行う者が利用することができる (368条)。前述したように、昭和22 (1947) 年、市民に最も身近な裁判所として少額の事件を簡易迅速に処理することを念頭に置いた簡裁が発足したが、そこでは、少額請求事件を対象とした簡易迅速な手続が置かれることはなかった。他方、簡裁の事物管轄が拡大されるにつれ（当初訴額5,000円以下が、少額訴訟制度導入時点で訴額90万円以下）、いわゆる簡裁のミニ地裁化が進み、手続の簡易迅速性が失われていると認識されるようにもなっていた。そこで、現行民事訴訟法制定の際、少額訴訟制度の導入が主要な改正項目の1つとされた。平成10 (1998) 年の制度発足時に、30万円以下の金銭請求とされていた適用対象は、平成15 (2003) 年の民事訴訟法改正で60万円以下の金銭請求に拡大され、1年間の申立件数も平成10 (1998) 年の8,348件から平成17 (2005) 年は23,584件にまで増加した（図8-1）。その後、事件数は減少傾向にあり、近年はおよそ1万件台前半で推移している。とはいえ少額訴訟制度は国民の間にしっかりと定着しつつあるように思われる。

　少額訴訟手続の特徴は、少額債権者の権利をより簡易・迅速に実現する観点から、一期日審理の原則 (370条1項)、証拠制限 (371条)、支払猶予判決 (375条)、控訴の禁止 (377条) などの規定が設けられている点にある。なお、少額訴訟制度の導入以降、少額訴訟で勝訴した債権者の強制執行を迅速に行う制度の構築が遅れていたが、平成17 (2005) 年に民事執行法が改正され、債権者は簡裁の裁判所書記官に対し、債権執行を申し立て、書記官が差押処分を行う少額訴訟債権執行（民執167条の2以下）の制度が導入された。

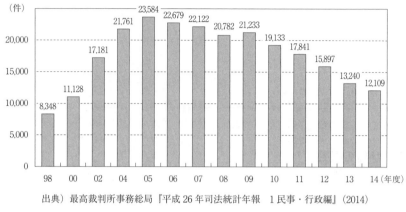

出典）最高裁判所事務総局『平成26年司法統計年報　1民事・行政編』（2014）

図 8-1　少額訴訟申立件数の推移

コラム　少額訴訟は仲裁か？

　少額訴訟の手続は、通常訴訟とは大きく異なる。とくに支払猶予判決（375条）はその代表である。一般に、裁判所は、実体法上の請求権を基準にして判決しなければならないが（246条参照）、裁量で支払いの猶予や分割払いを認めることは、実質的に裁判所が実体法上の請求権を変更することになるからである。このような特徴をもつ少額訴訟の性質をどのように理解するべきであろうか。

　少額訴訟は、通常訴訟に比べ、より迅速な事件の処理を目的とする特別訴訟であるとする略式訴訟説がある。これに対して、少額訴訟の実質は仲裁以外の何物でもないとする実質的仲裁説が主張されている[2]。たしかに仲裁であると理解すれば、その判断基準は法規に限定されなくなり（仲裁36条3項参照）、支払猶予判決の説明は比較的容易になるが、他方で手続に仲裁法の規定の適用があるのかという問題を生じさせることになる。

　なお、少額訴訟に限らず、近時、裁判所の裁量をより広く認める動きが注目されている（相当の損害額の賠償を認めた248条の新設、一時金賠償の申立てに対し定期金賠償を命じた東京高判平成15・7・29判時1838-69など）。

> **もっと知りたい方へ**
> - 法務省民事局参事官室編『一問一答　新民事訴訟法』（商事法務研究会、1996）
> - 佐藤彰一「少額訴訟」鈴木重勝＝上田徹一郎編『基本問題セミナー　民事訴訟法』（一粒社、1998）21
> - 中野貞一郎ほか『新民事訴訟法講義〔第2版補訂2版〕』（有斐閣、2008）672〔松浦馨〕
> - 川嶋四郎「略式訴訟の争点―「簡易救済手続」の現状と課題」伊藤眞＝山本和彦編『民事訴訟法の争点』（有斐閣、2009）270

B　少額訴訟の提起

　少額訴訟の対象は、訴額60万円以下の金銭請求に限られる（368条1項本文）。したがって、目的物の引渡請求などは対象とならない。60万円以下の金銭を訴求しようとする者は、少額訴訟手続によるか、通常訴訟手続によるか（ただし、簡裁の特則の適用はある）を選択でき、少額訴訟手続を希望する場合には、訴え提起の際、その旨を申述する必要がある（同条2項）。なお、少額訴訟手続の利用申立ては、1年間に同一の簡裁において10回までと定められている（同条1項ただし書、規223条）。これは、信販会社などが少額訴訟を大量に申し立てることにより、同訴訟の利用を申し立てた一般市民の事件の終結が遅延することを防ぐためである。

　少額訴訟では、証拠調べが制限されたり、終局判決に対し控訴が認められないなど、事件の簡易迅速な処理を実現する観点から、通常の訴訟と手続が大きく異なる点に特徴がある。そこで、通常訴訟による審理を保障するために、被告は、通常訴訟への事件の移行を求めることができる（373条1項本文）。ただし、移行の申立ては、最初にすべき口頭弁論の期日において弁論をし、または、その期日が終了した後はすることはできない（同項ただし書）。一方で、請求適格のない事件について少額訴訟が申し立てられた場合（373条3項1号）、少額訴訟により審理および裁判をするのが相当でない場合（同4号）などには、裁判所は事件を通常訴訟で審理および裁判する決定をしなければならない（同条3項柱書）。なお、事件を移行する決定に対して、不服を申し立てることはできない（同条4項）。

　少額訴訟の申立てを受けた裁判所は、訴状を被告に送達し、期日への呼

び出しを行うが、その際、裁判所書記官は、当事者に対し、少額訴訟による審理および裁判手続の内容を説明した書面を交付しなければならない（規222条1項）。少額訴訟は、本人訴訟を念頭に置いているため、手続の内容を当事者に理解させるという趣旨によるものである。

C 少額訴訟の審理・裁判

　少額訴訟の審理は、通常訴訟手続とは異なり、原則として、一期日で審理を完了する（370条1項）。このような手続内容については当事者に十分情報を提供する必要があるため、裁判長は、最初にすべき口頭弁論の期日の冒頭に、当事者に対し、手続についての教示を行う必要がある（規222条2項参照）。

　少額訴訟手続における証拠調べは、即時に取り調べることができる証拠に限りすることができる（371条）。ここでの即時性は、疎明（188条）におけるのと同内容である[3]。したがって、即時とはその期日において取り調べることができるということになる。具体的には、書証の証拠調べが中心になると思われるが、証人尋問も禁止されているわけではないので、在廷証人であれば証人尋問の可能性がある。ただし、証人などの尋問は、宣誓が不要とされ（372条1項）、尋問の順序も裁判所の裁量が認められており（同条2項）、通常の手続とは異なっている。なお、少額訴訟における証拠調べの対象は制限されているが、事実認定に必要な確信の程度は、疎明ではなく、証明が必要であり、通常訴訟の場合と変わりがない。

　少額訴訟の裁判は、裁判所が請求を認容する場合に最大の特徴がある。仮に原告が勝訴判決を得たとしても、被告が履行せず、さらに強制執行をも申し立てなければならないとすれば、原告の権利は事実上無意味にされる可能性がある。そこで、少額訴訟においては、敗訴被告による任意の履行がとくに重要になる。このようなことから裁判所は、少額訴訟を認容する判決において、「被告の資力その他の事情を考慮して特に必要があると認めるときは」、判決の言渡日から3年を超えない範囲で、支払猶予もしくは分割払い判決をすることができるとされた（375条：支払猶予判決）。なお、当事者は、支払猶予判決もしくは分割払い判決に対して不服を申し立てることはできない（同条3項）。また、請求認容判決については、裁判所は職権

で仮執行宣言を付する必要がある（376条1項参照）。

D　不服申立て

　少額訴訟の終局判決に対しては、控訴することができない（377条）。これは、手続の迅速な終結を確保するためである。ただし当事者は、少額訴訟の終局判決に対し、その判決をした裁判所に異議を申し立てることができる（378条1項）。適法な異議があった場合には、訴訟は口頭弁論終結前の状態に復し、異議審における審理は、通常の手続によることになる（379条1項）。その場合でも、反訴の禁止（369条）、尋問の順序（372条2項）、判決による支払の猶予（375条）などの規定は準用される（379条2項）。なお、異議審における終局判決に対しても、当事者は控訴することができない（380条）。最判平成12・3・17判時1708-119は、審級制度をどのように定めるかは憲法81条の要請を除きもっぱら立法政策の問題であることを理由として、異議審における裁判に対する控訴を認めない民事訴訟法380条1項の規定は、憲法に違反しないと判示している。

3　督促手続

A　手続の概要

　債権者が強制執行によって権利を実現するために、訴訟が存在していれば十分といえるだろうか。すべての権利者が訴訟でしかその権利を実現することができないとすれば、それには相当の時間と費用がかかることになる一方、裁判所の負担過重という問題も生じるおそれがあり、司法政策上も決して望ましいとはいえない。そこで、法は、債権者が簡易迅速に債務名義（民執22条参照）を得ることができる手段として督促手続を設けている（382条以下）。

　督促手続は、債権者の申立てと主張に基づき、簡裁の裁判所書記官が審理を行い、債務者に対して支払督促を送達し、債務者が一定期間内にこれに異議を申し立てなければ、さらに債権者の申立てに基づいて仮執行宣言

が支払督促に付され、それにより強制執行を可能とするものである。仮執行宣言の付された支払督促は債務者に送達され、それに対して債務者は異議を申し立てることができるが、それもしない場合には、確定判決と同一の効力が与えられる（図8-2参照）。

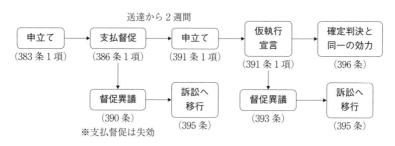

図 8-2　督促手続の流れ

　旧民事訴訟法（大正15年法律第61号）の支払命令制度を含めると、支払督促は昭和59（1984）年に過去最多の677,336件が申し立てられた。近年は、一時期より申立件数が減ったものの、毎年20万件を超える申立てがあり（平成22〔2010〕年から平成26〔2014〕年の件数は、351,451件、329,114件、281,724件、256,359件、248,477件）[4]、簡易迅速に強制執行をするための手続として機能している。

B　支払督促

　支払督促の対象となるのは、「金銭その他の代替物又は有価証券の一定の数量の給付を目的とする請求」である（382条）。金銭等の給付を目的とする請求に対象が限定されているのは、これらの請求は強制執行を迅速にすることができ、また、誤って執行がなされた場合でも、債務者の損害の回復が比較的容易にできるということにある。

　支払督促を利用する債権者が、債務名義を獲得するには、2段階で申立てを行う必要がある。まず、債権者は、債務者の普通裁判籍の所在地を管轄する簡裁の裁判所書記官に対して支払督促の申立てを行う（383条1項。同2項も参照）。申立ては、訴えに関する規定が準用されているため（384条）、

当事者および法定代理人、請求の趣旨および原因を表示して行う（133条2項、387条参照）。申立手数料額は、訴訟の場合の半額である（民訴費3条1項別表第1の10）。仮に、債務者から異議が出されて通常訴訟に移行した場合（395条）には、債権者は不足分を追加納入すれば足りる。

　申立てを受けた裁判所書記官は、申立てが請求適格（382条）、管轄（383条）に違反するとき、申立ての趣旨から請求に理由がないことが明らかな場合に、申立てを却下しなければならない（385条1項1文）。申立てを却下する処分は、その申立てによる督促手続の利用を拒否するにとどまるため、債権者は、同一請求について再度申立てをすることもできるし、訴えを提起することもできる。

　裁判所書記官は、上記の場合を除き（385条1項参照）、支払督促を発する必要がある。支払督促は、債務者を審尋せずに行われる（386条1項）。これは、手続を簡易迅速に行う必要があることによるものである。その後、支払督促は債務者に送達され（388条1項）、債務者は発令された支払督促に対し、督促異議を申し立て、その効力を失効させることができる（390条）。

　次に、債務者が送達を受けた日から2週間以内に督促異議を申し立てなければ、債権者は、裁判所書記官に対し、支払督促に仮執行宣言を付すことを申し立てることができる（391条1項）。これが2つ目の申立てに当たる。なお、仮執行宣言の申立てが可能な時から30日以内に申立てがなされなければ、支払督促は失効する（392条）。債権者の申立てに基づき、裁判所書記官が行った仮執行宣言は、支払督促に記載され、当事者に送達される（391条2項本文）。この仮執行宣言付支払督促に対しても、債務者は督促異議を申し立てることができる（393条）。しかし、督促異議の申立てがなされない場合には、支払督促は確定判決と同一の効力を有する（396条）。

C　督促異議

　支払督促の制度は、債権者からすれば、債務者の審尋なしに簡易・迅速に債務名義を獲得できる手続であるが、その結果が債務者に与える影響は極めて重大である。そこで、債務者には、支払督促に対する異議申立ての機会が保障されている。これは督促異議と呼ばれる。督促異議には、仮執行宣言前に行う異議（390条）と仮執行宣言が付された支払督促に対する異

議 (393条) の2つがある。

両者は、異議がされる時期が異なるという違いがあるだけでなく、その効果にも大きな違いがある。まず、適法な仮執行宣言前の督促異議は、その限度で支払督促の効果を失わせ (390条参照)、事件を通常訴訟へ移行させる効果をもつ (395条)。他方で、仮執行宣言付支払督促に対する異議は、支払督促の効果を失効させることはなく (393条参照)、ただ事件を通常訴訟へと移行させるだけの効果しかもっていない (395条)。したがって、後者の異議申立てでは、債権者の強制執行を停止することができず、債務者は強制執行を停止するために、別に執行停止の裁判を申し立て (403条1項3号4号)、裁判所にその旨の命令をもらう必要がある。さらに、仮執行宣言付支払督促に対する異議は、当該支払督促の送達を受けた日から2週間以内でなければ、申し立てられなくなる点に注意が必要である (393条。396条参照)。

なお、督促異議がなされると、当該請求は、目的の価額に従い、支払督促を発した裁判所書記官が所属する簡裁またはその所在地を管轄する地裁に訴えの提起があったものとみなされる (395条前段)。

D 督促手続のオンライン化

督促手続は、簡易迅速に債務名義を取得できる点にその長所が存在する。しかし、大量の支払督促の申立てがなされれば、その長所が損なわれるおそれもある。そこで、平成10 (1998) 年施行の現行民事訴訟法は、迅速かつ効率的に督促手続を進めるために、電子情報処理組織を用いた督促手続についての規定を置いた (平成16 [2004] 年改正前の397条1項2項)。ただ、その対象は、督促手続の申立てのみの使用に限定され、しかも、文字を光学的に読み取る用紙 (いわゆるOCR用紙) を用いる必要があった。

その後、平成16 (2004) 年改正法は、民事訴訟などの手続をより国民に利用しやすいものとし、司法へのアクセスを容易にする観点から、電子情報処理組織による申立てに関する規定 (132条の10) を新設した。これにより、支払督促の申立ては、最高裁判所規則に従い、インターネット回線を利用して申し立てることが可能になった (397条：いわゆる督促手続オンラインシステム)。対象は、支払督促の申立てだけでなく、仮執行宣言および支払督促更正処分の申立て並びにこれらの取下げなどである (「民事訴訟法第132条の

10第1項に規定する電子情報処理組織を用いて取り扱う督促手続に関する規則」2条)。

　平成24 (2012) 年8月現在、上記申立てができる裁判所として指定されているのは、東京簡裁だけである (上記規則1条)。しかし、それ以外の簡裁の書記官が取り扱う事件についても、指定裁判所の裁判所書記官に申立てをすることができるとされているから、全国の事件について東京簡裁の裁判所書記官に対して支払督促などを申し立てることが可能である。

4　手形・小切手訴訟手続

A　手続の概要

　手形・小切手訴訟は、手形・小切手債務の取立てを簡易迅速な手続で行うために、昭和40 (1965) 年に創設された手続である。昭和43 (1968) 年には、簡裁と地裁を合わせて34,328件の手形訴訟が申し立てられたが、近時、件数が大幅に減少している (平成22〔2010〕年から平成26〔2014〕年の件数は、552件、421件、370件、269件、217件となっている[5])。その背景には、金銭支払の手段として手形などを用いることが少なくなり、代わりに、クレジットやローンを利用することが多くなっていることがある。なお、小切手訴訟は、手形訴訟の手続を準用しているので (367条2項)、以下は、手形訴訟の手続を中心に説明する。

B　手形・小切手訴訟の提起

　手形訴訟の対象となる請求は、「手形による金銭の支払の請求及びこれに附帯する法定利率による損害賠償の請求」である (350条1項)。手形訴訟によるか、通常訴訟によるかは当事者の選択によるが、実際に手形小切手金等請求事件の手形等訴訟を利用する割合は約9割である。手形等訴訟を利用する場合には、当事者は手形等訴訟による審理・裁判を求める旨の申述を訴状に記載し (350条2項)、手形の写しを添付する。土地管轄は通常訴訟と変わらないが、手形の支払地 (手1条5号・2条3項・75条4号・76条3項) の特別裁判籍が認められる (5条2号)。手形等訴訟では、種々の手続上の制

限がなされるため、いったん手形等訴訟を提起した場合でも、原告は、被告の同意なしに通常訴訟への移行を申し立てることができる (353条1項)。移行の申立てにより、ただちに移送の効果が生じる (同条2項)。

C 手形・小切手訴訟の審理・裁判

手形等訴訟の特徴は、迅速性を確保するために、通常訴訟に比べて証拠調べに制限があることである。証拠調べは、原則として書証しか認められず (352条1項)、しかも、書証の申出は、挙証者自ら所持する文書を提出する場合に限られる (同条2項)。

手形等訴訟において、請求適格がない場合には、口頭弁論を経ずに訴え却下判決がなされ (355条1項)、その判決に対する控訴は認められない (356条本文)。訴訟要件を欠く場合にも訴え却下判決がなされるが、その場合には控訴が可能である (356条ただし書)。次に、請求の全部または一部を認容もしくは棄却する判決に対しては、判決送達日から2週間の不変期間内に異議申立てをすることができる (357条)。手形金等請求を認容する場合には、裁判所は職権で、原則担保を立てずにできる仮執行宣言を付さなければならない (259条2項本文)。

D 異議申立て

手形金等請求を認容もしくは棄却する判決に対して、控訴はできず (356条)、異議申立てのみ認められる (357条)。適法な異議がなされると、訴訟は、口頭弁論の終結前の審理状態に復し、通常の手続で審理・裁判が行われる (361条)。審理の結果、判決が手形訴訟の判決と符合する場合には、裁判所は手形訴訟の判決を認可し (362条1項)、そうでなければ、判決を取り消す (同条2項)。なお、控訴が認められた場合に (356条ただし書参照)、控訴裁判所が第1審裁判所が行った却下判決を取り消すときは、原則として事件を差し戻す必要がある (364条本文)。

注)
1) 梶村太一＝深沢利一『和解・調停の実務〔補訂版〕』(新日本法規、2007) 123
2) 中野貞一郎ほか編『新民事訴訟法講義〔第2版補訂2版〕』(有斐閣、2008) 672〔松浦馨〕
3) 法務省民事局参事官室編『一問一答　新民事訴訟法』(商事法務研究会、1996) 410
4) 最高裁判所事務総局『平成26年司法統計年報　1民事・行政編』(2014) 6
5) 最高裁判所事務総局・前掲注4) 7

知識を確認しよう

問題

(1) 金30万円の支払いを求めて簡易裁判所に提訴した場合、どのような手続に則って審理が行われるか。
(2) 少額訴訟と通常訴訟の審判・不服申立ての違いについて説明しなさい。
(3) 支払督促の意義と督促異議の種類と効果について説明しなさい。

解答への手がかり

(1) 少額訴訟は、簡易裁判所における60万円以下の金銭の支払いを求める事件が対象である。ただ、それには原告の申述が必要で（368条2項）、逆に被告には通常手続への移行権（373条1項）が認められている。
(2) 少額訴訟では、簡易迅速な解決を実現する観点から、通常の訴訟とは異なり、一期日審理の原則（370条1項）、証拠方法の制限（371条）、支払猶予判決（375条）などが規定されているほか、控訴は禁止され（377条）、異議申立てしか認められていない（378条1項）。本問では、これらの特徴を説明する必要がある。
(3) 支払督促は、債権者が簡易迅速に債務名義を獲得するための手段である。債務名義を獲得するには債権者は2段階で申立てを行う必要があり、債務者の督促異議もそれに合わせて2種類がある。2つの督促異議は、時間的な差だけでなく法的効果も異なるので、その違いを説明する必要がある。

参考文献

【概説書・体系書等】

秋山幹男ほか『コンメンタール民事訴訟法Ⅰ〔第2版追補版〕』(日本評論社、2014)
秋山幹男ほか『コンメンタール民事訴訟法Ⅱ〔第2版〕』(日本評論社、2006)
秋山幹男ほか『コンメンタール民事訴訟法Ⅲ』(日本評論社、2008)
秋山幹男ほか『コンメンタール民事訴訟法Ⅳ』(日本評論社、2010)
秋山幹男ほか『コンメンタール民事訴訟法Ⅴ』(日本評論社、2012)
秋山幹男ほか『コンメンタール民事訴訟法Ⅵ』(日本評論社、2014)
安西明子ほか『民事訴訟法』(有斐閣、2014)
伊藤眞『民事訴訟法〔第4版補訂版〕』(有斐閣、2014)
井上治典編『ブリッジブック民事訴訟法〔第2版〕』(信山社出版、2011)
上田徹一郎『民事訴訟法〔第7版〕』(法学書院、2011)
上原敏夫ほか『民事訴訟法〔第6版補訂〕』(有斐閣、2012)
笠井正俊＝越山和広編『新・コンメンタール民事訴訟法〔第2版〕』(日本評論社、2013)
賀集唱ほか編『基本法コンメンタール民事訴訟法1〔第3版追補版〕』(日本評論社、2012)
賀集唱ほか編『基本法コンメンタール民事訴訟法2〔第3版追補版〕』(日本評論社、2012)
賀集唱ほか編『基本法コンメンタール民事訴訟法3〔第3版追補版〕』(日本評論社、2012)
兼子一ほか『条解民事訴訟法〔第2版〕』(弘文堂、2011)
河野正憲『民事訴訟法』(有斐閣、2009)
河野正憲ほか『プリメール民事訴訟法』(法律文化社、2010)
小林秀之編『新法学講義民事訴訟法』(悠々社、2012)
小林秀之＝原強『新・論点講義民事訴訟法』(弘文堂、2011)
裁判所職員総合研修所監修『民事訴訟法講義案〔再訂補訂版〕』(司法協会、2010)
佐藤鉄男ほか『民事手続法入門〔第4版〕』(有斐閣、2012)
新堂幸司『新民事訴訟法〔第5版〕』(弘文堂、2011)
高橋宏志『重点講義民事訴訟法(上)〔第2版補訂版〕』(有斐閣、2013)
高橋宏志『重点講義民事訴訟法(下)〔第2版補訂版〕』(有斐閣、2014)
勅使川原和彦『読解民事訴訟法』(有斐閣、2015)
中野貞一郎『民事訴訟法の論点Ⅰ』(判例タイムズ社、1994)
中野貞一郎『民事訴訟法の論点Ⅱ』(判例タイムズ社、2001)
中野貞一郎ほか編『新民事訴訟法講義〔第2版補訂2版〕』(有斐閣、2008)
長谷部由起子『民事訴訟法』(岩波書店、2014)
藤田広美『講義民事訴訟〔第3版〕』(東京大学出版会、2013)
松本博之＝上野泰男『民事訴訟法〔第8版〕』(弘文堂、2015)
三木浩一ほか『民事訴訟法〔第2版〕』(有斐閣、2015)
山本和彦『民事訴訟法の基本問題』(判例タイムズ社、2002)
山本弘ほか『民事訴訟法〔第2版〕』(有斐閣、2013)

第 1 章

新堂幸司『新民事訴訟法〔第 5 版〕』（弘文堂、2011）
髙橋宏志『重点講義民事訴訟法（上）〔第 2 版補訂版〕』（有斐閣、2013）
中野貞一郎ほか編『新民事訴訟法講義〔第 2 版補訂 2 版〕』（有斐閣、2008）
松本博之＝上野泰男『民事訴訟法〔第 8 版〕』（弘文堂、2015）
松本博之『民事執行保全法』（弘文堂、2011）
山本和彦『民事訴訟法の基本問題』（判例タイムズ社、2002）
山本和彦ほか『倒産法概説〔第 2 版補訂版〕』（弘文堂、2015）
山本和彦＝山田文『ADR 仲裁法〔第 2 版〕』（日本評論社、2015）

第 2 章

伊藤眞『民事訴訟の当事者』（弘文堂、1978）
兼子一ほか『条解民事訴訟法〔第 2 版〕』（弘文堂、2011）
小林秀之＝村上正子『国際民事訴訟法』（弘文堂、2009）
新堂幸司『新民事訴訟法〔第 5 版〕』（弘文堂、2011）
髙橋宏志『重点講義民事訴訟法（上）〔第 2 版補訂版〕』（有斐閣、2013）
中野貞一郎『民事訴訟法の論点 I』（判例タイムズ社、1994）
中野貞一郎ほか編『新民事訴訟法講義〔第 2 版補訂 2 版〕』（有斐閣、2008）
福永有利『民事訴訟当事者論』（有斐閣、2004）

第 3 章

伊藤眞『民事訴訟法〔第 4 版補訂版〕』（有斐閣、2014）
上田徹一郎『民事訴訟法〔第 7 版〕』（法学書院、2011）
賀集唱ほか編『基本法コンメンタール民事訴訟法 1〔第 3 版追補版〕』（日本評論社、2012）
賀集唱ほか編『基本法コンメンタール民事訴訟法 2〔第 3 版追補版〕』（日本評論社、2012）
裁判所職員総合研修所監修『民事訴訟法講義案〔再訂補訂版〕』（司法協会、2010）
新堂幸司『新民事訴訟法〔第 5 版〕』（弘文堂、2011）
新堂幸司『訴訟物と争点効（上）』（有斐閣、1988）
新堂幸司『訴訟物と争点効（下）』（有斐閣、1991）
髙橋宏志『重点講義民事訴訟法（上）〔第 2 版補訂版〕』（有斐閣、2013）
松本博之＝上野泰男『民事訴訟法〔第 8 版〕』（弘文堂、2015）

第 4 章

春日偉知郎『民事証拠法研究―証拠の収集・提出と証明責任』（有斐閣、1991）
春日偉知郎『民事証拠法論―民事裁判における事案解明』（商事法務、2009）
河野正憲『当事者行為の法的構造』（弘文堂、1988）
髙橋宏志＝加藤新太郎編『実務民事訴訟講座［第 3 期］第 3 巻　民事訴訟の審理・裁判』（日本評論社、2013）
髙橋宏志＝加藤新太郎編『実務民事訴訟講座［第 3 期］第 4 巻　民事証拠法』（日本評論

社、2012）
高橋宏志＝加藤新太郎編『実務民事訴訟講座［第3期］第5巻　証明責任・要件事実論』（日本評論社、2012）
松本博之『民事自白法――判例・学説の再検討』（弘文堂、1994）

第5章
池田辰夫『債権者代位訴訟の構造』（信山社出版、1995）
石川明『訴訟上の和解の研究』（慶應義塾大学法学研究会、1966）
石川明『訴訟上の和解』（信山社、2012）
上田徹一郎『判決効の範囲――範囲決定の構造と構成』（有斐閣、1985）
坂原正夫『民事訴訟法における既判力の研究』（慶應義塾大学法学研究会、1993）
新堂幸司『訴訟物と争点効（上）』（有斐閣、1988）
高橋宏志『重点講義民事訴訟法（上）〔第2版補訂版〕』（有斐閣、2013）
中野貞一郎『民事訴訟法の論点Ⅰ』（判例タイムズ社、1994）

第6章
秋山幹男ほか『コンメンタール民事訴訟法Ⅰ〔第2版追補版〕』（日本評論社、2014）
伊藤眞『民事訴訟法〔第4版補訂版〕』（有斐閣、2014）
井上治典『多数当事者訴訟の法理』（弘文堂、1981）
井上治典『多数当事者の訴訟』（信山社出版、1992）
上田徹一郎＝井上治典編『注釈民事訴訟法2』（有斐閣、1992）
兼子一ほか『条解民事訴訟法〔第2版〕』（弘文堂、2011）
新堂幸司『新民事訴訟法〔第5版〕』（弘文堂、2011）
高橋宏志『重点講義民事訴訟法（下）〔第2版補訂版〕』（有斐閣、2014）

第7章
上田徹一郎『民事訴訟法〔第7版〕』（法学書院、2011）
賀集唱ほか編『基本法コンメンタール民事訴訟法3〔第3版追補版〕』（日本評論社、2012）
小室直人『上訴制度の研究』（有斐閣、1961）
鈴木正裕＝鈴木重勝編『注釈民事訴訟法8』（有斐閣、1998）
高橋宏志『重点講義民事訴訟法（下）〔第2版補訂版〕』（有斐閣、2014）
中野貞一郎ほか編『新民事訴訟法講義〔第2版補訂2版〕』（有斐閣、2008）
法務省民事局参事官室編『一問一答　新民事訴訟法』（商事法務研究会、1996）
松本博之＝上野泰男『民事訴訟法〔第8版〕』（弘文堂、2015）

第8章
石川明＝高橋宏志編『注釈民事訴訟法9』（有斐閣、1996）
賀集唱ほか編『基本法コンメンタール民事訴訟法3〔第3版追補版〕』（日本評論社、2012）

中野貞一郎『民事執行法〔増補新訂6版〕』(青林書院、2010)
中野貞一郎ほか編『新民事訴訟法講義〔第2版補訂2版〕』(有斐閣、2008)
松本博之=上野泰男『民事訴訟法〔第8版〕』(弘文堂、2015)

事項索引

あ行

斡旋 ……………………………… 3
異議 ……………………………… 269
違憲上訴 …………………… 237, 257
移行の申立て …………………… 267
遺言執行者 ……………………… 54
違式の決定・命令 ……………… 254
違式の裁判 ……………………… 238
意思推定 ………………………… 131
意思能力 …………………… 50, 51
意思表示の擬制 ………………… 10
意思表示の強制執行 …………… 10
移審効 …………………………… 236
移送 ……………………………… 38
移送の裁判 ……………………… 39
一部請求 ………………………… 181
一部判決 ………………………… 163
一般義務文書 …………………… 139
一般公開 ………………………… 111
違法収集証拠 …………………… 128
イン・カメラ手続 ……………… 140
引用文書 ………………………… 139
訴え ……………………………… 62
訴え提起前の和解（即決和解）
 ……………………… 4, 151, 264
訴え取下げ契約 ………………… 147
訴え取下げ合意 ………………… 120
訴えなければ裁判なし ………… 62
訴えの客観的併合 ……………… 36
訴えの主観的併合 ……………… 36
訴えの取下げ …………………… 146
訴えの変更 ……………………… 198
訴えの利益 ……………………… 83
ADR …………………………… 3, 7
ADR 法 ………………………… 3, 8
応訴管轄 ……………… 30, 33, 37

か行

外国人の訴訟能力 ……………… 49
会社更生 ………………………… 12
介入尋問 ………………………… 135
回避 ……………………………… 23
書留郵便に付する送達 ………… 98
確定遮断効 ……………………… 236
確定判決の不当取得（騙取）
 ……………………………… 173
確認の訴え ………………… 63, 85
確認の訴えの利益 ……………… 85
瑕疵ある判決 …………………… 172
家事調停 ………………………… 6
過失の一応の推定 ……………… 127
仮定抗弁 ………………………… 118
家庭裁判所 ……………………… 18
仮定主張 ………………………… 118
仮差押え ………………………… 11
仮執行宣言 ……………………… 191
仮執行宣言付支払督促 ………… 271
仮執行免脱宣言 ………………… 191
仮処分 …………………………… 11
仮の地位を定める仮処分 ……… 11
簡易裁判所 ……………………… 18
簡易な証拠調べに代わる審尋
 ……………………………… 108
管轄 ……………………………… 33
管轄権 …………………………… 33
関係者公開 ……………………… 110
官署としての裁判所（国法上
 の裁判所） …………………… 18
間接強制 ………………………… 10
間接事実 ………………………… 102
間接反証 ………………………… 127
鑑定 ……………………………… 136
鑑定証人 ………………………… 136
鑑定人 …………………………… 136

関連裁判籍 ……………………… 36
期間 ……………………………… 96
期間の計算 ……………………… 97
期日 ……………………………… 95
期日外釈明 ……………………… 104
期日の延期 ……………………… 96
期日の続行 ……………………… 96
期日の変更 ……………………… 96
期日の呼出し …………………… 96
技術の秘密 ……………………… 134
基準時後にする形成権の行使
 と遮断効 …………………… 177
偽証罪 …………………………… 134
擬制自白 …………………… 118, 126
起訴前和解 ……………………… 264
規範的要件要素 ………………… 103
既判力 ……………………… 9, 173
既判力の基準時 ………………… 176
既判力の客観的範囲 …………… 180
既判力の根拠 …………………… 174
既判力の作用 …………………… 175
既判力の時的限界 ……………… 176
既判力の主観的範囲 …………… 184
既判力の相対性の原則 ………… 184
既判力の双面性 ………………… 175
既判力の本質 …………………… 174
忌避 ……………………………… 22
忌避の事由 ……………………… 22
客観的証明責任 ………………… 129
旧実体的不服説 ………………… 238
求釈明 …………………………… 104
旧訴訟物理論 ……………… 74, 79
給付の訴え ……………………… 62
給付の訴えの利益 ……………… 84
競合管轄 ………………………… 36
強制執行 ………………………… 9
共同訴訟 ………………………… 204
共同訴訟参加 ……………… 219, 223

事項索引 281

共同訴訟的補助参加
　……………………… 219,229
共同訴訟人 …………………… 204
共同訴訟人間の主張共通の原
　則 …………………………… 208
共同訴訟人間の証拠共通の原
　則 …………………………… 207
共同訴訟人独立の原則 ……… 207
許可抗告 ……………… 237,255,256
許可上告制度 ………………… 247
金銭執行 ……………………… 9
禁反言 ………………………… 120
苦情処理 ……………………… 3
国及びその財産の裁判権から
　の免除に関する国際連合条
　約（国連国家免除条約）
　……………………………… 25
計画審理主義 ………………… 113
経験則 ………………………… 125
形式的意義における民事訴訟
　法 …………………………… 14
形式的確定力 ………………… 169
形式的形成訴訟 ……………… 64
形式的証拠力 ………………… 123
形式的当事者概念 …………… 40
形式的不服説 ………………… 238
形成の訴え ………………… 63,87
形成の訴えの利益 …………… 87
形成力 ………………………… 191
係争物 ………………………… 73
係争物に関する仮処分 ……… 11
決定 …………………………… 161
結末判決 ……………………… 163
原因判決 ……………………… 163
厳格な証明 …………………… 124
現在の給付の訴え ………… 62,84
検証 …………………………… 141
検証物提示義務 ……………… 141
検証物提示命令 ……………… 141
原本 …………………………… 137
権利抗弁 ……………………… 103
権利自白 ……………………… 126
権利主張参加 ………………… 221
権利能力 ……………………… 44
権利保護説 …………………… 12

合意管轄 …………… 30,33,37
行為期間 ……………………… 96
合一確定 ………………… 204,209
行為能力 ……………………… 48
公開主義 ………………… 2,10,111
交換的変更 …………………… 198
合議制 ………………………… 18
攻撃防御方法 ………………… 117
抗告 ………………………… 237,254
抗告状 ………………………… 255
交互尋問 ……………………… 135
公示送達 ……………………… 98
更正決定 ……………………… 171
控訴 ………………………… 236,239
控訴期間 ……………………… 240
控訴権の濫用 ………………… 245
控訴状 ………………………… 240
控訴手数料 …………………… 240
控訴人 ………………………… 239
控訴の遡及的消滅 …………… 241
控訴の提起 …………………… 240
控訴の取下げ ………………… 241
控訴不可分の原則 …………… 241
公知の事実 …………………… 126
高等裁判所 …………………… 18
口頭主義 ………………… 2,10,112
口頭弁論 ……………………… 107
口頭弁論期日の指定 ………… 73
口頭弁論終結後の承継人
　……………………………… 185
口頭弁論調書 ………………… 107
口頭弁論に代わる審尋 ……… 108
口頭弁論の一体性 …………… 107
口頭弁論の制限 ……………… 115
口頭弁論の分離 ……………… 115
口頭弁論の併合 ……………… 115
口頭弁論への上程 …………… 110
交付送達 ……………………… 98
公文書 ………………………… 137
抗弁 …………………………… 118
抗弁事項 ……………………… 82
公務員の職務上の秘密 ……… 139
国際裁判管轄 ………………… 27
国際裁判管轄の管轄原因 …… 28
国際仲裁 ……………………… 6

国内仲裁 ……………………… 6
国法上の裁判所（官署として
　の裁判所）………………… 18
国民審査 ……………………… 20
国連国家免除条約（国及びそ
　の財産の裁判権からの免除
　に関する国際連合条約）
　……………………………… 25
国家免除・裁判権免除（主権
　免除）……………………… 25
個別仲裁 ……………………… 6
固有の期間 …………………… 97
固有必要的共同訴訟
　……………………… 205,209

さ行

債権およびその他の財産権に
　対する執行 ………………… 10
債権者代位訴訟 ……………… 185
再抗告 ……………… 237,254,256
最高裁判所 …………………… 18
最初の抗告 …………………… 254
再審 …………………………… 258
再審開始決定 ………………… 260
再審事由 ……………………… 258
再審の補充性 ………………… 259
裁定期間 ……………………… 97
裁定和解制度 ………………… 152
再度の考案 …………………… 255
裁判 …………………………… 161
裁判外紛争解決 ……………… 3
裁判官 ………………………… 20
裁判機関としての裁判所（訴
　訟法上の裁判所）………… 18
裁判権（司法権）…………… 18
裁判上の自白 ………………… 118
裁判上の和解 ……………… 3,151
裁判所書記官 ………………… 20
裁判籍 ………………………… 35
裁判の羈束力 ………………… 172
裁判の種類 …………………… 161
裁判の対審公開 ……………… 13
裁判の脱漏 …………………… 163
裁判の適正・迅速 …………… 13

事項索引

債務名義……………………4, 9
裁量上告制度………237, 247
詐害防止参加……………220
作為・不作為の強制執行…10
差置送達……………………98
参加承継…………………231
暫定真実…………………131
残部判決…………………163
時機に後れた攻撃防御方法の
　却下……………………114
自己使用文書……………140
事後審制…………………243
事実抗弁…………………103
事実上の推定……………127
事実に関する主張………117
死者名義訴訟………………42
執行決定……………………7
執行裁判所…………………33
執行正本……………………10
執行力…………………7, 190
実質的意義における民事訴訟
　法…………………………14
実質的証拠力……………123
実質的当事者概念…………40
実体法上の法定代理人……54
質的一部認容……………167
指定管轄………………33, 36
自白契約…………………128
支払督促…………………270
支払猶予判決……………268
事物管轄……………………34
私文書……………………137
司法権（裁判権）…………18
司法権の独立………………13
私法上の和解……………3, 4
私法秩序維持説……………12
氏名冒用訴訟………………42
釈明義務…………………105
釈明権……………………104
釈明処分…………………104
遮断効……………………176
宗教団体の内部紛争………26
終局判決…………………162
自由心証主義……………127
集中証拠調べ……………113

集中審理主義……………113
自由な証明………………124
主観的証明責任…………129
主観的併合要件…………206
主観的予備的併合………217
主権免除（国家免除・裁判権
　免除）……………………25
取効的訴訟行為…………115
主尋問……………………135
受訴裁判所…………………33
受託裁判官…………………19
主張………………………117
主張共通の原則…………101
主張責任…………………101
出頭義務…………………133
受命裁判官…………………19
主要事実…………………102
準備書面…………………109
準備的口頭弁論…………109
準文書……………………137
少額訴訟債権執行………265
消極的確認の訴え…………63
消極的釈明………………104
証言義務…………………134
証言能力…………………133
証拠………………………122
証拠共通の原則…………129
上告…………………236, 246
上告受理申立て……236, 250
上告受理申立制度………247
上告状……………………247
上告理由…………………249
上告理由書提出強制……248
証拠契約…………………128
証拠結合主義……………132
証拠原因…………………123
証拠調べ決定……………132
証拠資料……………101, 122
証拠制限契約……………128
証拠能力…………………122
証拠方法…………………122
証拠方法の無制限………128
証拠保全……………………67
証拠保全決定……………142
証拠保全制度……………141

証拠申出…………………132
証拠力……………………123
証拠力の自由な評価……129
上訴………………………236
上訴権………………………2
上訴制度……………………7
上訴の要件………………238
証人………………………133
証人義務…………………133
証人尋問…………………133
証人能力…………………133
消費者団体訴訟……………91
小法廷………………………19
抄本………………………137
証明………………………123
証明責任…………………129
証明責任の転換…………131
証明責任の分配…………130
証明不要効………………126
証明妨害…………………129
将来の給付の訴え……62, 84
書記官送達…………………98
職業上の秘密……………134
職分管轄……………………33
職務期間……………………97
職務上顕著な事実………126
職務上の当事者………51, 89
書証………………………137
除斥…………………………21
除斥および忌避の裁判……23
除斥・忌避・回避…………21
除斥原因……………………21
職権主義……………………94
職権証拠調べの禁止……102
職権進行主義………………94
職権探知……………………82
職権探知主義……………106
職権調査…………………107
職権調査事項………………82
処分権主義………………146
処分権主義の不意打ち防止機
　能………………………164
処分証書…………………137
書面による準備手続……110
自力救済…………………2, 9

信義則……………………120
真偽不明（ノン・リケット）
　……………………………129
審級管轄……………………33
進行協議期日……………111
真実義務…………………102
新実体的不服説…………238
新実体法説…………………76
人証…………………………122
新訴訟物理論……75,79,165
審判排除効………………126
尋問事項書………………135
審理計画…………………113
審理不尽…………………250
推定事実…………………127
請求の基礎………………199
請求の併合………………196
請求の放棄・認諾………158
請求の目的物の所持者…187
制限的訴訟能力者…………50
制限免除主義………………25
正当な当事者………………88
制度仲裁……………………6
成年被後見人………………49
正本…………………………137
責問権………………………95
責問権の喪失…………95,164
責問権の放棄………………95
積極的確認の訴え…………63
積極的釈明………………104
積極否認…………………117
絶対的上告理由…………249
絶対免除主義………………25
先行行為に対する矛盾挙動の
　禁止……………………120
宣誓義務…………………133
専属管轄………………30,33,37
専属的合意管轄……………37
選択的併合…………75,197
前提事実…………………127
選定当事者…………………90
船舶執行……………………10
全部判決…………………163
専門委員…………………111
相殺の抗弁………………181

相殺の抗弁と二重起訴の禁止
　……………………………80
相続財産管理人……………54
送達…………………………98
相談…………………………3
争点効……………………183
双方審尋主義………2,10,112
訴額…………………………34
即時抗告…………………254
続審主義…………………243
続審制……………………244
続審制の事後審的運営…244
訴訟委任に基づく訴訟代理人
　……………………………56
訴状却下……………………71
訴訟共同…………………205
訴訟記録…………………108
訴訟経済……………………13
訴訟係属……………………77
訴訟契約…………………120
訴訟行為…………………115
訴訟行為の追完……………97
訴訟行為の転換…………116
訴訟行為の評価…………116
訴訟行為の補正…………116
訴訟行為の有効要件………51
訴訟行為への私法規定の適用
　……………………………119
訴訟告知……………220,230
訴訟参加…………………219
訴訟指揮権…………………94
訴訟承継…………………231
訴訟状態の不当形成……120
訴訟上の権能の失効……121
訴訟上の権能の濫用禁止
　……………………………121
訴訟上の代理人……………54
訴訟上の申立て…………117
訴訟上の和解…………4,151
訴訟上の和解と意思表示の瑕
　疵………………………154
訴訟上の和解の解除……156
訴訟上の和解の瑕疵を争う方
　法………………………154

訴訟上の和解の法的性質論
　……………………………154
訴訟資料…………………101
訴訟資料と証拠資料の峻別
　……………………………101
訴訟信託の禁止……………90
訴訟脱退…………………223
訴訟担当の場合の本人…185
訴訟手続の中止……………99
訴訟手続の中断……………99
訴訟手続の停止……………98
訴訟における形成権行使
　……………………………119
訴訟能力……………………48
訴状の記載事項……………69
訴状の審査…………………70
訴状の審理…………………94
訴状の送達…………………71
訴訟判決…………9,81,163
訴訟費用の裁判…………192
訴訟物…………………73,79
訴訟物理論………………165
訴訟物論争…………………74
訴訟法上の裁判所（裁判機関
　としての裁判所）………18
訴訟法上の特別代理人……54
訴訟無能力者………………49
訴訟要件（本案判決要件）
　…………………47,51,81
即決和解（訴え提起前の和解）
　…………………4,151,264
疎明…………………11,123

た行

第三者の訴訟担当…………89
対質…………………………135
代替執行……………………10
代替的紛争解決……………3
大法廷………………………19
多元説………………………12
多数当事者訴訟…………205
棚上げ説……………………12
単純併合…………………196

担当者のための法定訴訟担当
　………………………………89
単独制……………………………18
知的財産高等裁判所………18
地方裁判所………………………18
中間確認の訴え………… 202
中間判決……………………… 162
仲裁………………………………3,6
仲裁契約……………………………6
仲裁合意……………………………6
仲裁合意の抗弁…………………7
仲裁廷………………………………7
仲裁人………………………………6
仲裁判断……………………………7
調査嘱託……………………… 141
調書判決……………………… 169
調停………………………………3,5
調停委員会………………………6
調停前置主義……………………6
調停調書……………………………5
調停に代わる決定……………5
重複起訴………………………78
直接強制………………………10
直接主義……… 2,10,113,167
陳述書………………………… 135
沈黙…………………………… 118
追加的変更………………… 198
追加判決……………………… 163
追認………………………49,50,116
通常期間………………………97
通常共同訴訟…………… 204
通常抗告……………………… 254
出会送達………………………98
定期金賠償を命ずる確定判決
　の変更を求める訴え… 170
提訴前照会……………………66
提訴前証拠収集処分………66
提訴予告通知…………………66
適時提出主義……………… 114
撤回禁止効………………… 126
手続保障…………………………2
手続保障説……………………12
テレビ会議システム……… 135
動産執行………………………10
倒産処理手続…………………12

当事者確定の基準………42
当事者間の公平…………13
当事者権…………………41
当事者参加…………… 219
当事者主義………………94
当事者照会制度……… 111
当事者尋問…………… 135
当事者適格………………88
当事者能力………… 44,47
当事者の確定……………41
当事者の欠席………… 121
当事者の申立権…………95
同時審判申出共同訴訟
　…………………… 216,218
同時履行の抗弁権…… 167
当然承継……………… 231
答弁書………………… 109
謄本…………………… 137
督促異議……………… 271
督促手続オンラインシステム
　……………………… 272
特段の事情………… 27,31
特別抗告……………… 258
特別裁判籍………………35
特別上告……………… 257
特別上訴………… 237,257
特別清算…………………12
特別の委任………………57
特別の授権………………50
独立裁判籍………………35
独立当事者参加……… 220
土地管轄………………33,35

な行

二重起訴の禁止…………78
二当事者対立の原則……40
任意管轄……………33,38
任意代理人…………54,56
任意的口頭弁論…… 11,108
任意的訴訟担当…………90
任意的当事者変更… 43,233
ノン・リケット（真偽不明）
　……………………… 129

は行

陪席裁判官………………19
敗訴者負担の原則………58
破棄差戻し…………… 252
破棄差戻判決の拘束力… 253
破棄自判……………… 253
破産………………………12
破産債権査定異議の訴え… 12
破産債権査定決定………12
判決…………………… 161
判決書（判決原本）… 168
判決書の記載事項…… 168
判決手続…………………8
判決の言渡し………… 169
判決の確定時期……… 170
判決の確定証明……… 170
判決の形式的確定………9
判決の自己拘束力…… 171
判決の種類…………… 162
判決の送達…………… 169
判決の対世効………… 188
判決の不存在………… 172
判決の無効…………… 172
反射効………………… 188
反証…………………… 123
反訴…………………… 200
反対尋問……………… 135
飛越（飛躍）上告…… 238
引受承継……………… 232
引渡し・閲覧文書…… 139
非金銭執行………………9
被控訴人……………… 239
筆界特定手続……………65
必要的共同訴訟…… 204,209
必要的口頭弁論………10
必要的口頭弁論の原則
　………………… 108,244
否認…………………… 117
被保佐人…………………50
被補助人…………………50
秘密保持……………… 112
評価根拠事実………… 103
評議…………………… 168
表見証明……………… 127

事項索引 285

表見代理……………………56
表示の訂正…………………43
付加期間……………………97
付加的合意管轄……………37
不起訴合意………………120
覆審制……………………243
副本………………………137
不在者の財産管理人………54
不執行合意………………120
付従的効力………………191
附帯控訴…………………242
附帯控訴の附従性………242
不知………………………118
普通裁判籍…………………35
物証………………………122
不動産執行…………………10
不変期間……………………97
不利益変更禁止の原則……245
文書………………………137
文書送付嘱託……………138
紛争解決説…………………12
紛争の蒸返しの禁止……121
併合請求の裁判籍…………36
変更判決…………………172
弁護士会照会………………66
弁護士強制主義……53,56,57
弁護士代理の原則……56,58,90
弁護士付添命令……………54
弁護士費用…………………57
弁論権………………………2
弁論主義…………………100
弁論準備手続……………110
弁論能力……………………53
弁論の更新………………113
弁論の更新権……………243
弁論の再開………………107
弁論の全趣旨……………128
報告証書…………………137

法人格のない団体の当事者能
　力…………………………45
法人などの代表者…………55
法定管轄……………………33
法定期間……………………97
法定証拠法………………132
法定訴訟担当………………89
法定代理人…………………54
法的観点指摘義務………106
法律関係文書……………139
法律上の権利推定………131
法律上の事実推定………131
法律上の推定……………131
法律上の争訟……………2,25
法律に関する主張………117
法令上の訴訟代理人………57
補佐人………………………58
補充鑑定…………………137
補充尋問…………………135
補充性……………………135
補充送達……………………98
補助参加……………219,224
補助参加人………………224
補助参加の利益…………225
補助事実…………………102
保全執行手続………………11
保全命令手続………………11
本案の申立て……………117
本案判決…………………9,163
本案判決要件（訴訟要件）
　………………………47,51,81
本証………………………123
本人訴訟………………53,56
本人訴訟主義………………57

ま行

未成年者……………………49

民事再生……………………12
民事裁判権…………………24
民事訴訟の法源……………14
民事訴訟の目的……………12
民事調停……………………5
民事保全手続………………11
民法上の組合の当事者能力
　…………………………46
命令………………………161
申立て…………………62,117
申立事項…………………164
物の引渡し・明渡しの強制執
　行…………………………10

や行

猶予期間……………………97
与効的訴訟行為…………115
予備的併合………………196

ら行

利益文書…………………139
立証………………………118
留置権の抗弁……………167
量的一部認容……………166
類似必要的共同訴訟
　……………………205,214
歴史的証明………………123

わ行

和解…………………………4
和解契約……………………4
和解調書……………………4

判例索引

明治 38 年～44 年

大判明治 38・2・28 民録 11-272 ……… 117
大判明治 44・12・11 民録 17-772 ……… 167

大正 4 年～14 年

大判大正 4・3・15 民録 21-322 ……… 200
大判大正 4・6・30 民録 21-1165 ……… 43
大判大正 4・9・29 民録 21-1520
　〔百選 56 事件〕……………………… 126
大判大正 4・12・8 民録 21-2312 ……… 160
大判大正 12・6・2 民集 2-345 ………… 64
大判大正 13・6・13 新聞 2335-15 ……… 97
大判大正 14・4・24 民集 4-195 ………… 156

昭和 3 年～30 年

大決昭和 3・12・28 民集 7-1128 ……… 25
大決昭和 6・4・22 民集 10-380 ……… 156
大判昭和 8・2・7 民集 12-159 ……… 243
大判昭和 8・2・9 民集 12-397 ……… 125
大判昭和 8・7・4 民集 12-1745 ……… 52
大判昭和 9・2・26 民集 13-271 ……… 238
大判昭和 9・3・9 民集 13-249 ………… 96
大判昭和 10・10・28 民集 14-1785
　〔百選 5 事件〕……………………… 43
大判昭和 14・5・16 民集 18-557 ……… 79
大判昭和 15・3・15 民集 19-586 ……… 185
大判昭和 16・3・15 民集 20-191 ……… 43
大判昭和 19・3・14 民集 23-155 ……… 160
最判昭和 25・7・11 民集 4-7-316 ……… 126
最判昭和 25・10・31 民集 4-10-516 …… 244
最判昭和 26・10・16 民集 5-11-583 …… 245
最大判昭和 27・10・8 民集 6-9-783 …… 26
最判昭和 27・10・21 民集 6-9-841 …… 128
最判昭和 27・11・27 民集 6-10-1062
　〔百選 51 事件〕……………………… 103

最判昭和 27・12・5 民集 6-11-1117 …… 128
最判昭和 27・12・25 民集 6-12-1255 …… 209
最判昭和 28・5・29 民集 7-5-623 ……… 96
最判昭和 28・11・17 行集 4-11-2760 …… 26
最判昭和 28・12・24 判タ 37-48 ……… 71
最判昭和 29・2・11 民集 8-2-419 …… 2,26
最判昭和 29・2・26 民集 8-2-630 ……… 199
最判昭和 29・6・8 民集 8-6-1037 ……… 199
最判昭和 29・6・11 民集 8-6-1055
　〔百選 16 事件〕……………………… 50
最判昭和 30・1・28 民集 9-1-83
　〔百選 4 事件〕……………………… 22
最判昭和 30・4・5 民集 9-4-439 ……… 114
最判昭和 30・4・21 裁判集民 18-359 …… 201
最判昭和 30・7・5 民集 9-9-985
　〔百選 55 事件〕……………………… 126
最大判昭和 30・7・20 民集 9-9-1139 …… 261
東京地判昭和 30・12・7 下民集 6-12-2569
　……………………………………… 165
最判昭和 30・12・26 民集 9-14-2082 …… 87

昭和 31 年～40 年

最判昭和 31・4・3 民集 10-4-297
　〔百選 110 事件〕……………………… 238
最判昭和 31・5・10 民集 10-5-487
　〔百選〔第 4 版〕99 事件〕…………… 212
最判昭和 31・7・20 民集 10-8-965 …… 190
最判昭和 31・9・18 民集 10-9-1160 …… 54
最判昭和 31・10・4 民集 10-10-1229 …… 87
最判昭和 32・2・28 民集 11-2-374
　〔百選 33 事件〕……………………… 198
最判昭和 32・5・10 民集 11-5-715 …… 127
最判昭和 32・6・7 民集 11-6-948
　〔百選 81 事件〕……………………… 181
最判昭和 32・6・25 民集 11-6-1143 …… 132
東京地判昭和 32・7・25 下民 8-7-1337 … 80

最判昭和 32・12・13 民集 11-13-2143
　〔百選 A38 事件〕……………………… 242
最判昭和 32・12・24 民集 11-14-2322 …… 165
最判昭和 33・3・5 民集 12-3-381 ……… 154
最判昭和 33・3・13 民集 12-3-524 …… 167
最判昭和 33・4・17 民集 12-6-873 ………… 90
最判昭和 33・6・6 民集 12-9-1384 …… 167
最判昭和 33・6・14 民集 12-9-1492
　〔百選 93 事件〕……………………… 154
最判昭和 33・7・8 民集 12-11-1740
　〔百選 47 事件〕……………………… 102
最判昭和 33・7・25 民集 12-12-1823
　〔百選 17 事件〕………………………… 55
最判昭和 34・7・3 民集 13-7-898 ……… 212
最判昭和 34・9・17 民集 13-11-1412 …… 130
最判昭和 35・4・12 民集 14-5-825 ……… 77
大阪地判昭和 36・2・2 判時 253-34 …… 150
最判昭和 36・4・25 民集 14-5-825 …… 165
最判昭和 36・4・25 民集 15-4-891 ……… 77
最判昭和 36・4・27 民集 15-4-901
　〔百選 48 事件〕……………………… 103
最判昭和 36・8・8 民集 15-7-2005
　〔百選 114 事件〕……………………… 250
最判昭和 36・11・28 民集 15-10-2593 …… 253
最判昭和 37・8・10 民集 16-8-1720
　〔百選〔第4版〕81 ①事件〕…………… 181
最判昭和 37・12・18 民集 16-12-2422
　〔百選 9 事件〕………………………… 46
最判昭和 38・2・22 民集 17-1-235 …… 166
最判昭和 38・3・12 民集 17-2-310 …… 213
最判昭和 38・10・15 民集 17-9-1220 …… 64
最大判昭和 39・3・25 民集 18-3-486 …… 32
最判昭和 39・6・26 民集 18-5-954 …… 105
最判昭和 39・10・13 民集 18-8-1619 …… 22
最判昭和 39・10・15 民集 18-8-1671 …… 45
最判昭和 40・4・2 民集 19-3-539 …… 177
最判昭和 40・5・20 民集 19-4-859 …… 212
最判昭和 40・6・24 民集 19-4-1001 …… 229
最判昭和 40・9・17 民集 19-6-1533
　〔百選 76 事件〕……………………… 166

昭和 41 年〜50 年

最判昭和 41・1・27 民集 20-1-136
　〔百選 64 事件〕……………………… 130

最判昭和 41・2・8 民集 20-2-196 ……… 26
最判昭和 41・3・18 民集 20-3-464
　〔百選 21 事件〕………………………… 84
最判昭和 41・4・12 民集 20-4-560 …… 115
最判昭和 41・7・14 民集 20-6-1173 …… 43
札幌高決昭和 41・9・19 高民 19-5-428
　……………………………………… 120
最判昭和 41・9・22 民集 20-7-1392
　〔百選 54 事件〕……………………… 126
最判昭和 41・11・10 民集 20-9-1733 …… 202
最判昭和 41・11・25 民集 20-9-1921 …… 211
最判昭和 42・2・24 民集 21-1-209
　〔百選 A12 事件〕……………………… 97
東京地判昭和 42・3・28 判タ 208-127
　……………………………………… 128
最判昭和 42・7・18 民集 21-6-1559
　〔百選 82 事件〕……………………… 181
最判昭和 42・8・25 民集 21-7-1740 …… 212
最大判昭和 42・9・27 民集 21-7-1925
　……………………………………… 220
最判昭和 42・10・19 民集 21-8-2078
　〔百選 8 事件〕………………………… 45
最判昭和 43・2・9 判時 510-38 ……… 133
最判昭和 43・2・15 民集 22-2-184
　〔百選 94 事件〕……………………… 157
最判昭和 43・2・16 民集 22-2-217 …… 130
最判昭和 43・2・22 民集 22-2-270
　〔百選 35 事件〕………………………… 64
最判昭和 43・2・23 民集 22-2-296 …… 171
最判昭和 43・2・27 民集 22-2-316 …… 173
最判昭和 43・3・8 民集 22-3-551
　〔百選 A30 事件〕……………………… 218
最判昭和 43・3・15 民集 22-3-607
　〔百選 99 事件〕……………………… 213
最判昭和 43・3・19 民集 22-3-648
　〔百選 115 事件〕……………………… 253
最判昭和 43・9・12 民集 22-9-1896
　〔百選 95 事件〕……………………… 208
最判昭和 43・12・24 民集 22-13-3428
　〔百選 60 事件〕……………………… 127
最判昭和 43・12・24 民集 22-13-3454 …… 103
最判昭和 44・2・27 民集 23-2-441 …… 58
最判昭和 44・6・24 判時 569-48
　〔百選 84 事件〕……………………… 184

最判昭和 44・7・8 民集 23-8-1407
〔百選 86 事件〕·················· 173, 179
最判昭和 44・7・10 民集 23-8-1423
〔百選 15 事件〕························ 88
最判昭和 44・10・17 民集 23-10-1825
〔百選 92 事件〕······················ 120
最判昭和 45・3・26 民集 24-3-165······ 141
最判昭和 45・4・2 民集 24-4-223
〔百選 30 事件〕······················ 88
最判昭和 45・5・22 民集 24-5-415······ 212
最判昭和 45・6・11 民集 24-6-516
〔百選 52 事件〕················ 104, 105
最判昭和 45・6・24 民集 24-6-712······ 101
最大判昭和 45・7・15 民集 24-7-861
〔百選 A9 事件〕······················ 86
最判昭和 45・10・22 民集 24-11-1583
〔百選 103 事件〕····················· 228
東京地判昭和 45・10・31 判時 622-92
〔百選 43 事件〕····················· 119
最大判昭和 45・11・11 民集 24-12-1854
〔百選 13 事件〕······················ 90
最判昭和 45・12・15 民集 24-13-2072
〔百選 18 事件〕······················ 56
最判昭和 46・6・3 判時 634-37
〔百選 117 事件〕···················· 260
最判昭和 46・6・25 民集 25-4-640
〔百選 91 事件〕················ 119, 147
最判昭和 46・10・7 民集 25-7-885
〔百選 A31 事件〕···················· 212
最判昭和 46・11・25 民集 25-8-1343
〔百選 75 事件〕····················· 166
最判昭和 46・12・9 民集 25-9-1457······ 212
最判昭和 47・2・15 民集 26-1-30
〔百選 23 事件〕······················ 86
最判昭和 47・6・2 民集 26-5-957
〔百選〔第 4 版〕9 事件〕··············· 46
最判昭和 47・11・16 民集 26-9-1619····· 167
最判昭和 48・4・5 民集 27-3-419
〔百選 74 事件〕······················ 76
最判昭和 48・4・24 民集 27-3-596
〔百選 108 事件〕················ 78, 221
最判昭和 48・6・21 民集 27-6-712
〔百選 87 事件〕····················· 187
最判昭和 48・7・20 民集 27-7-863
〔百選 106 事件〕···················· 222

最判昭和 48・7・20 民集 27-7-890······ 120
最判昭和 48・10・4 判時 724-33········ 184
最判昭和 50・2・14 金法 754-29········ 147
最判昭和 50・3・13 民集 29-3-233······ 222
最判昭和 50・10・24 民集 29-9-1417
〔百選 57 事件〕····················· 123
最判昭和 50・11・28 民集 29-10-1554
〔国際私法百選 99 事件〕··············· 31

昭和 51 年～60 年

最判昭和 51・9・30 民集 30-8-799
〔百選 79 事件〕················ 77, 121, 184
最判昭和 51・10・21 民集 30-9-903
〔百選 90 事件〕····················· 190
札幌高決昭和 51・11・12 判タ 347-198····· 23
最判昭和 52・4・15 民集 31-3-371······ 126
東京地判昭和 52・5・30 下民 28-5～8-566
·· 184
東京高判昭和 52・7・15 判時 867-60···· 128
最判昭和 52・7・19 民集 31-4-693
〔百選 A29 事件〕···················· 150
最判昭和 53・3・23 判時 885-118······ 132
最判昭和 53・3・23 判時 886-35
〔百選 89 事件〕····················· 190
最判昭和 53・7・10 民集 32-5-888
〔百選 31 事件〕················ 84, 121
東京高判昭和 54・10・18 判時 942-17···· 129
最判昭和 55・1・11 民集 34-1-1
〔百選 1 事件〕······················ 26
最判昭和 55・2・7 民集 34-2-123
〔百選 46 事件〕····················· 102
最判昭和 55・2・8 民集 34-2-138······· 46
最判昭和 55・9・26 判時 985-76········ 51
最判昭和 55・10・23 民集 34-5-747
〔百選 77 事件〕····················· 177
名古屋高決昭和 56・2・18 判時 1007-66 128
最判昭和 56・7・3 判時 1014-69········ 184
最判昭和 56・9・24 民集 35-6-1088
〔百選 41 事件〕····················· 107
最判昭和 56・10・16 民集 35-7-1224
〔国際私法百選 88 事件〕··············· 27
最大判昭和 56・12・16 民集 35-10-1369
〔百選 22 事件〕······················ 85

最判昭和 57・3・30 民集 36-3-501
　〔百選 A26 事件〕……………………… 177
最判昭和 57・7・1 民集 36-6-891……… 211
東京地判昭和 57・11・30 判時 1076-84
　………………………………………… 184
最判昭和 57・12・2 判時 1065-139……… 64
最判昭和 58・2・8 判時 1092-62……… 211
最判昭和 58・3・31 判時 1075-119……… 245
神戸地判昭和 59・5・18 労民 35-3=4-301
　〔百選 66 事件〕……………………… 128
東京高判昭和 59・11・29 判時 1140-90 …80
最判昭和 60・3・15 判時 1168-66……… 223

昭和 61 年～63 年

東京地決昭和 61・1・14 判時 1182-103 …39
最判昭和 61・9・4 判時 1215-47
　〔百選 112 事件〕……………………… 246
広島地決昭和 61・11・21 判時 1224-76
　〔百選 72 事件〕………………………… 68
最判昭和 63・4・14 判タ 683-62………… 121

平成元年～10 年

最判平成 元・3・28 民集 43-3-167
　〔百選 100 事件〕……………………… 211
最判平成 元・9・8 民集 43-8-889……… 26
最判平成 元・11・20 民集 43-10-1160…… 24
最判平成 3・12・17 民集 45-9-1435
　〔百選 38 ①事件〕……………………… 80
最判平成 4・9・10 民集 46-6-553
　〔百選 116 事件〕……………………… 259
最判平成 4・10・29 民集 46-7-1174
　〔百選 62 事件〕……………………… 130
最判平成 5・2・18 民集 47-2-632……… 200
最判平成 6・1・25 民集 48-1-41……… 148
最判平成 6・5・31 民集 48-4-1065
　〔百選 11 事件〕…………………… 46,211
最判平成 6・9・27 判時 1513-111
　〔百選 105 事件〕……………………… 220
最判平成 7・12・15 民集 49-10-3051
　〔百選 78 事件〕……………………… 177
大阪地判平成 8・1・26 判時 1570-85 …80
最判平成 8・2・22 判時 1559-46……… 106
東京高判平成 8・4・8 判タ 937-262 …80

東京高判平成 8・4・23 判タ 957-194 …59
東京地判平成 8・12・10 判時 1589-81
　………………………………………… 167
最判平成 9・4・2 民集 51-4-1673…… 215
最判平成 9・11・11 民集 51-10-4055
　〔国際私法百選 89 事件〕……………… 27
最判平成 10・3・27 民集 52-2-661…… 210
最判平成 10・6・12 民集 52-4-1147
　〔百選 80 事件〕…………………… 77,181
最判平成 10・6・30 民集 52-4-1225
　〔百選 38 ②事件〕……………………… 80
最決平成 10・7・13 判時 1651-54……… 256

平成 11 年～20 年

最決平成 11・3・12 民集 53-3-505…… 257
最判平成 11・6・11 判時 1685-36
　〔百選 26 事件〕………………………… 86
最判平成 11・11・9 民集 53-8-1421
　………………………………………… 212,213
最決平成 11・11・12 民集 53-8-1787
　〔百選 69 事件〕……………………… 140
最判平成 12・3・10 民集 54-3-1073
　………………………………………… 134,139
最判平成 12・3・17 判時 1708-119…… 269
最判平成 12・7・7 民集 54-6-1767
　〔百選 101 事件〕……………………… 215
最判平成 13・2・13 判時 1745-94……… 247
最判平成 14・1・22 判時 1776-67
　〔百選 104 事件〕……………………… 228
最判平成 14・6・7 民集 56-5-899……… 46
東京地判平成 15・1・21 判時 1828-59
　………………………………………… 154
東京高判平成 15・7・29 判時 1838-69
　………………………………………… 266
最判平成 15・10・31 判時 1841-143…… 250
最判平成 16・7・6 民集 58-5-1319…… 211
最決平成 17・10・14 民集 59-8-2265…… 139
最判平成 18・7・21 民集 60-6-2542…… 25
最決平成 18・10・3 民集 60-8-2647
　〔百選 67 事件〕……………………… 134
大阪高判平成 19・1・30 判時 1962-78 …66
最判平成 20・7・17 民集 62-7-1994
　〔百選 97 事件〕…………………… 211,214

平成 21 年～26 年

最判平成 21・10・16 民集 63-8-1799
　〔国際私法百選 87 事件〕……………………25
最判平成 22・6・29 民集 64-4-1235 ………47

最判平成 22・7・16 民集 64-5-1450 ……176
最判平成 22・10・14 裁判集民 235-1……106
最判平成 26・2・27 民集 68-2-192
　〔百選 10 事件〕………………………………47

編者・執筆分担

小田　司（おだ　つかさ）……第2版はしがき、初版はしがき、第1章、第2章
日本大学法学部　教授

執筆者（五十音順）・執筆分担

大江　毅（おおえ　つよし）………………………………………第6章
國學院大學法学部　准教授

清水　宏（しみず　ひろし）………………………………………第4章
東洋大学法学部　教授

秦　公正（はた　きみまさ）……………………………第7章、第8章
中央大学法学部　教授

畑　宏樹（はた　ひろき）…………………………………………第5章
明治学院大学法学部　教授

福永清貴（ふくなが　きよたか）…………………………………第3章
国士舘大学法学部　教授

Next 教科書シリーズ 民事訴訟法［第 2 版］

2012（平成 24）年 10 月 30 日	初　版 1 刷発行
2016（平成 28）年 1 月 30 日	第 2 版 1 刷発行
2021（令和 3）年 10 月 30 日	同　　 5 刷発行

編　者　小　田　　　司
発行者　鯉　渕　友　南
発行所　株式会社　弘文堂　　101-0062　東京都千代田区神田駿河台 1 の 7
　　　　　　　　　　　　　　TEL 03(3294)4801　　振替 00120-6-53909
　　　　　　　　　　　　　　　　　　　　https://www.koubundou.co.jp

装　丁　水木喜美男
印　刷　三美印刷
製　本　井上製本所

©2016　Tsukasa Oda. Printed in Japan

[JCOPY]〈(社)出版者著作権管理機構　委託出版物〉
本書の無断複写は著作権法上での例外を除き禁じられています。複写される場合は、そのつど事前に、(社)出版者著作権管理機構（電話 03-5244-5088、FAX 03-5244-5089、e-mail : info@jcopy.or.jp）の許諾を得てください。
また本書を代行業者等の第三者に依頼してスキャンやデジタル化することは、たとえ個人や家庭内の利用であっても一切認められておりません。

ISBN978-4-335-00223-6

Next 教科書シリーズ

■ 好評既刊

授業の予習や独習に適した初学者向けの大学テキスト

(刊行順)

『心理学』［第3版］　和田万紀＝編
定価(本体2100円＋税)　ISBN978-4-335-00230-4

『政治学』［第2版］　吉野　篤＝編
定価(本体2000円＋税)　ISBN978-4-335-00231-1

『行政学』［第2版］　外山公美＝編
定価(本体2600円＋税)　ISBN978-4-335-00222-9

『国際法』［第3版］　渡部茂己・喜多義人＝編
定価(本体2200円＋税)　ISBN978-4-335-00232-8

『現代商取引法』　藤田勝利・工藤聡一＝編
定価(本体2800円＋税)　ISBN978-4-335-00193-2

『刑事訴訟法』［第2版］　関　正晴＝編
定価(本体2500円＋税)　ISBN978-4-335-00236-6

『行政法』［第3版］　池村正道＝編
定価(本体2800円＋税)　ISBN978-4-335-00229-8

『民事訴訟法』［第2版］　小田　司＝編
定価(本体2200円＋税)　ISBN978-4-335-00223-6

『日本経済論』　稲葉陽二・乾友彦・伊ヶ崎大理＝編
定価(本体2200円＋税)　ISBN978-4-335-00200-7

『地方自治論』［第2版］　福島康仁＝編
定価(本体2000円＋税)　ISBN978-4-335-00234-2

『憲法』［第2版］　齋藤康輝・高畑英一郎＝編
定価(本体2100円＋税)　ISBN978-4-335-00225-0

『教育政策・行政』　安藤忠・壽福隆人＝編
定価(本体2200円＋税)　ISBN978-4-335-00201-4

『国際関係論』［第3版］　佐渡友哲・信夫隆司・柑本英雄＝編
定価(本体2200円＋税)　ISBN978-4-335-00233-5

『労働法』［第2版］　新谷眞人＝編
定価(本体2000円＋税)　ISBN978-4-335-00237-3

『刑事法入門』　船山泰範＝編
定価(本体2000円＋税)　ISBN978-4-335-00210-6

『西洋政治史』　杉本稔＝編
定価(本体2000円＋税)　ISBN978-4-335-00202-1

『社会保障』　神尾真知子・古橋エツ子＝編
定価(本体2000円＋税)　ISBN978-4-335-00208-3

『民事執行法・民事保全法』　小田　司＝編
定価(本体2500円＋税)　ISBN978-4-335-00207-6

『教育心理学』　和田万紀＝編
定価(本体2000円＋税)　ISBN978-4-335-00212-0

『教育相談』　津川律子・山口義枝・北村世都＝編
定価(本体2200円＋税)　ISBN978-4-335-00214-4

Next 教科書シリーズ 　■好評既刊

(刊行順)

『法学』[第3版]　　髙橋雅夫＝編
　　　　　　　　　　　　　　　　　　定価(本体2200円＋税)　ISBN978-4-335-00243-4

『経済学入門』[第2版]　　楠谷　清・川又　祐＝編
　　　　　　　　　　　　　　　　　　定価(本体2000円＋税)　ISBN978-4-335-00238-0

『日本古典文学』　　近藤健史＝編
　　　　　　　　　　　　　　　　　　定価(本体2200円＋税)　ISBN978-4-335-00209-0

『ソーシャルワーク』　　金子絵里乃・後藤広史＝編
　　　　　　　　　　　　　　　　　　定価(本体2200円＋税)　ISBN978-4-335-00218-2

『現代教職論』　　羽田積男・関川悦雄＝編
　　　　　　　　　　　　　　　　　　定価(本体2100円＋税)　ISBN978-4-335-00220-5

『発達と学習』[第2版]　　内藤佳津雄・北村世都・鏡　直子＝編
　　　　　　　　　　　　　　　　　　定価(本体2000円＋税)　ISBN978-4-335-00244-1

『哲学』　　石浜弘道＝編
　　　　　　　　　　　　　　　　　　定価(本体1800円＋税)　ISBN978-4-335-00219-9

『道徳教育の理論と方法』　　羽田積男・関川悦雄＝編
　　　　　　　　　　　　　　　　　　定価(本体2000円＋税)　ISBN978-4-335-00228-1

『刑法各論』　　沼野輝彦・設楽裕文＝編
　　　　　　　　　　　　　　　　　　定価(本体2400円＋税)　ISBN978-4-335-00227-4

『刑法総論』　　設楽裕文・南部　篤＝編
　　　　　　　　　　　　　　　　　　定価(本体2400円＋税)　ISBN978-4-335-00235-9

『特別活動・総合的学習の理論と指導法』　　関川悦雄・今泉朝雄＝編
　　　　　　　　　　　　　　　　　　定価(本体2000円＋税)　ISBN978-4-335-00239-7

『教育の方法・技術論』　　渡部　淳＝編
　　　　　　　　　　　　　　　　　　定価(本体2000円＋税)　ISBN978-4-335-00240-3

『比較憲法』　　東　裕・玉蟲由樹＝編
　　　　　　　　　　　　　　　　　　定価(本体2200円＋税)　ISBN978-4-335-00241-0

『地方自治法』　　池村好道・西原雄二＝編
　　　　　　　　　　　　　　　　　　定価(本体2100円＋税)　ISBN978-4-335-00242-7

『民法入門』　　長瀬二三男・永沼淳子＝著
　　　　　　　　　　　　　　　　　　定価(本体2700円＋税)　ISBN978-4-335-00245-8